Joachim Schult

Segeltechnik

Neue Segelformen
Moderne Materialien
Optimaler Trimm

Delius Klasing Verlag

Von Joachim Schult sind im Delius Klasing Verlag darüber hinaus folgende Titel lieferbar:

Segler-Lexikon
Yacht-Wörterbuch
Yachtunfälle

Bibliografische Information Der Deutschen Bibliothek

Die Deutsche Bibliothek verzeichnet diese Publikation in der Deutschen Nationalbibliografie; detaillierte bibliografische Daten sind im Internet über »http://dnb.ddb.de« abrufbar.

11., neu gefasste Auflage
ISBN 3-87412-140-2
© by Delius Klasing Verlag GmbH, Bielefeld

Umschlaggestaltung: Ekkehard Schonart
Zeichnungen: Joachim Schult, John Bassiner
Druck: Kunst- und Werbedruck, Bad Oeynhausen
Printed in Germany 2004

Delius Klasing Verlag, Siekerwall 21, D-33602 Bielefeld
Tel. 0521/559-0, Fax 0521/559-115
E-Mail: info@delius-klasing.de
www.delius-klasing.de

Inhalt

Vorwort

Seemannschaft ist bekanntlich der elementare Umgang mit einem Boot, wird es nun mit Muskel- oder Motorkraft oder unter einem simplen Segel bewegt. Segeltechnik hingegen ist der richtige Einsatz der von einem komplizierten Rigg getragenen vielfach zu verändernden Segelfläche, um unter allen Wind- und Wetterbedingungen sicher und schnell zu segeln – in Wettfahrten schneller als alle anderen. Die hierfür notwendigen theoretischen Kenntnisse und praktischen Fertigkeiten hatten viele Jahre lang die erfolgreichen 10 Auflagen dieses Titels vermittelt. Für eine neue Seglergeneration, für die das Bild das wichtigste und unverzichtbare Medium zur Darstellung von (auch neuen) Erkenntnissen und (aktuellen praktischen) Erfahrungen geworden ist, wurde daher diese 11. Auflage völlig neu gefasst und mit rund 240 lehrreichen zweifarbigen Abbildungen sorgfältig gestaltet. Hierbei habe ich mich bemüht, komplizierte Zusammenhänge einfach darzustellen, aber auch scheinbar simple Dinge einmal ausführlich zu erläutern.

Das Buch ist somit nicht nur für die Verantwortlichen an Schot und Pinne bestimmt, die segeltechnische Entscheidungen treffen. Es wendet sich auch an junge oder nicht aktive Mitsegler, damit sie die vielen möglichen kleinen Trimmänderungen verstehen lernen. Es ist nach dem Motto »Dazulernen, ohne sich anzustrengen« verfasst worden, und ich hoffe, dass der Leser gelegentlich spürt, dass hier Erfahrungen vermittelt werden, die in einem langen Seglerleben mit jetzt drei Generationen an Bord beim Renn- und Fahrtensegeln erworben wurden.

An Bord CORMORAN, Juli 2004 *Joachim Schult*

1. Windenergie ist kostenlos

Der Wind ist die Energiequelle unseres Bootes. Er erzeugt die Kraft zu seiner Fortbewegung. Bevor wir uns jedoch mit der Frage beschäftigen, wie ein Segel als der wohl älteste Windmotor »arbeitet«, dürfen wir es bei der Bezeichnung »Wind« nicht einfach so bewenden lassen.

Was die Leute an Land gemeinhin »Wind« nennen – die bekannte horizontale (und gelegentlich auch vertikale) Bewegung der Luft, die man als Folge des Wettergeschehens sowohl an Land wie auf See spürt –, wollen wir hier als »atmosphärischen Wind« bezeichnen. Diese Luftbewegung ist bekanntlich nur auf einen unbeweglichen Beobachtungsort bezogen. Für den Segler an Bord seines sich (mit Windkraft) bewegenden Bootes hat dieser atmosphärische oder auch »wahre« Wind, als den die Segler ihn gelegentlich bezeichnen, nur eine relative Bedeutung. Denn an Bord eines segelnden (oder »fahrenden«) Bootes spürt man nur den »relativen Bordwind«, dessen Richtung immer zwischen dem »atmosphärischen Wind« und dem »Fahrtwind« liegt. Man nennt diesen Bordwind auch etwas irreführend »scheinbarer Wind«. Wir wollen diesen Ausdruck hier besser vermeiden. Doch darüber später mehr.

Die Richtung des atmosphärischen Windes ist an Land und von See aus durch Rauchfahnen und Flaggen am Ufer, durch die Richtung der Boote, die vor Anker liegen, oder durch die Bewegungsrichtung von kleinen Wellen auf dem Wasser bis hin zum Seegang auf dem Meer zu erkennen. In der Großwetterlage bezeichnet man die Windrichtung bekanntlich geografisch nach den Himmelsrichtungen, z. B. Nordwind weht aus Norden oder Südostwind aus Südosten.

Die Windgeschwindigkeit ist messbar

Man kann sie in Meter pro Sekunde (m/s), in Knoten (kn), in Kilometer pro Stunde (km/h) oder in englischen Meilen pro Stunde (mph) angeben. Ihre Beziehungen zueinander erläutert die Werteskala (Abb. 1, Seite 8). Man kann die Windgeschwindigkeit auch schätzen und die gemessenen oder errechneten Werte in die 1805 vom britischen Admiral Beaufort geschaffene Windstärken-

Skala einordnen. Während international die Windvorhersagen nach der Windgeschwindigkeit und in Knoten erfolgt, melden die deutschen Wetterberichte sie als »Windstärken« oder auch einfach nur (nach) »Beaufort«. In der Aerodynamik rechnet man in Meter pro Sekunde für die Windgeschwindigkeit.

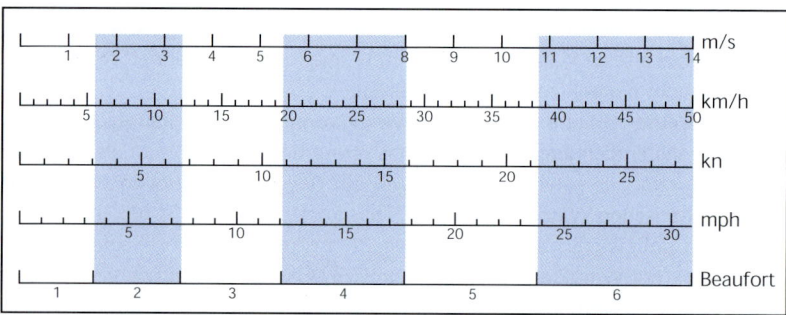

Abb. 1 *Eine Werteskala zum Vergleich der Windgeschwindigkeiten in (von oben nach unten) Meter pro Sekunde (m/s), Kilometer pro Stunde (km/h), in dem üblichen seemännischen (und internationalen meteorologischen) Messwert Knoten (kn) sowie in englischen Meilen (mph) und nach der Beaufort-Skala.*

Ich halte den Begriff »Windstärke« für eine etwas irreführende Bezeichnung für die Windgeschwindigkcit. Auch sind die üblichen zwölf Beaufort-Stufen, in die man die Skala von 0 – 36 m/s bzw. von 0 – 64 kn unterteilt, für die Kalkulation der Segelkraft nicht nur zu groß. Der Ausdruck »Stärke« ist auch immer mit dem Begriff »Kraft« verbunden. Die Kraft bzw. Energie, die uns der Wind liefert, wächst aber nicht, wie man nach der Beaufort-Skala annehmen möchte, mit zunehmender Windgeschwindigkeit gleichstufig und linear, sondern sie verdoppelt sich dabei. Den Unterschied zeigt die Abbildung 2.
• In den unteren Bereichen bis zur Grenze von Bft 3 fühlt man das Beschleu-

Abb. 2 *Bei der Beaufort-Skala muss man beachten, dass die Windkraft nicht (wie dort) linear, sondern in zunehmend großen Schritten mit dem Quadrat der Windgeschwindigkeit wächst, wie es die Werte in Newton pro Quadratmeter deutlich zeigen.*

Wind-geschw.	Wind-geschw.	Beaufort	Wind-druck	Kraft	Kraft
[m/s]	[kn]		[N/m²]	[kp/m²]	[daN/m²]
			393	40	39,3
		9	283	28,8	28,3
24,5	48				
20,8	41	8			
17,2	34		193	19,6	19,3
13,9	28	7			
10,8	22	6	126	13	12,6
8,0	16	5	76	7,75	7,6
5,5	11	4	41	4,18	4,1
3,4	7	3	19	1,93	1,9
1,6	4	2	7,2	0,73	0,72
0,3	1	1	1,5	0,15	0,15

nigen der Windgeschwindigkeit deutlicher, als die Windkraft zunimmt. Oder anders: Ein leichter Segelwind an der unteren Grenze einer Vollzeugbrise (Bft 3 = max. 5,4 m/s oder 10 kn Wind) hat mit 1,9 daN/m^2 (19 N/m^2) noch (relativ) wenig Kraft.

• In den beiden Stärkebereichen von Bft 4 bis 5, einer wirklichen Vollzeugbrise (von 11 bis 21 kn), wächst die Windgeschwindigkeit nur um 10 kn und verdoppelt sich damit gegenüber Bft 3. Aber die Windkraft nimmt dabei auf 7,6 daN/m^2 (76 N/m^2) oder nahezu um das Vierfache zu.

• In den Beaufort-Stufen ab Windstärke 6, mit der der Starkwindbereich beginnt, nimmt die Windkraft noch einmal mit jeder »Windstärke« um das Doppelte und so sprunghaft zu, dass jede Unterschätzung der Windgeschwindigkeit in diesen Bereichen schon gefährlich werden kann, wenn man ihre Kraft nicht erkennt.

Diese unterschiedliche Wertigkeit der Windkraft müssen wir uns gut einprägen. Denn es gehört zweifellos nicht zum selbstverständlichen Bewusstsein vieler Besatzungen, dass sich die Windkraft von 19 auf 41 N/m^2 verdoppelt, wenn der Wind im Bereich von nur einer Windstärke, hier bei Bft 4, seine Geschwindigkeit von 11 auf 16 kn erhöht. Und dass sich dieser erhöhte Wert der Windkraft von 41 auf 76 N/m^2 neuerlich verdoppelt, wenn wir mit Bft 5 und damit nur 6 kn Windgeschwindigkeit mehr in der nächsten Stufe dieser »Windstärkenskala« segeln.

Schon eine geringe Erhöhung der Windgeschwindigkeit bewirkt eine noch deutlichere Vergrößerung der Windkraft, je schneller der Wind bereits beschleunigt ist: Frischt der Wind bei Windstärke 4 nur um einen Knoten auf, vergrößert sich die Kraft des atmosphärischen Windes um etwa 7,5 N/m^2. Nimmt er hingegen bei Windstärke 6 um einen Knoten zu, wächst die Windkraft um etwa 13 N/m^2 und bei Windstärke 8 sogar um 19 N/m^2. Das ist eine beträchtliche Zunahme der Windenergie über der See, besonders in böigem Wetter.

Die Kraft des Windes messen wir in Newton (N)

Diesen Wert des Internationalen Einheitensystems beziehen wir bei unseren Kalkulationen (weiter unten) auf einen Quadratmeter Segelfläche (N/m^2), sodass jeder Segler für sein Boot und die Segelfläche des Tages oder eines entsprechenden Kurses zum Wind ungefähr ermitteln kann, wie nützlich oder wie gefährlich die Windkraft ist, die aus der gelieferten Energie des atmosphärischen Windes gewonnen werden kann. In der fünften Spalte in Abb. 2 ist diese Windkraft beim senkrechten Auftreffen des Windes auf eine ebene Platte (noch einmal) in kp/m² (Kilopond pro Quadratmeter; 9,81 N = 1 kp) angegeben, wie es in alten Fachbüchern steht und mit einer Bezeichnung, die (in gedanklicher Verbindung zum Kilogramm) die Kraft als Masse etwas fasslicher macht. Heute misst man sie in Deka-Newton pro Quadratmeter (daN/m²) bzw. korrekt in N/m², wie es auch bei uns hier erfolgen wird.

Dieser hier mit einem Windkraftbeiwert von 1,0 genannte Wert bezieht sich aber nur auf ein Hindernis, das dem Wind Widerstand bietet, das ihm im Wege steht und gegen das er vierkant drücken kann: zum Beispiel eine Hauswand oder auch die Widerstandsfläche, die ein Bootsrumpf mit seinem Rigg am Ankerplatz bietet und für dessen Belastung das Ankergeschirr eingesetzt ist. Und er gilt bekanntlich auch für die Windkraft, die den Seegang erzeugt und das Wellensystem aufgebaut hat. Ein anschauliches Gefühl, was zum Beispiel 40 N bzw. 4 daN Kraft bedeuten, kann man beim Drachensteigen erleben, wenn man den im Höhenwind zappelnden, gut einen Quadratmeter großen Papierdrachen an seiner Halteschnur bändigen muss.

Unser Segel ist aber keine ebene Platte, sondern eine (wenn auch ganz simple, aber stärkere) Kraftmaschine für Windenergie. Es kann durch seine Wölbung und mit einem richtigen Anstellwinkel zur Windrichtung mehr Kraft erzeugen. Diese Segelkraft können wir mit einem höheren Windkraftbeiwert von z. B. 1,5 kalkulieren, wie wir weiter unten noch sehen werden. Vorerst bleiben wir bei der Windenergie.

Der vertikale Windgradient

ist ein anderer, nicht immer sympathischer Faktor, mit dem wir als Benutzer eines Windmotors rechnen müssen. Wir verstehen hierunter die Abnahme der Geschwindigkeit des atmosphärischen Windes von oben nach unten bzw. die Zunahme von null am Boden bis in große Höhen gemäß der unterschiedlichen Struktur der Grenzschicht über Land und Meer. Diese Schichtdicke beträgt je nach Rauigkeit der Erdoberfläche und der Temperaturschichtung der Luft über

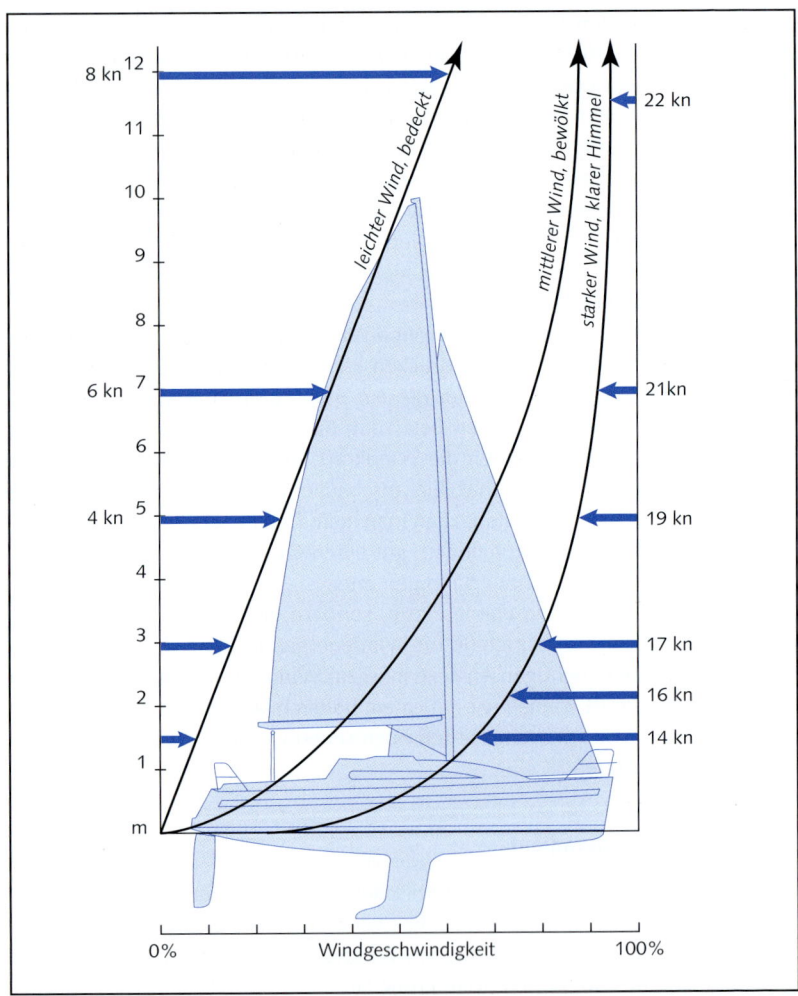

Abb. 3 Die Windgeschwindigkeit wächst mit der Höhe über dem Wasser und variiert bei unterschiedlichen meteorologischen Bedingungen.

dem Boden zwischen 10 und 100 m. Darunter liegt die Grenzschicht, in der wir an Bord die Windgeschwindigkeit wahrnehmen und in der der atmosphärische Wind die Richtung und Stärke des Seeganges bestimmt (Abb. 3).

Wie stark und wie schnell die Windgeschwindigkeit von den oberen, freien Luftschichten zur allernächsten Nähe über dem Wasserspiegel absinkt, ist von der Rauheit der See und der Windgeschwindigkeit abhängig. Die freie See hat bekanntlich eine unterschiedlich raue Oberfläche, je stärker die Luftströmung ihre Windsee aufgebaut hat. Durch diesen vertikalen Windgradienten herrschen an den Segeln, die unsere Boote an hohen Masten tragen, ganz unterschiedliche Windgeschwindigkeiten, zum Beispiel in der Höhe des Großbaums andere als im Mittelbereich des Segels und wieder andere am Kopf. Wir kennen die Auswirkungen dieser Zufuhr größerer Windenergie mit zunehmender Takelungshöhe durch die Verwindung unseres Segels, doch sind daran auch noch andere Faktoren beteiligt.

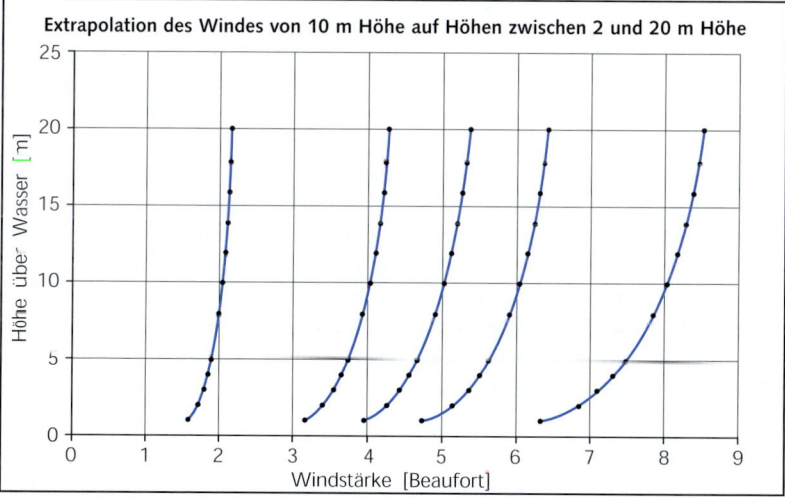

Abb. 4a *Die Änderung der Windgeschwindigkeit mit der Höhe, auf die Beaufort-Skala bezogen.*

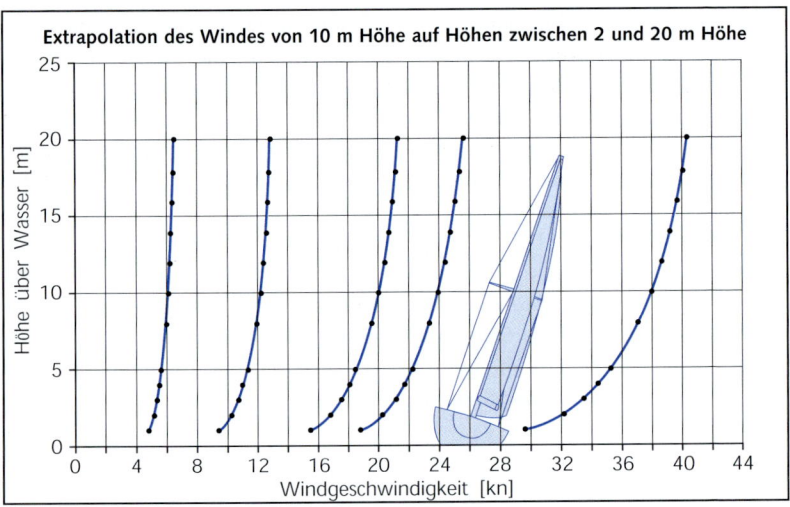

Abb. 4b *Die Änderung der Windgeschwindigkeit mit der Höhe in Knoten. Ausgehend von einer auf 10 m Höhe über Wasser gemessenen oder vorhergesagten Windgeschwindigkeit zeigen beide Abbildungen den vertikalen Windgradienten in seinen kalkulierbaren Auswirkungen.*

So können z. B. bei »Windstärke 5 (Beaufort)«, die uns der Windmesser auf 10 m Höhe anzeigt, an Deck und 2 m über dem Wasserspiegel nur etwa 4 Windstärken gefühlt und geschätzt werden. Oder es wirken bei Windstärke 6 am Kopf unseres 15 m hohen Segels 25 kn Wind, während wir in der Plicht nur 19 kn Wind spüren oder mit dem Handwindmesser ermitteln (Abb. 4). Je geringer die Windgeschwindigkeit des Tages, desto kleiner sind die Unterschiede in der Höhe; je stärker der Wind weht, desto deutlicher wirkt sich der Windgradient auf die unterschiedliche Windgeschwindigkeit aus.

Wir werden später auf dieses Diagramm des Windgradienten noch mehrmals zurückkommen, wenn wir Kalkulationen der Segelkraft unter verschiedenen Windbedingungen und auf unterschiedlichen Kursen zum Wind vornehmen.

Der Nutzen, den wir unter den Gegebenheiten des Tages aus der Geschwindigkeit des atmosphärischen Windes erzielen können, hängt auch davon ab,

ob wir dem Boot zu jeder Zeit seine Gesamtsegelfläche der Windströmung optimal anbieten können. Diese Voraussetzungen sind nur gegeben, wenn ein Boot
aufrecht segelt (Abb. 5). Je mehr ein Boot krängt, desto mehr vermindert sich
diese nutzbare Fläche und desto weniger Wind kann vom Segel verwertet, entsprechend geringere Segelkraft erzeugt und natürlich weniger Fahrt gelaufen
werden. Die Abb. zeigt, dass bei einer Krängung von 30° der Verlust an effek-
tiver Fläche etwa 13 % beträgt.

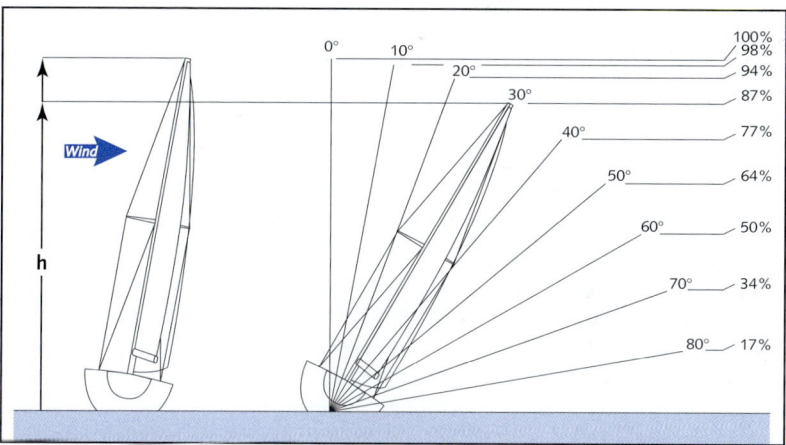

Abb. 5 *Je mehr ein Boot krängt, desto weniger Wind kann vom Segel verwertet
werden.*

Eine weitere negative Nebenwirkung der Krängung stellt jedoch die mit der seitlichen Neigung verbundene Änderung des Anstellwinkels eines Segels dar, wie
wir später noch sehen werden: Der optimale Windwinkel von z. B. 20° zum relativen Bordwind bei aufrechter Schwimmlage vermindert sich auf ungefähr die
Hälfte, wenn das Boot etwa 25° überliegt. Außerdem ändert sich dabei die
Segelwölbung, die als eigentliche »Brennkammer« den größten Einfluss auf die
spezifische Kraft eines Segels hat. (Im Gefahrenfalle kann man diese Krängung
auch als Sicherheitsventil benutzen, um weniger Windenergie zu verwerten.)
Weitere Besonderheiten des Windes wie Land- und Seewind, Fallwinde und

schwarze Böen, Richtungsänderungen über flachen Ufern, Turbulenzen an Kaps, Luftströmungen in Meerengen und andere sollen hier nicht behandelt werden.

Wie entsteht die Luftkraft?

In der Großwetterlage entsteht der Wind durch die Luftdruckunterschiede zwischen zwei verschiedenen Gebieten: Die Luft fließt aus einem Gebiet höheren Luftdrucks, das man in der Wetterkunde als Hoch bezeichnet, in das Gebiet niedrigeren Luftdrucks mit der Bezeichnung Tief. Dieser Druckausgleich durch Wind findet nicht nur weiträumig statt, z. B. zwischen dem Nordatlantik und dem europäischen Festland, sondern auch örtlich und über unseren Köpfen, z. B. beim Durchzug einer Gewitterfront mit ihren typischen Wolkenformationen. Wind finden wir überall, weil unsere Erde von einer Lufthülle umgeben ist, richtiger: »von einer aus Gasen bestehenden Masse«. Als Masse hat die Luft Gewicht und Dichte (1,225 kg/m^3 beträgt die Luftdichte bei Normalwerten von 15 °C Lufttemperatur und 101300 N/m^2 oder 1013 hPa Luftdruck auf Meereshöhe), und da die Lufthülle bis in große Höhen hinaufreicht, übt sie auf die Erde den bekannten Luftdruck aus. Wenn wir ihn messen, wiegen wir praktisch die Luftsäule an unserem Beobachtungsort. Dies geschieht im Großen an zahlreichen meteorologischen Beobachtungsstationen, aber im Kleinen auch an ausgewählten Messstellen entlang unseres Segels bei entsprechenden Versuchen mit unterschiedlichen Segelwölbungen (s. Abb. 21, S. 31) oder auch im Verhältnis vom Großsegel zum Vorsegel und im Luftkanal zwischen diesen.

Bei der geringsten Luftdruckdifferenz strömt die Luft sofort und mit angemessener Geschwindigkeit vom Gebiet des höheren Drucks in den Bereich des niedrigeren Drucks. Sie strömt so lange, bis wieder ein Druckausgleich hergestellt ist, und wenn man sie an einem richtig geformten Segel entlangfließen lässt, kann sie hier »Auftrieb« und in Verbindung mit dem Bootsrumpf »Vortrieb« oder »Vorschub« erzeugen.

Die Luftmasse übt einen Druck aus, dessen Art dem Zustand ihrer Bewegung entspricht: eine ruhende Luftmasse »statischen Druck«, eine bewegte Luftmasse »dynamischen Druck«. In jedem Zustand verfügt die Luft über eine bestimmte Energie, und da sie vom Zustand der Ruhe in den Zustand der Bewegung übergehen kann (und umgekehrt), ändert sich auch die Verteilung der inne-wohnenden Energieanteile. Nach dem Gesetz von der Erhaltung der Energie kann Energie weder geschaffen noch vernichtet, sondern nur von einer Form in die andere überführt werden. Die Gesamtenergie bleibt gleich.

Für uns Segler heißt dies: Bei Windstille verfügt die ruhende Luft nur über sta-tische Energie. Der Wind als bewegte Luft besitzt dagegen kinetische Energie oder Bewegungsenergie plus eines bestimmten Anteils statischer Energie. Wenn wir unser Segel an den Wind stellen, nutzen wir den dynamischen Druck der strömenden Luftmasse und damit (hauptsächlich) die Anteile der kineti-schen Energie aus. Je mehr es weht, d. h. je schneller die Luftströmung fließt, desto mehr nehmen die Anteile der Bewegungsenergie zu und die Anteile der statischen Energie ab.

Der Lieferant der Windenergie zum Segeln

ist aber nicht der (atmosphärische) Wind über dem Wasser, sondern der (selbstgemachte) Segelwind an Bord. Er ist ein »relativer« Wind, der sich in unzähligen Variationen aus dem »atmosphärischen« Wind und dem »Fahrt-wind« bzw. der Fahrt des Bootes bildet. Ich vermeide bewusst die Bezeichnung »scheinbarer« Wind, denn er ist ja keine Scheinkraft, sondern liefert allein die Energie, mit der unser Segel messbare Kraft entfalten und schließlich Vorschub für unsere Fahrt leisten kann. Ebenso vermeide ich gern seinen gegensätzlichen Begriff »wahrer« Wind, den ich meistens durch die Bezeichnung »atmosphäri-scher Wind« ersetzt habe.

Während wir unterwegs die Richtung des atmosphärischen Windes an der senk-recht zu ihm verlaufenden Wellenrichtung des Seegangs erkennen können und der Fahrtwind durch unsere Kursrichtung und die Bootsgeschwindigkeit in Rich-tung und Stärke ziemlich genau bekannt ist, zeigen uns kleine Bordgeräte die Richtung des Bordwindes an, wenn wir die Leinen losgeworfen haben und in Fahrt sind.

Die simpelsten Windanzeiger sind Verklicker, d. h. kleine handlange Bändsel, die in Augenhöhe des Rudergängers an den Wanten angebracht sind, und dreh-bare Windpfeile auf dem Masttopp unter verschiedenen Markennamen. Wer schnell segeln will, findet auf dem Ausrüstungsmarkt auch eine Vielzahl von teuren wie komplizierten elektronischen Geräten mit Windfühlern am Mast und Anzeigegeräten in der Plicht unmittelbar vor dem Rudergänger. Solche Geräte registrieren nicht nur fortlaufend die Windgeschwindigkeit, sondern auch den geänderten Windwinkel, sodass es nicht schwer fällt, dem Bordwind ein geometrisches Gesicht zu geben und ihn in einem Parallelogramm der Geschwindigkeiten darzustellen.

Eine Zeichnung für den Bordwind

kann auch in der Praxis entstehen: Wir legen, zulaufend auf die Mastposition unserer Bootsschablone, die Gerade des atmosphärischen Windes in der Richtung der sich fortbewegenden Wellenformation und zeichnen mit unserem Kurswinkel bzw. mit der entsprechenden Bordpeilung unseren Kurs hierzu. Die Streckenlänge des atmosphärischen Windes gibt uns der Wetterbericht oder eine Schätzung nach dem Wellenbild (hier: 13 kn = Bft 4). Die Strecke des Fahrtwindes entspricht der Fahrt *(speed)*, die wir laufen (hier: 5 kn), und beide Werte tragen wir in Höhe der Mastposition an.

Aus dem so entstandenen Parallelogramm der Geschwindigkeiten lässt sich jetzt als Resultierende der schwarze Pfeil erkennen, aus dem wir die Richtung des Bordwindes ersehen und an dem wir seine Geschwindigkeit abmessen können. Die Skizze kann uns auch die Windwinkel liefern, wenn unser Segel auf den optimalen Anstellwinkel zum Bordwind (hier auf einem Amwindkurs) getrimmt ist. Diese Werte können uns auf entsprechend ausgestatteten Rennyachten auch die eingesetzten Bordcomputer anzeigen. (Offiziell bezeichnet man dabei den Winkel zwischen Kursrichtung und atmosphärischem Wind als »wahren Windwinkel« und den zwischen Kursrichtung und Bordwind als »scheinbaren Windwinkel«.) Nützlich für das Verständnis der Segeltechnik ist auch der Winkel, der auf den verschiedenen Kursen zum Wind zwischen dem atmosphärischen Wind und dem scheinbaren Wind gebildet wird.

In den folgenden Abbildungen stellt der offene weiße Pfeil die konstante Richtung und Stärke des atmosphärischen Windes dar, der schwarz-weiße Pfeil Richtung und Stärke des sich mit unterschiedlichem Kurs und unterschiedlicher Geschwindigkeit verändernden Fahrtwindes und der schwarze Pfeil die Richtung und Stärke des sich ebenfalls entsprechend verändernden relativen Bordwindes. Alle Geschwindigkeitsangaben in kn. Die Boote sind in ein Wellenbild eingelegt, wie es sich der Besatzung an Bord bietet und aus der sie die Richtung des atmosphärischen Windes bekanntlich nur indirekt erkennen kann.

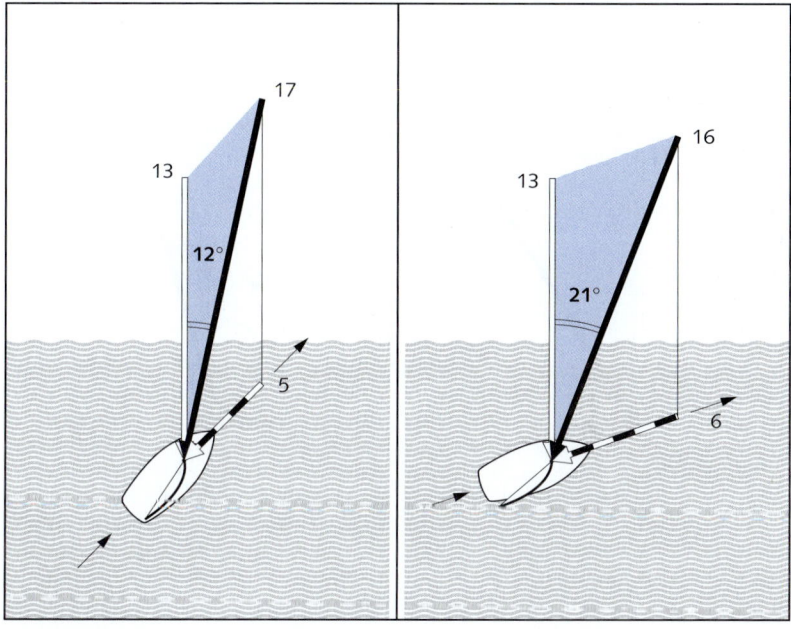

Abb. 6 *Optimaler Amwindkurs. Der Bordwind ist mit 17 kn erheblich stärker als der atmosphärische Wind, der das Wellensystem aufgebaut hat. Der Richtungsunterschied zwischen beiden ist mit 12° gering. Der so genannte »scheinbare Windwinkel« beträgt 33°, der wahre Windwinkel 45°. Gegen die See läuft das Boot 5 kn.*

Abb. 7 *Raum-vorlicher Kurs mit einem Windwinkel von 50° zum Bordwind. Seine Geschwindigkeit ist mit 16 kn noch immer größer als die des atmosphärischen Windes. Der Winkelunterschied zwischen beiden hat auf 21° zugenommen, weil sich auch die Fahrt im mehr seitlichen Seegang um einen Knoten erhöht hat.*

Die Resultierende dieses Parallelogramms, der schwarze Pfeil, ist die jeweils veränderte Richtung und Geschwindigkeit des relativen Segelwindes an Bord, den die mannigfaltigen Windrichtungssucher anzeigen. Mit ihrer Hilfe trimmen wir das Segel auf seinen optimalen Anstellwinkel. Wie die Segelkraft in Vor-

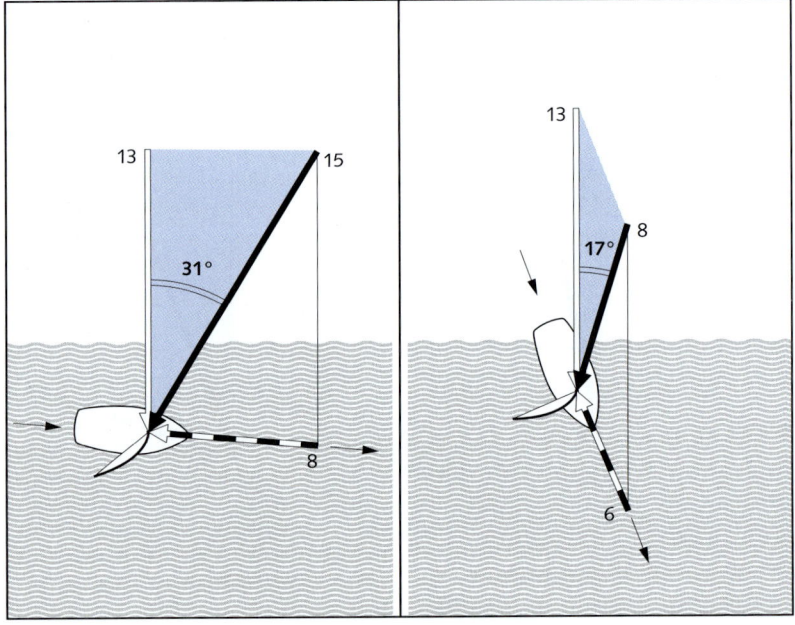

Abb. 8 *Der Kurs »halb nach Luv und halb nach Lee« und damit parallel zum Seegang ist mit 8 kn der schnellste: Der Bordwind weht mit 15 kn noch beträchtlich stärker als der atmosphärische Wind, der das Wellensystem aufgebaut hat, und das Boot muss keinen Wellenwiderstand mehr überwinden.*

Abb. 9 *Nahezu ein Vorwindkurs mit 6 kn Fahrt, auf dem sich Bordwind und umgebender Wind in der Richtung annähern. Die Windkraft an der (hier noch immer angenommenen) Amwindsegelfläche nimmt deutlich ab, weil die Segel bei einem Kurswinkel von 160° nicht mehr optimal als »Windmotor« arbeiten können.*

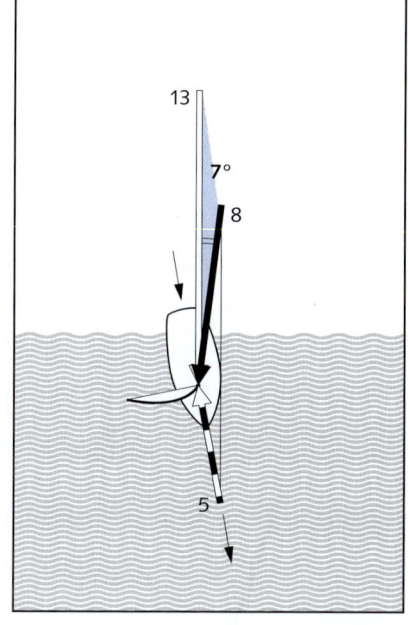

Abb. 10 *Platt vor dem Wind. Auch ein schnelles Boot behindert sich hier selbst, weil die Fahrt den Bordwind von noch 8 kn direkt weiter vermindert und das Segel nur noch als Windfang arbeitet. Selbst unter Spinnaker wird es eine geringere Leegeschwindigkeit erreichen als auf den an anderer Stelle genannten Umwegkursen.*

schub für das Boot umgesetzt und verwertet wird, zeigen spätere Abbildungen. Hier soll uns zuerst und ausschließlich das Verhalten des relativen Bordwindes auf den unterschiedlichen Kursen des Bootes zum Wind interessieren.

Zur Darstellung in den Zeichnungen sind die genauen Werte auf- und abgerundet, nur um zu zeigen, dass der Bordwind immer vorlicher einfällt als der atmosphärische Wind und der Richtungsunterschied zwischen beiden bemerkenswert groß werden kann. Wir benutzen als seine Richtungsangaben die international üblichen Bezeichnungen »am Wind, raum-vorlich, raum-seitlich, raum-achterlich und vor dem Wind«. Man ersieht aus den Diagrammen, wie fragwürdig der Begriff »halber Wind«, den wir noch gern benutzen, bei unseren schnellen Yachten heute geworden ist. Er stammt noch aus der Zeit der Segelschifffahrt und bezeichnet(e) die Kursrichtung parallel zu den Wellen und »halb nach Luv« bzw. »halb nach Lee«. Andererseits kommen wir auch hier in einem Falle ohne diese Kursangabe nicht aus.

Auf oder zwischen den Kursen mit einem wahren Windwinkel von 140° bis 160° liegt der optimale Umwegkurs für eine Vorwindstrecke (s. Abb. 189), den wir noch prüfen werden. Hier werden auch asymmetrische Beisegel und Spinnaker eingesetzt, mit denen das Boot dann erheblich schneller segeln kann.

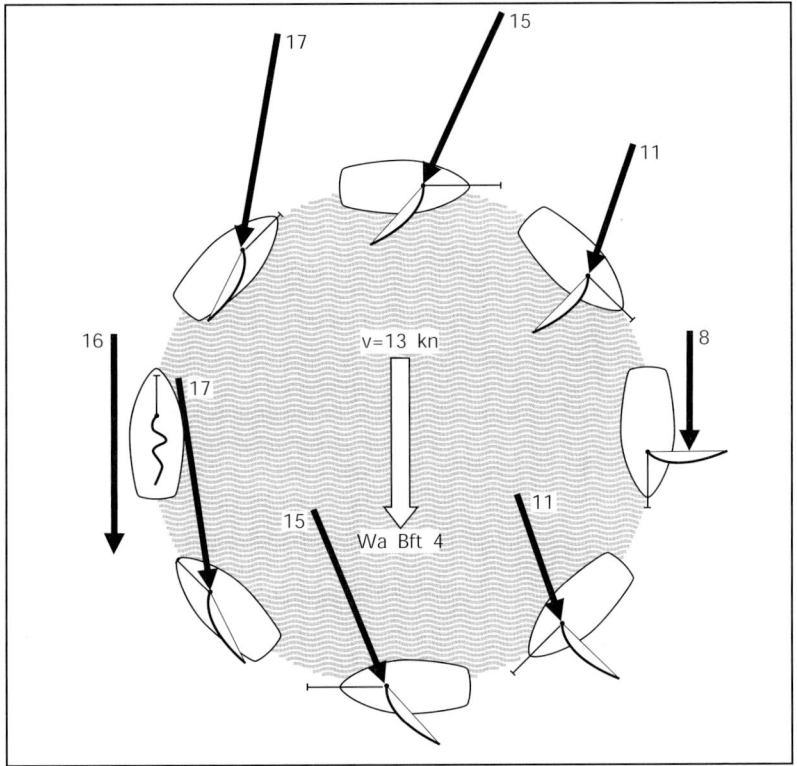

Abb. 11 *Das Windkarussell des Bordwindes und wie sich seine Richtung und Geschwindigkeit (»Stärke«) während eines Drehkreises ändern: um insgesamt 68° (34° zu jeder Seite) und von 17 kn auf 8 kn und wieder hinauf auf 17 kn. Darauf muss sich die Crew segeltechnisch einstellen, wenn zum Beispiel ein Mann-über-Bord-Manöver mit einem solchen Drehkreis gefahren werden soll.*

Die Kurse und Geschwindigkeiten unter dem Einfluss unseres Bordwindes in den Abb. 6 bis 10 sind in Abb. 11 noch einmal zusammengefasst. Wenn Manöver unter Segeln gefahren werden müssen, die mit einem Wende- oder

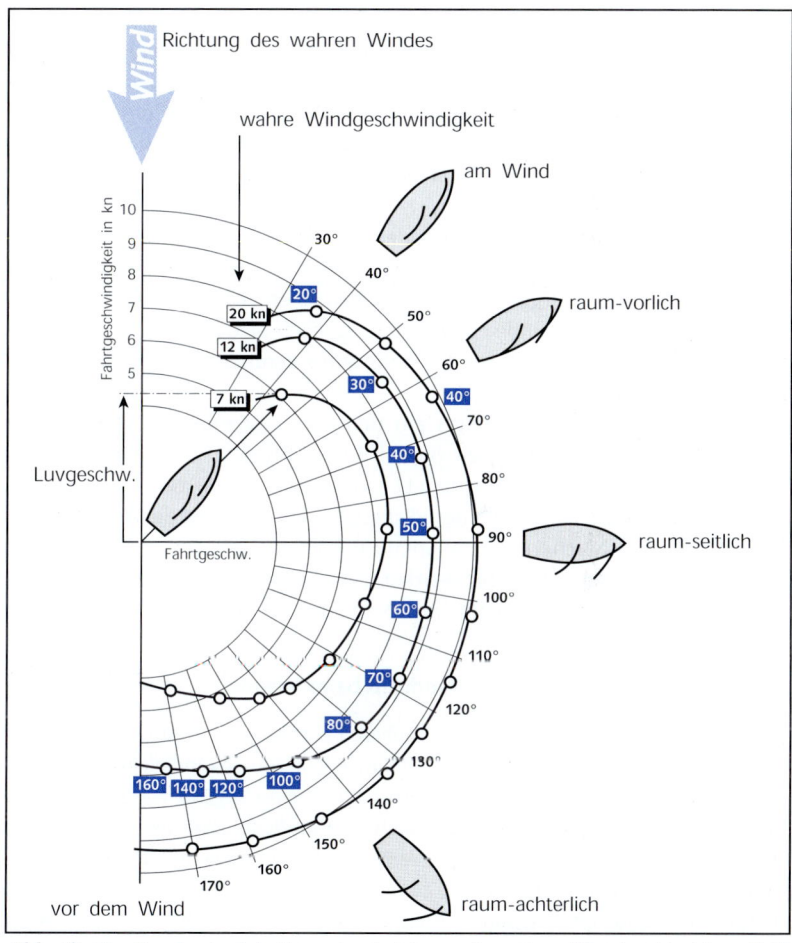

Abb. 12 *Ein Geschwindigkeits- oder Leistungsdiagramm für eine Yacht enthält die Fahrtleistungen auf den verschiedenen Kursen zum atmosphärischen Wind bei wahren Windgeschwindigkeiten von (hier) 7 kn, 12 kn und 20 kn. So bringt zum Beispiel der optimale Amwindkurs bei 7 kn Wind, einem wahren Windwinkel*

von ca. 43°, einem scheinbaren Windwinkel (des Bordwindes) von 20° und einer Fahrt von ca. 6,2 kn den größten Luvgewinn. Bei 12 kn Wind erreicht man die größte Luvgeschwindigkeit mit ca. 7,8 kn Fahrt bei einem wahren Windwinkel von ca. 38° und unverändert 20° Anstellwinkel des Segels zum Bordwind. Außerdem erkennt man die größte Leegeschwindigkeit bei ca. 150° zum wahren Wind mit einem Bordwindwinkel von ca. 100°.

Halsemanöver oder mit beiden verbunden sind, kann sich der Bordwind bei dem hier gezeigten Boot auf einem solchen Drehkreis (zum Beispiel bei einem Manöver »Mann über Bord«) um den beträchtlichen Winkel von 68° (34° zum atmosphärischen Wind und seinem Seegang nach beiden Seiten) ändern. Bei diesem (riskanten) Karussell werden hohe Anforderungen an die Manöverleistung der Crew gestellt.

Wer die Leistungen seines Bootes auf den oben genannten Kursen für eine bestimmte Windgeschwindigkeit (hier: 13 kn = Bft 4) in einer Trainingsfahrt ermittelt hat, kann sie auch in einem Leistungsdiagramm (Abb. 12) festhalten. Man erkennt daraus auch, wie der »Fahrtgewinn«, den uns der Bordwind auf Kursen nach Luv beschert, durch einen möglichen »Verlust« an Geschwindigkeit nach Lee wieder aufgezehrt werden kann (wenn man nicht zu der hier nur betrachteten Amwind-Besegelung entsprechende Beisegel einsetzt).

Große Geschwindigkeit ist ein Handicap beim Wenden

Die Fähigkeit eines Bootes, durch schnellere Fahrt auf einem Amwindkurs mehr Bordwind und durch die dann größere relative Windgeschwindigkeit mehr Segelkraft zu erzeugen, die dann wiederum für mehr Bootsgeschwindigkeit sorgt, kann sich bei sehr schnellen Booten auch als Handicap erweisen. Ich zeige hier drei typische Bootsgruppen und ihr Verhalten bei dem wichtigen Manöver des Wendens auf einem Kreuzkurs.

In Abb. 13 segelt ein langsames Kielboot mit ca. 4 kn Fahrt, in Abb. 14 ein schnelles Kielboot bzw. eine Jolle und in Abb. 15 ein rasanter Katamaran bei der gleichen atmosphärischen Windgeschwindigkeit einer Vollzeugbrise von 13 kn. Die Segel sind überall auf den gleichen optimalen Anstellwinkel getrimmt und identisch geschotet.

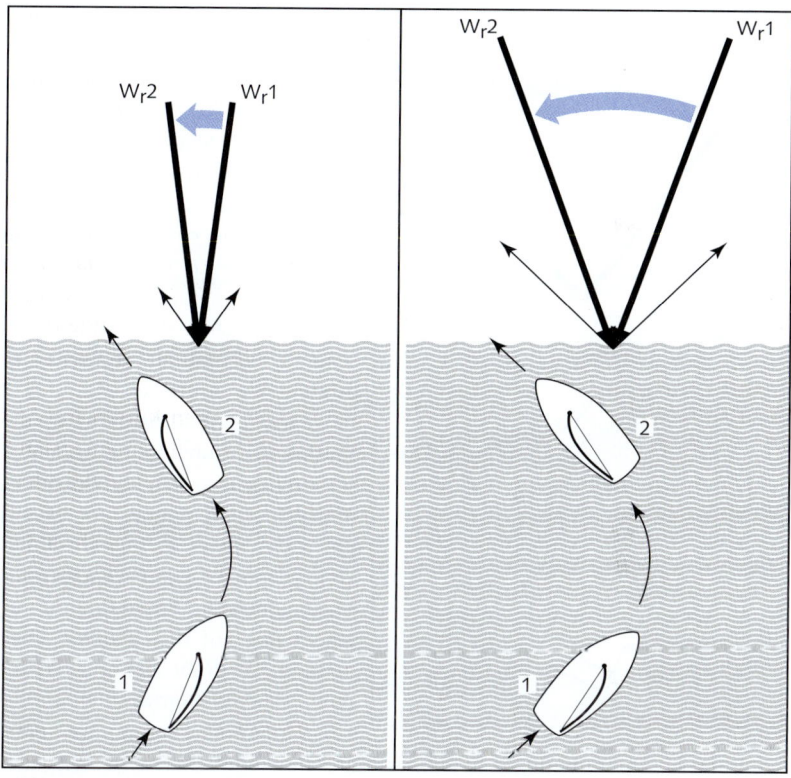

Abb. 13 *Bei einem Seekreuzer normaler Größe ist der Wendewinkel bei einer Vollzeugbrise günstig klein.*

Abb. 14 *Eine schnelle Yacht oder eine Gleitjolle benötigen eine sehr viel längere Strecke, um durch die Windachse des umgebenden Wellensystems zu drehen.*

Ein Seekreuzer kann sehr hoch anliegen. Das sieht gut aus – aber das Handicap der großen Höhe ist seine geringe Fahrt. So ist der Wendewinkel günstig klein. Ein schnelles Kielboot oder eine Jolle können lange nicht so hoch anliegen und benötigen eine sehr viel längere Strecke, um durch den Wind zu drehen. Der

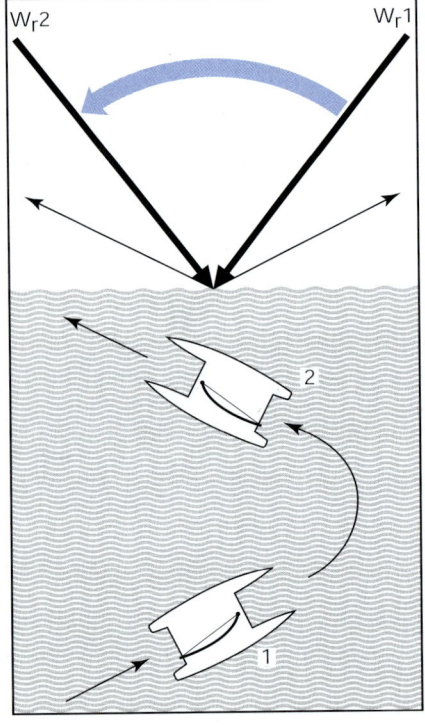

Abb. 15 *Ein schneller Katamaran muss unter den gleichen Bedingungen eine lange Distanz mit einem Wendewinkel von ca. 130° überwinden, um über Stag zu gehen. Wenn dies nicht möglich ist, kann er die Windseite nach Luv nur durch Halsen wechseln – mit einer Kuhwende aus der alten Segelschifffahrtszeit.*

Winkel zwischen dem atmosphärischen Wind und dem Bordwind ist größer. Ein schneller Katamaran hingegen lenkt die Richtung des Bordwindes durch seine hohe Geschwindigkeit so weit von der des atmosphärischen Windes ab, dass er gar nicht mehr vorteilhaft aufzukreuzen scheint. Beim Wenden muss er eine unendlich lange Distanz von einem Bug auf den anderen überwinden. Er dreht dabei praktisch dem relativen Bordwind hinterher. Ein Wendewinkel von ca. 130° zehrt die Vorteile seiner überlegenen Geschwindigkeit wieder auf. Hierin liegt auch der Grund, warum Katamarane nur dort seglerisch beliebt und segeltechnisch vorteilhaft sind, wo ausschließlich raume Kurse gesegelt werden, z. B. bei langen Atlantikstrecken auf der Passatroute mit achterlichen Winden oder bei Rennen um die Welt unter den gleichen Bedingungen, wo es ausschließlich um Geschwindigkeit, aber nicht um alltägliche Segelmanöver geht.

Zur Beurteilung der segeltechnischen Leistungen eines Bootes wurde daher der Begriff »Luvgeschwindigkeit« geprägt, d. h. der Distanzgewinn in Windrichtung in einer bestimmten Zeit und die Fähigkeit des optimalen Aufkreuzens – wie es ja auch das Ziel der Regattasegler ist, als Erster die Luvtonne zu runden.

Abb. 16 zeigt die optimalen Kurse aller drei Bootstypen in den vorherigen Abbildungen beim Aufkreuzen zu einem solchen Ziel in Luv und die Distanzen, die sie dabei zurücklegen. Natürlich erreicht der Katamaran das Ziel als Erster – aber sein Mehraufwand an Segelfläche und das extreme Leichtgewicht des Rumpfes zahlen sich nicht aus. Denn der schnelle Seekreuzer, der nur die halbe Fahrt des Katamarans läuft, würde schon 21 Minuten später am Ziel sein, d. h. es mit nur 18 % mehr Zeit erreichen als der Katamaran.

Die höhere Geschwindigkeit des schnellen Seekreuzers zahlt sich aber gegenüber dem langsamen Kielboot beträchtlich aus. Mit der doppelten Fahrt benötigt er nur die Hälfte der Zeit, die das Kielboot unterwegs ist.

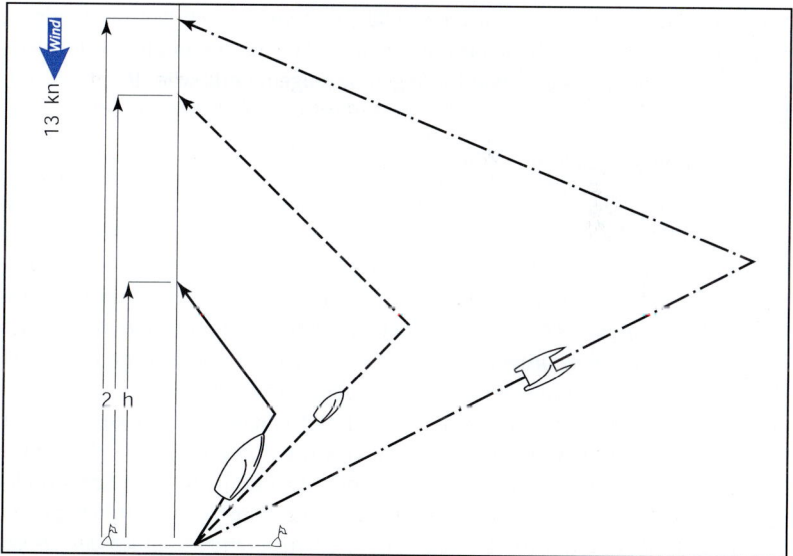

Abb. 16 *Die Luvgeschwindigkeit ermittelt man aus der beim Aufkreuzen in einer bestimmten Zeit nach Luv gewonnenen Distanz. Sie ergibt sich aus der gesegelten optimalen Höhe zum Wind und der dabei gutgemachten maximalen Geschwindigkeit. Trotz seiner überlegenen schnellen Fahrt bringt es der Katamaran auf eine nur wenig größere Luvgeschwindigkeit als der schnelle Seekreuzer.*

2. Aerodynamik für den Bordgebrauch

Unser Segel ist praktisch ein gewölbtes Tragflächenprofil, das senkrecht in der in Kapitel 1 beschriebenen Luftströmung steht. Es ist ein halb starres Profil, das aus weichen Flächen an ganz starren Seiten (z. B. Mast, Großbaum und Profilstag) oder nur an versteiften Seiten (z. B. Drahtvorliek und Segellatten im Achterliek) besteht. Diese halb starre Anordnung hat Vor- und Nachteile, aber für spezifische Situationen der (notgedrungen) senkrechten Stellung im Luftstrom überwiegen doch die Vorteile. Denn andernfalls würden wir sicher auch auf dem Wasser mit starren Tragflächen segeln, nachdem die moderne Werkstoffentwicklung auch starre Flächen für Segelboote in gleichem Leichtgewicht und gleicher Form wie für Segelflugzeuge liefern könnte.

Wie nutzt unser Segel die Windkraft?

Wenn das Segel als leicht gewölbtes Profil in einem Winkel von ca. 15° vom (relativen) Wind angeströmt wird, dann teilt sich der Luftstrom (Abb. 17 und 18). Ein Teil fließt über die Vorderseite des Segels. Durch die Wölbung erweitert sich hier der Strömungsquerschnitt, und die Luftströmung wird langsamer. An der Leeseite wird sie demgegenüber zusammengedrängt, und da sie noch den Bauch des Segels umgehen und einen längeren Weg bis zum Achterliek zurücklegen muss, nimmt die Luftgeschwindigkeit hier zu.

Manche Segler meinen, dass es durch die unterschiedlichen Luftgeschwindigkeiten an der Luvseite unseres Segels zu einem Luftdruck kommt, der größer als der atmosphärische Druck ist. Diese Ansicht ist unrichtig. Am Segel findet nur eine Umwandlung der kinetischen Energie bei konstanter Luftdichte statt. Die Druckerhöhung auf der Luvseite und die Druckminderung auf der Leeseite des Segels ergeben sich durch die Reduzierung der Luftgeschwindigkeit auf der Luvseite und die Erhöhung der Geschwindigkeit auf der Leeseite. Versuche mit der Yacht PAPOOSE (Abb. 19) haben diese Annahme bestätigt. Da der Druckausgleich nicht durch das Segel hindurch erfolgen kann, muss das ganze Segel versuchen, in Richtung des niedrigen Luftdrucks auszuweichen. Dabei entsteht

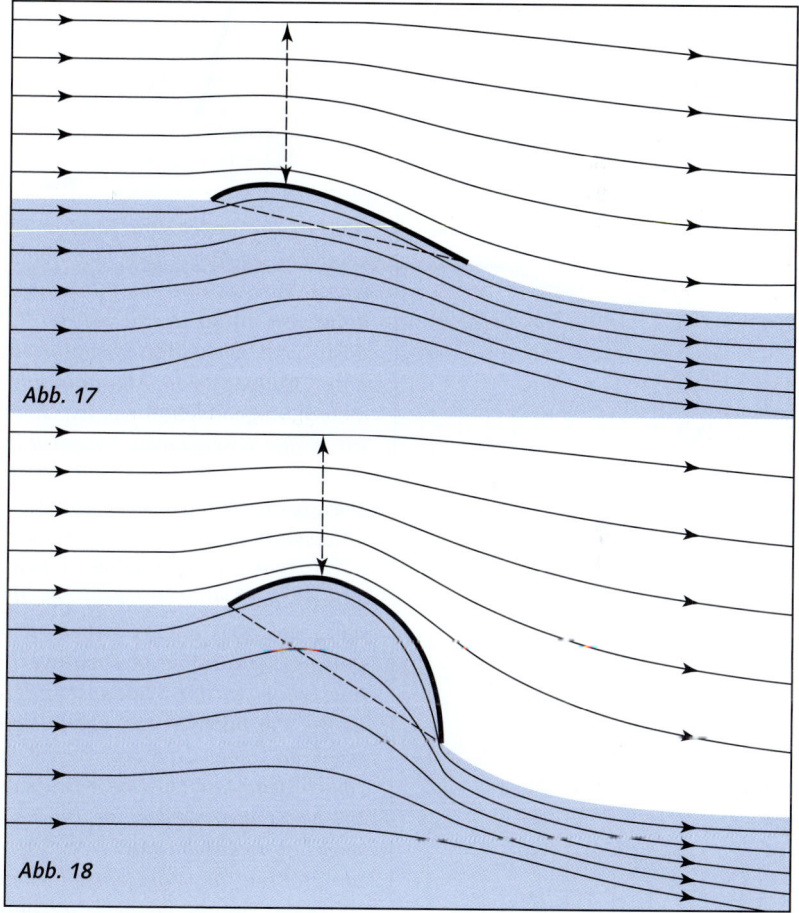

Abb. 17 Die Segelkraft entsteht durch die unterschiedliche Luftgeschwindigkeit auf der Luv- und Leeseite.

Abb. 18 Je größer die Segelwölbung ist, desto mehr Kraft kann ein Segel unter bestimmten Voraussetzungen erzeugen.

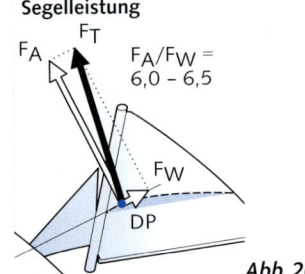

Abb. 20

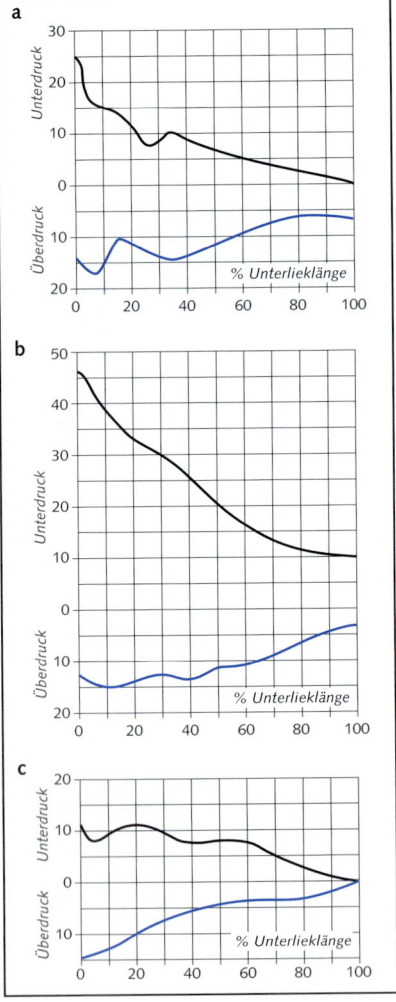

Abb. 19 *Die ersten Druckmessungen an einem segelnden Boot, der 7,60 m langen* PAPOOSE *mit einer Takelungshöhe von 10,80 m, die an der TU Boston mit einer Messapparatur aus einer Vielzahl von Alkoholmanometern vorgenommen wurden, habe ich in drei Diagrammen festgehalten: (a) an einem Großsegel mit gleichzeitig gesetztem Vorsegel, (b) allein an einem Vorsegel und (c) an einem Großsegel ohne Fock. Man kann zahlreiche Schlussfolgerungen für die Segelpraxis daraus ziehen, zum Beispiel: Die höheren Druckwerte entstehen an der Windanschnittskante; die höchsten an einem Vorsegel; an einem Großsegel kommt es (durch den Mast) zu einem Druckabfall hinter dem Vorliek; die Druckdifferenz ist im ersten Drittel eines Segels am größten; die Wirksamkeit eines Vorsegels beruht weniger auf dem Einfluss des Großsegels, sondern mehr auf der Auftriebskraft als eigenständiges Segel mit freier Windanschnittskante.*

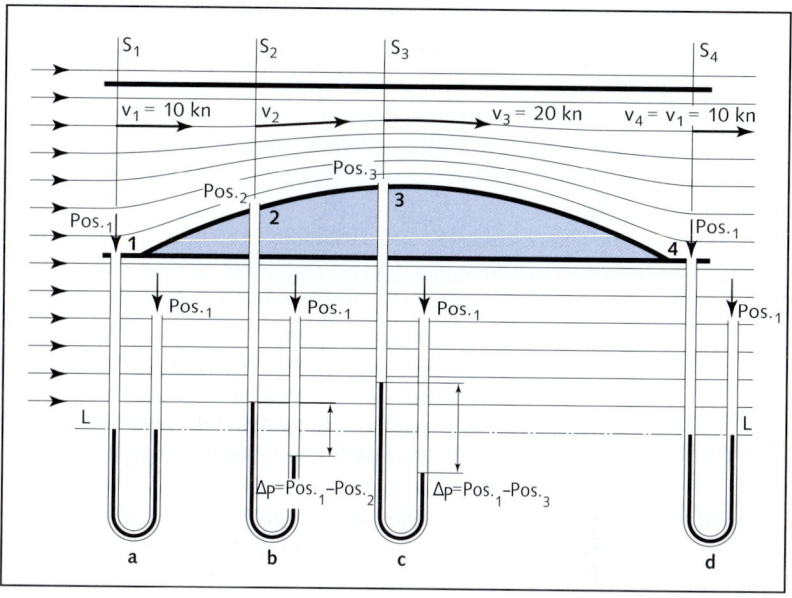

Abb. 21 C.A. Marchaj hat hier ein Segelprofil in einen Luftstrom gestellt und mit diesem Versuch bewiesen, dass es bei einer Verengung des Strömungsquerschnitts um die Hälfte (vom Durchlass bei S_1 bis zur Enge bei S_3) zu einem Anwachsen der Windgeschwindigkeit (hier: von 10 kn auf 20 kn) um das Doppelte kommt. Dabei haben sich auch die Druckkräfte am Segelprofil verändert: Man erkennt es an dem Pegelstand der beiden Manometer, insbesondere im Vergleich von a (bei 10 kn Wind) mit c (bei 20 kn). Durch eine Änderung der Strömungsrichtung wurde der Wind zu einer größeren Geschwindigkeit beschleunigt, und als Folge haben sich die Druckkräfte durch diese Richtungsänderung verändert. Da sie überall senkrecht zur Oberfläche und so auch an einem Segel wirken, beruht auf diesem Prinzip die Kraftentfaltung an einem Segel und letztlich auch die Fähigkeit des Segelns hoch am Wind sowie auf Kursen nach Luv.

eine Kraft (Abb. 20), die wir in ihrer Gesamtheit als F_T oder als Resultierende mit einer nützlichen Komponente, dem dynamischen Auftrieb (F_A), und einer schädlichen, dem Widerstand (F_W), bezeichnen.

Diese Druckunterschiede an einem angeströmten Profil sind auch in Windkanalversuchen ermittelt worden. Insbesondere wurde mit ihnen bewiesen, dass die Luftkraft an einem Segel mit dem Quadrat der Windgeschwindigkeit zunimmt.

C.A. Marchaj, mit dem ich schon 1955 zusammenarbeitete, als seine ersten aerodynamischen Beiträge für Segler in einer Zeitschrift seiner polnischen Heimat erschienen, hat später in seinen weltweit verbreiteten Fachbüchern einen solchen, in der Abbildung 21 gezeigten rechnerischen und Testbeweis erbracht, dass es bei einer Verengung des Strömungsquerschnittes um die Hälfte (hier: von S_1 bis S_3) zu einem Anwachsen der Windgeschwindigkeit (hier: von 10 kn in Pos.$_1$ auf 20 kn in Pos.$_3$) um das Doppelte kommt und der dynamische Druck (die kinetische Energie des Windes) sich dabei in Pos.$_3$ auf das Vierfache des Ursprungswertes in Pos.$_1$ erhöht. Diese Steigerung entspricht dem Quadrat der Windgeschwindigkeit. Oder anders: Die Windgeschwindigkeit, die anfangs (bei Erreichen des Profils) 10 kn betragen hat und durch eine Änderung der Strömungsrichtung (bei größter Profiltiefe) zu einer höheren Geschwindigkeit (20 kn) beschleunigt wurde, hat auch den Druck an der Oberfläche des Profils vermindert.

Was man umfassend berechnen kann, wird bei diesem Beweis auch optisch durch den unterschiedlichen Manometerstand von a und c deutlich: Der Luftdruck ist geringer geworden. Der Druckunterschied lässt sich durch Vergleich der Pos.$_1$ an der Windanschnittskante mit der Pos.$_3$ am Scheitelpunkt des Tragflächenprofils feststellen. (Die gleichen Strömungsvorgänge spielen sich bekanntlich nicht nur am Segel ab, das als Tragflügelprofil arbeitet, sondern auch an der (profilierten) Kielflosse, wenn sie auf ihrem Weg durchs Wasser von einem Abdriftwinkel angeströmt wird.) In Abb. 22 habe ich das Verhalten der Luftströmung bei Verengung des Strömungsquerschnittes auf ein Segel übertragen.

Die Wirkungen dieser örtlichen Drücke zeigen die Druckvektoren an der Luv- und Leeseite des Segels in den Abb. 23 und 24. Wir sehen dabei, dass die Leeseite die wichtigere Seite eines Segels ist und bei einem flachen Profil, wie es

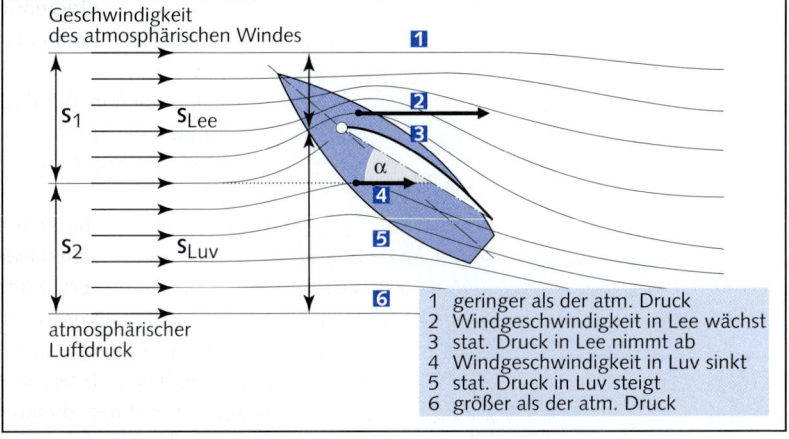

Abb. 22 *Übertragen wir das Verhalten einer Luftströmung bei Verengung des Strömungsquerschnittes jetzt auf ein Segel, das mit einem Windwinkel von ca. 35° (auf einem Amwindkurs) angestellt ist, und teilen den Luftstrom um das Boot in die Hälften S_1 und S_2. Beim Anströmen an das Segel wird die Querschnittsfläche S_1 praktisch auf die geringere Breite S_{Lee} zusammenmgedrängt, während sich die Strömung S_2 ausdehnt und auf den Bereich S_{Luv} verbreitert. Als Folge fließt die Luft in Lee schneller als in der freien atmosphärischen Windströmung, und es kommt zu einem Absinken des statischen Luftdrucks mit dem größten Sog nahe dem Vorliek. Analog hierzu vermindert sich die Windgeschwindigkeit auf der Luvseite und der statische Druck steigt.*

ein für den Amwindkurs geschotetes Segel darstellt, die größte Kraft bei einem kleinen Anstellwinkel erzeugt wird. Bei einem bauchigen Segel, das wir für raume Kurse benutzen, entsteht sie erst bei einem größeren Windwinkel.
Alle örtlichen Einzeldrücke auf Luv- und Leeseite können zu einer Gesamtkraft zusammengefasst werden (siehe oben), die wir mit F_T bezeichnen. Sie ist bei dem flachen Profil mehr nach vorn, bei dem gewölbteren mehr nach achtern gerichtet. Dafür ist, wie es die Länge der Pfeile angeben soll, die Kraft des gewölbten Segels größer als die des flachen. Ihr Fußpunkt liegt immer nahe dem

33

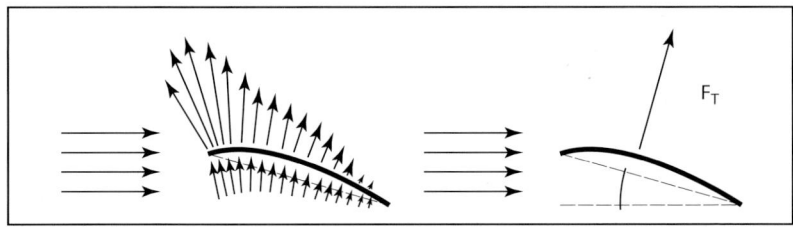

Abb. 23 *Druckvektoren an einem flachen Segelprofil. Sie zeigen die größte Kraftentfaltung im vorderen Bereich der Leeseite und eine voraus gerichtete Kraftrichtung an.*

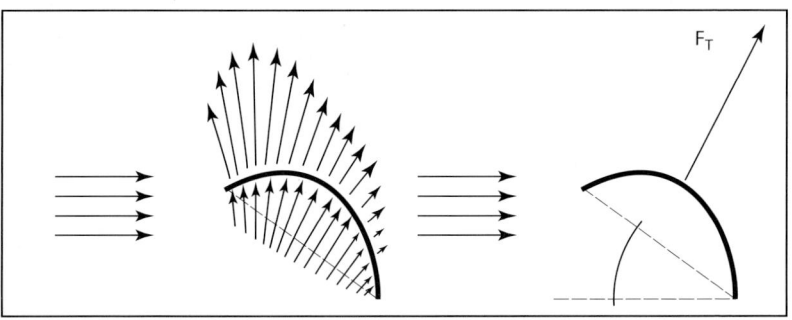

Abb. 24 *Druckvektoren an einem bauchigen Segelprofil. Sie zeigen eine größere Kraftentfaltung als bei einem flachen Segel, aber die Kraft ist mehr achterlich gerichtet.*

Vorliek, und sie wirkt dabei durch den Segeldruckpunkt (wie wir später sehen werden), dessen Lage nicht konstant ist. Er ist nicht identisch mit dem (geometrisch ermittelten) Segelschwerpunkt (siehe weiter unten). So hat jedes Segelprofil unterschiedliche Eigenschaften, die es für bestimmte Kurse zum Wind und bestimmte Windgeschwindigkeiten besonders geeignet machen.

Die Größe des Unterdrucks auf der Leeseite und des Überdrucks auf der Luvseite, die man nicht nur im Windkanal, sondern auch beim Großversuch mit der 10 m langen PAPOOSE gemessen hat und bei dem insbesondere der große

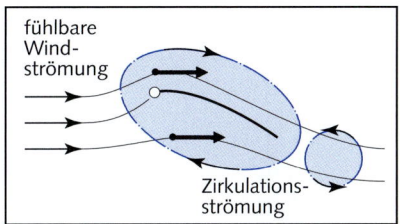

Abb. 25 *Die Zirkulationsströmung, die die normale Luftströmung (vom Vor- zum Achterliek) überlagert, ist auf der Luvseite des Segels entgegengerichtet und verlangsamt dort die Luftströmung, während sie auf der Leeseite gleichgerichtet ist und die gegebene Windströmung noch beschleunigt. Daraus ergeben sich dann die Druckerhöhungen in Luv und die Druckminderungen in Lee in ihrer Gesamtheit. – Hinter dem Achterliek ist auch der »Anfahrwirbel« zu erkennen, der diese Zirkulationsströmung in Gang setzt. Er ist praktisch der »choker« und bildet sich, wenn wir das im Wind stehende Segel erstmals dichtholen und es mit einem Anstellwinkel schoten, damit es zu ziehen beginnt.*

Druckverlust an der Leeseite eines Großsegels unmittelbar hinter dem Mast auffiel, erklären die Erzeugung aerodynamischer Kräfte am Segel nur unvollkommen. Tatsächlich ist es eine (logisch kaum vermittelbare) Zirkulationsströmung (Abb. 25), die die natürliche Luftströmung vom Vor- zum Achterliek überlagert: Da sie auf der Luvseite entgegengerichtet ist, vermindert sie die Windströmung und sorgt somit hier für einen größeren Druck. Weil sie auf der Leeseite aber gleichgerichtet mit der gegebenen Windströmung fließt, entsteht ein noch geringerer Luftdruck und somit ein (größerer) Auftrieb an unserem Segel. Dieser Auftrieb am Segel ist jedoch nicht gleichbedeutend mit der Vortriebskraft, die das Segel zur Fortbewegung eines Bootes liefert. Erst durch die Wirksamkeit des Unterwasserschiffes und insbesondere durch die Gestaltung von Kiel, Kielflosse und Schwert wird ein Gleichgewicht zwischen den Luft- und Wasserkräften hergestellt (Abb. 26), sodass sich die quer gerichtete Kraft des dynamischen Auftriebs, die durch diese Windumlenkung am Segel entstanden ist, in den nützlichen Vortrieb des Bootes verwandeln kann (hierüber in Verbindung mit Abb. 20 später mehr).

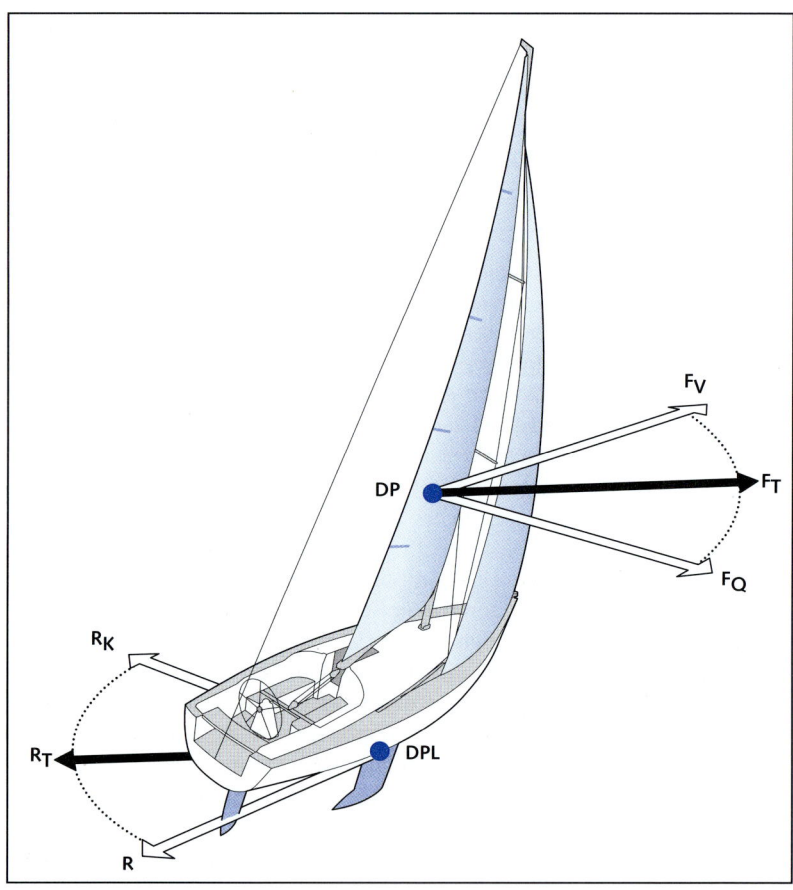

Abb. 26 *Das Gleichgewicht der Kräfte an einem kleinen Seekreuzer (durch die zur besseren Anschaulichkeit gewählte perspektivische Darstellung sehen die Kraftrichtungen etwas verzerrt aus): Die Luftkräfte wirken am Segeldruckpunkt DP, hoch im Rigg, die Wasserkräfte am Lateraldruckpunkt DPL, tief unter der Schwimmwasserlinie. Der Richtung der aerodynamischen Gesamtkraft F_T im*

Segel steht der hydrodynamische Gesamtwiderstand R_T des Unterwasserschiffes gegenüber. Die Gegenwirkung zur Quer- oder Krängungskraft F_Q oder F_K an den Segeln stellt der entgegengesetzt gerichtete hydrodynamische Widerstand infolge Krängung R_K dar. Und dem Vortrieb F_V der Segel entspricht der Wasserwiderstand R (aus Form- und Reibungswiderstand), den das Boot dabei überwinden muss.

Da wir uns nicht nur für die Richtung und die Stärke dieser Gesamtkraft interessieren, müssen wir uns noch mit den beiden Komponenten Auftrieb (F_A) und Widerstand (F_W) beschäftigen, die wir nur mithilfe der Gesamtkraft experimentell ermitteln können. Sie bestimmen schließlich die Leistung eines Segels und den Nutzen, den wir unter den gewünschten Bedingungen von ihm erwarten.

Das Polardiagramm, die Visitenkarte eines Segels

Die Leistungsfähigkeit eines Segels, die von der Tiefe seines Profils und dem Anstellwinkel zum Wind abhängt, lässt sich experimentell ermitteln. Weil solche Versuche an Segeln natürlicher Größe jedoch zu aufwändig sind, hat man sie an Modellen und im Windkanal vorgenommen. Aus einer Vielzahl solcher Versuche und der veröffentlichten Ergebnisse, für die die Form eines Polardiagramms gewählt wird, habe ich einige typische Beispiele insbesondere für Großsegel, die an Mast und Baum angeschlagen sind und das übliche Seitenverhältnis von ca. 3:1 haben, zur Erläuterung ausgewählt. Um die Segeltechnik verstehen zu können, kommen wir ohne diese Leistungskurven eines Segels nicht aus.

Jedes Segelprofil hat einen optimalen Anstellwinkel, bei dem es seine maximale Kraft erzeugt. Dieser Zustand ist hergestellt, wenn das Profil allseitig laminar umströmt ist, d. h. alle Luftteilchen sowohl auf der (vorderen) Luvseite wie auf der (achteren) Leeseite vom Vorliek bis zum Achterliek glatt und reibungsfrei sowie parallel nebeneinander dahinströmen können (Abb. 27, Seite 38). Dies nehmen wir bei dem Profil mit dem üblichen Seitenverhältnis unseres Segels und einer Wölbung von 10 % bei einem Anstellwinkel von 15° als gegeben an (a).

Liegt die Luftströmung durch einen zu großen Anstellwinkel von 20° nur auf der Luvseite laminar an, während auf der (aerodynamisch viel wichtigeren) Lee-

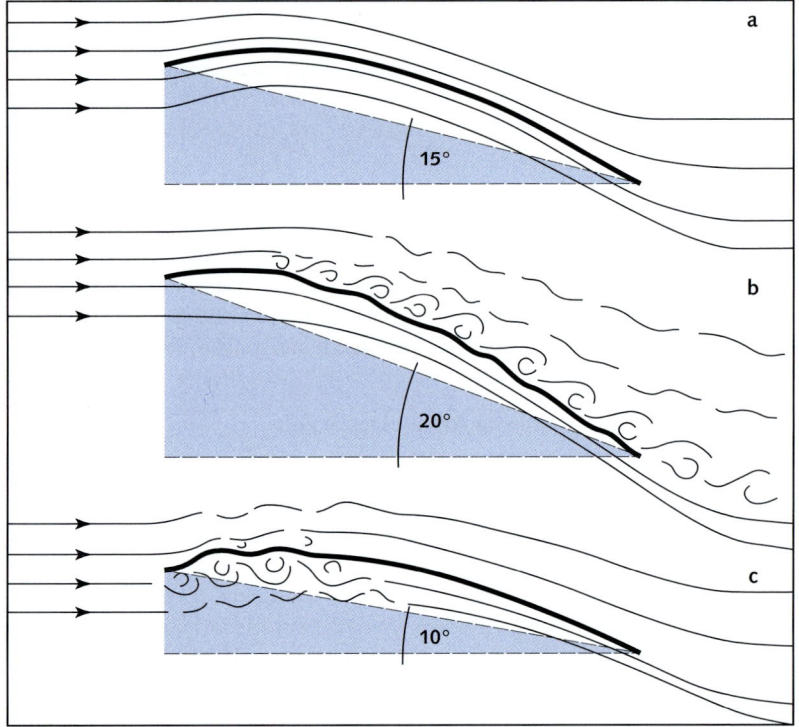

Abb. 27 *Bei einem optimalen Anstellwinkel des Segels (a) wird das Profil beidseitig laminar umströmt. Eine turbulente Strömung an der wichtigen Leeseite (b) beginnt bei einem zu großen Anstellwinkel. Turbulenzen an der Luvseite (c) entstehen bei einem zu kleinen Anstellwinkel.*

seite eine turbulente Strömung beginnt (b), dann vermindert sich die Leistungsfähigkeit des Segels. In der Praxis ist dies der Fall, wenn z. B. das Großsegel zu weit aufgefiert ist und im Achterliek zu killen beginnt.

Tanzen hingegen die Luftteilchen durch ihre Turbulenz nur auf der Luvseite aus der Reihe (c), weil das Segel mit einem zu kleinen Winkel von 10° zur Windströmung angestellt ist, dann kann das Profil seine nützliche Leistung ebenfalls nicht entfalten.

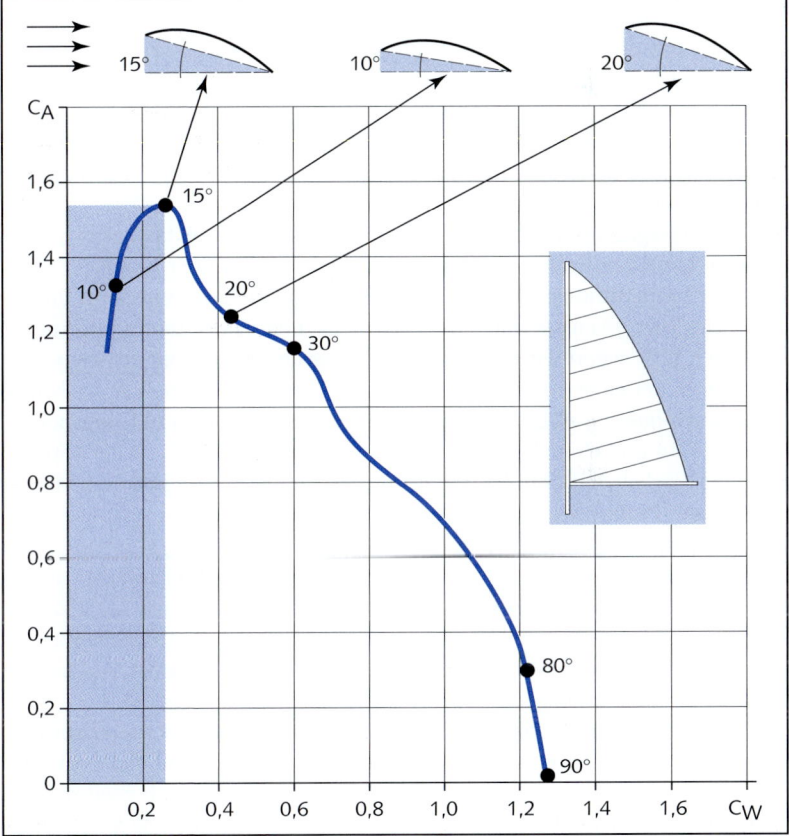

Abb. 28 *Aus einem Polardiagramm kann man die Gesamtleistung eines Segelprofils erkennen. Bei einem optimalen Anstellwinkel von 15° wird sie hier mit einem Auftriebsbeiwert C_A = ca. 1,54 und einem Widerstandsbeiwert C_W von ca. 0,25 erreicht.*

Welche Auswirkungen ein solches Verhalten hat, ermittelt man experimentell, indem man ein Profil mit einem bestimmten Seitenverhältnis bei Anstellwinkeln von 0° bis 90° anströmen lässt und dabei die genauen Werte dieser Erscheinungen misst. Sie werden in einem Polardiagramm dargestellt (Abb. 28). Es liefert uns nicht nur die Gesamtkraft, die ein Segelprofil leisten kann und die wir mit F_T bezeichnen, sondern auch die Beiwerte für den Auftrieb (C_A) und für den Widerstand (C_W) eines Profils und damit genaue Daten, um die Leistungen eines Segels berechnen zu können. Der »Beiwert« ist dabei eine dimensionslose Zahl, die für Ermittlungen dient, was ein Profil überhaupt zu leisten vermag.

Das Polardiagramm zeigt, wie groß der Anteil der (auf fast allen Kursen gewünschten) positiven Auftriebskräfte C_A und wie klein der Anteil der (meistens nicht sympathischen) Widerstandskräfte C_W an der Gesamtkraft unseres Segels ist. Wir erkennen auch, dass Auftriebs- und Widerstandsbeiwerte veränderlich sind, wenn wir die Anströmrichtung des Windes an unserem Segel verändern. Bei einer beidseitig laminaren Strömung und einem Anstellwinkel von 15° (vergleiche Abb. 29 a) erzeugt das Segelprofil einen Auftriebsbeiwert von ca. 1,54 und einen Widerstandsbeiwert von ca. 0,25. Es ist der »optimale Anstellwinkel« mit den größten nützlichen und den geringsten schädlichen Kräften des Profils, wie sie einzeln in Abbildung 29 dargestellt sind. Die Windfäden liegen auf beiden Seiten gleichgerichtet an (a).

Fließt die Luftströmung durch einen zu großen Anstellwinkel von 20° nur auf der Luvseite laminar, während auf der Leeseite eine turbulente Strömung beginnt (vergleiche Abb. 29 b), dann vermindert sich der Auftriebsbeiwert auf ca. 1,25, während der Widerstandsbeiwert auf ca. 0,45 anwächst. Die Gesamtkraft ist geringer und dazu noch mehr nach Lee gerichtet.

Tanzen die Luftteilchen hingegen durch ihre Turbulenz nur auf der Luvseite aus der Reihe (vergleiche Abb. 29c), weil das Segel mit einem zu kleinen Winkel von 10° zur Luftströmung angestellt ist, dann vermindert sich zwar der Auftriebsbeiwert auf ca. 1,35, aber gleichzeitig nimmt auch der Widerstandsbeiwert deutlich ab.

Auch wenn sich diese Untersuchungen auf künstliche Bedingungen im Windkanal und auf starre Platten oder Profile beziehen, kann der Praktiker an der Pinne hier erkennen, welche kleinen Unterschiede in der Wahl der Segelwöl-

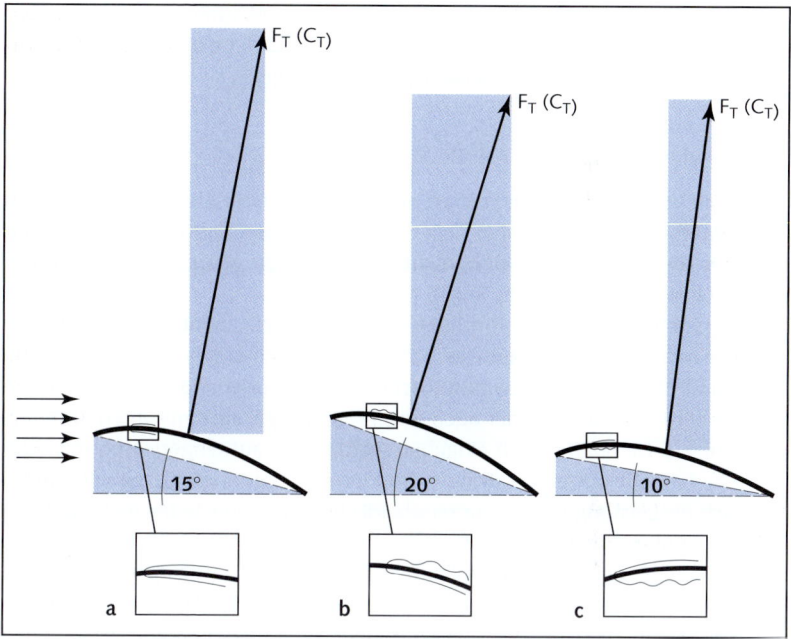

Abb. 29 *Diese Gesamtleistung wird jedoch nur erreicht, wenn das Profil mit seinem optimalen Anstellwinkel beidseitig laminar umströmt wird (a). Bei einem mit 20° zu großen Anstellwinkel (b) vermindert sich der Auftriebsbeiwert, während gleichzeitig der Widerstandsbeiwert zunimmt. Bei einem mit 10° zu kleinen Anstellwinkel (c) nimmt zwar der Widerstandsbeiwert ab, aber auch der Auftriebsbeiwert ist geringer. Beachten Sie die Auswirkung auf die Richtung der Gesamtkraft: Sie ist bei einem kleineren Anstellwinkel (c) mehr vorlich, bei einem größeren (b) mehr achterlich als im optimalen Fall bei a gerichtet.*

bung oder beim Trimmen des Segels auf den richtigen Anstellwinkel so immensen Einfluss auf die Kalkulation der Segelkraft haben. Auch an Bord kann jeder Eigner z. B. den optimalen Anstellwinkel ziemlich genau ermitteln, wenn er sein Segel mit Trimmstreifen ausstattet und sowohl beim Großsegel als auch an

seinen Vorsegeln dicht hinter der Luvkante kleine Windfäden oder Fadensonden anbringt, die ihm die sonst unsichtbare Luftströmung an beiden Seiten des
Segels bei unterschiedlichen Anstellwinkeln anzeigen.

Der Einfluss der Wölbung auf die Segelkraft

Natürlich kann ein Segel mehr Kraft erzeugen, je größer die Wölbung ist. Man
muss dann nur den Nachteil in Kauf nehmen, dass ein bauchigeres Segel nicht
so hoch am Wind geführt, d. h. nicht mit so kleinen Anstellwinkeln getrimmt
werden kann wie ein flaches Segel.
Bauchigere Segel, d. h. mit Profiltiefen von 16 %, 20 % oder mehr (Abb. 30),
benutzt man speziell für raum-seitliche bis raum-achterliche Kurse, wo sie die
Namen Blister, Gennaker, asymmetrisches Vorsegel oder andere bis hin zu Spinnakern aller Art tragen. Aber auch unsere Großsegel sind mit ihren Trimmhilfen (auf die wir später noch eingehen werden) darauf eingerichtet, ihre Wölbungstiefe nicht nur zu verkleinern, sondern auch geringfügig zu vergrößern.
Wie sich die Leistungen dieser unterschiedlichen Wölbungstiefen im Prinzip voneinander unterscheiden, zeigt die Abb. 31: Die fette Kurve gilt für ein flaches
Mittelwetter-Segel mit 10 % Wölbungstiefe, die gestrichelte Kurve für ein bauchiges Leichtwetter-Segel mit 16 % Wölbungstiefe und die Strich-Punkt-Linie
für ein (asymmetrisches) Vorsegel mit einer Wölbungstiefe von 20 %. Ange-
schlossen sind in Abb. 32 die ent-
sprechenden Leistungsdiagramme
mit der Gesamtkraft der betreffenden Segel und ihrer unterschiedlichen
Wirkungsrichtung.

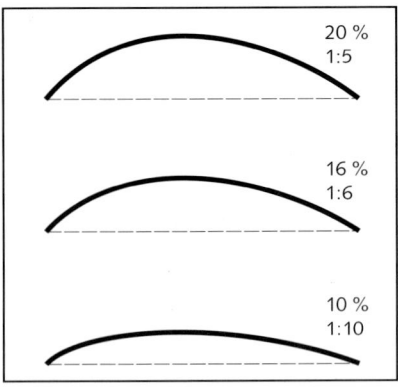

*Abb. 30 Die Segelwölbungen, deren
Leistungen im Polardiagramm dargestellt sind: unten ein Mittelwettersegel
(10 % Wölbung), in der Mitte ein bauchiges Leichtwettersegel (16 %) und
oben die mögliche Segelform eines
asymmetrisches Vorsegels (20 %).*

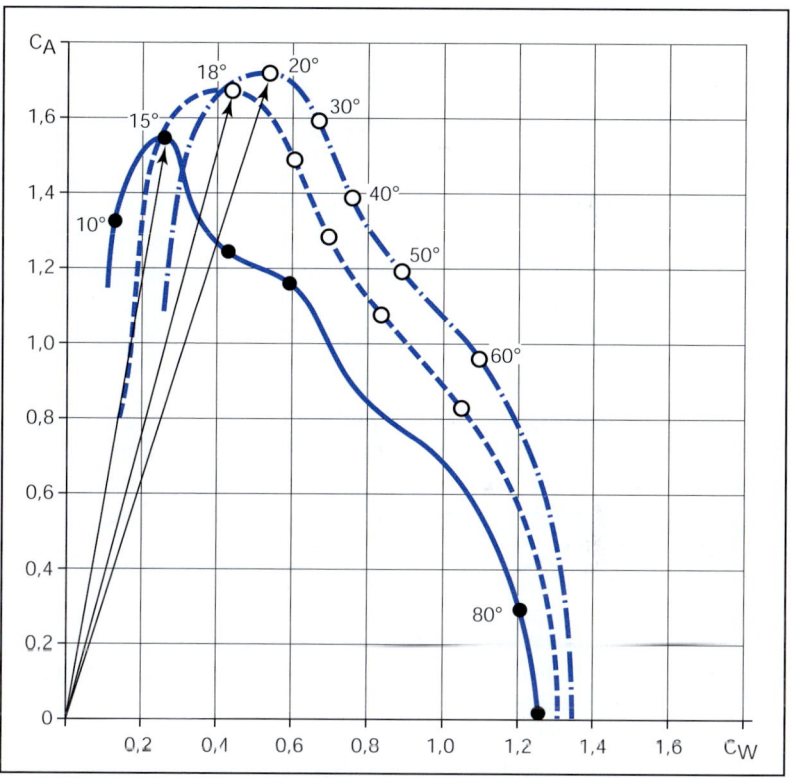

Abb. 31 *Die Leistungen von drei Segelprofilen, dargestellt in einem Polardiagramm: Die größte Segelkraft erzeugt das Segel mit 20 % Wölbung zwar mit einem Auftriebsbeiwert (C_A) von ca. 1,72, aber auch einem Widerstandsbeiwert (C_W) von ca. 0,55. Es eignet sich daher am besten für einen größeren Anstellwinkel auf einem raumen Kurs. Demgegenüber erreicht das 10-%-Profil sein Maximum mit einem Anstellwinkel von 15° und einem sehr viel kleineren Widerstandsbeiwert (C_W) von nur ca. 0,25. Es ist ein gutes Amwind-Profil, aber ebenso leistungsstark, solange das Segel auch auf anderen Kursen mit nur 15° optimal angeströmt bleiben soll.*

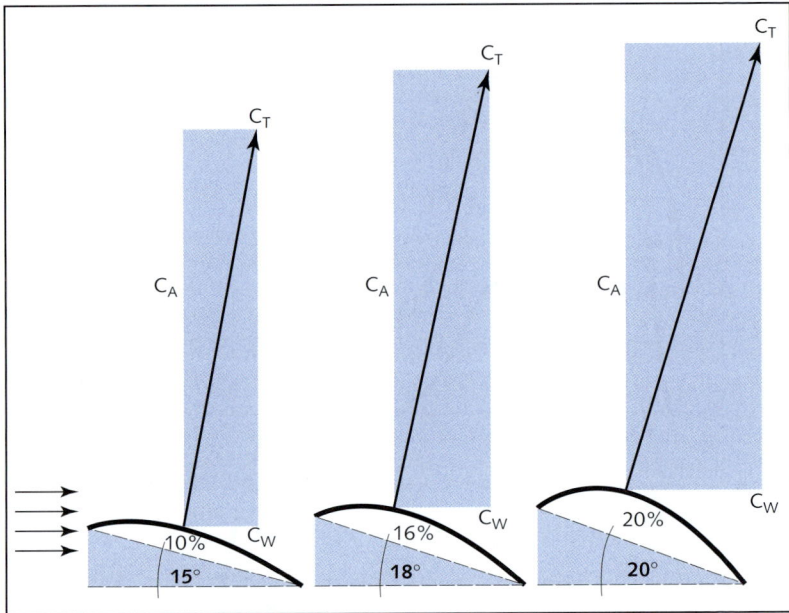

Abb. 32 *Die Gesamtkräfte der Profile aus dem vorgenannten Polardiagramm und die unterschiedlichen Wirkungsrichtungen noch einmal einzeln dargestellt: Bei der 10-%-Wölbung ist die Leistung kleiner, aber die Wirkungsrichtung ist günstig mehr nach vorn gerichtet. Bei dem größeren Anstellwinkel eines 20-%-Profils ist die Segelleistung größer, und die mehr achterlich gerichtete Kraft muss auf raumen Kursen auch nicht nachteilig sein.*

Wir erkennen aus Abb. 32: Das 10-%-Profil erzeugt seine größte Kraft bei einem Anstellwinkel von 15°. Sie ist aber nicht so groß wie die Leistung des Segels mit einer 16-%-Wölbung, und am größten ist die Leistung mit einer 20-%-Wölbung, bei der das Maximum bei einem Anstellwinkel von 20° erreicht wird. Die Kurve auf dem Polardiagramm für das »flache« Segel 1:10 und das entsprechende Leistungsdiagramm in Abb. 32 ist uns in den Abb. 28 und 29a schon einmal begegnet.

3. Ökonomie des Segelwindes

Mit Geld umzugehen lernen wir von Kindheit an. Mit Wind richtig umzugehen lernen manche Segler erst recht spät. Die Natur liefert ihn ja in unerschöpflicher und immer neuer Menge, und nur Rennsegler sind an ein ökonomisches Prinzip gebunden: Sie müssen, ob mit Einheitsbooten oder in einem Handicap-Rennen, unter den gleichen atmosphärischen Windbedingungen des Wettfahrtreviers schneller zu segeln versuchen als die anderen und dazu mehr Segelkräfte gewinnen als ihre Konkurrenten. Wirtschaftlich betrachtet heißt ihr Bestreben: mit einem gegebenen Aufwand den größten Ertrag zu erzielen.

Fast alle Segler mussten sich früher bei Windökonomie nur auf ihr Gefühl am Ruder und ihre Erfahrung beim Segeltrimm verlassen. Der Umgang mit theoretischen Berechnungen blieb den Konstrukteuren vorbehalten. Heutzutage gibt es eine Fülle von Anzeigegeräten, die eine Crew fortlaufend und genau über Windrichtung und Windgeschwindigkeit, Fahrt durchs Wasser und Fahrt über Grund, den optimalen Kurs und die richtige Segelwahl informieren. Wer den (finanziellen) Aufwand nicht scheut, kann sich nach einem Computerprogramm auch ein Leistungsdiagramm für sein Boot erstellen lassen (Abb. 33), das Daten für alle möglichen Kurse unter allen Wind- und Wetterbedingungen vorausberechnet hat und die entsprechenden Empfehlungen für die Segelwahl abrufbereit hält.

Das berechnete Leistungsdiagramm

einer Yacht enthält eine Fülle von Daten und Zahlen. Die internationalen Kürzel für das Verstandnis dieser abstrakten Zahlenfülle sind in der Abbildung selbst erklärt. Auch das Parallelogramm der Windgeschwindigkeiten, mit dem wir bereits gearbeitet haben, steckt (unerkannt) in diesen Zahlenkolonnen. Zur Veranschaulichung habe ich zwei Beispiele herausgegriffen:
Wir zeichnen es in Abb. 34 a für die erste Datenzeile mit einer Windgeschwindigkeit des atmosphärischen (wahren) Windes (VTW) von 6,0 kn, einem Kurswinkel zu diesem Wind (dem wahren Windwinkel, BTW) von 46,3° und einer

Leistungsdiagramm

VTW	BTW	VAW	BAW	V	VMG	HEEL	REEF	FLAT	CL	
6.0	46.3	9.85	25.2	4.895	3.382	6.0	1.000	1.000	1.961	J
6.0	50.0	9.98	26.5	5.196	3.340	6.3	1.000	1.000	1.957	J...
6.0	100.0	7.98	47.4	6.432	-1.117	5.4	1.000	1.000	2.438	S...
6.0	150.0	3.19	110.8	4.034	-3.494	0.7	1.000	1.000	1.645	S...
6.0	170.0	2.76	158.0	3.320	-3.270	0.1	1.000	1.000	0.465	S
6.0	175.0	2.76	169.1	3.237	-3.225	0.1	1.000	1.000	0.195	S
6.0	180.0	2.79	180.0	3.185	-3.185	0.0	1.000	1.000	-0.049	S

Geschwindigkeiten, Krängungswinkel, Reff-, Abflach- und Liftfaktoren
bei verschiedenen Windgeschwindigkeiten und Windwinkeln

VTW =	wahre Windgeschwindigkeit	HEEL =	Krängungswinkel
BTW =	wahrer Windwinkel	REEF =	% der Segelfläche (1 = voll)
VAW =	scheinbare Windgeschwindigkeit	FLAT =	% des Abflachens (1 = voll)
BAW =	scheinbarer Windwinkel	CL =	Lift coefficient
V =	Bootsgeschwindigkeit	S =	Spinnaker schneller
VMG =	Geschwindigkeit gegen Wind	J =	Fock schneller

Abb. 33 Seite eines Computer-erstellten Leistungsdiagramms eines Bootes für die Geschwindigkeit des atmosphärischen (»wahren«) Windes von 6 kn. Datensammlungen dieser Art kann man (nach den Wetterverhältnissen des (Regatta-)Tages) auch für alle anderen Windstufen (8 kn, 10 kn, 12 kn usw.) abrufen und danach die Segelauswahl treffen.

Bootsgeschwindigkeit v von 4,89 kn und müssen dann eine Geschwindigkeit des Bordwindes (scheinbare Windgeschwindigkeit, VAW) von 9,85 kn mit einem scheinbaren Windwinkel BAW (dem Kurs des Bootes zum Bordwind) von 25,2° erhalten. Daraus ergibt sich (unter der erzeugten Segelkraft mit dem Auftriebsbeiwert CL von 1,96 und den eingesetzten und entsprechend FLAT getrimmten Segeln) eine mögliche Zielgeschwindigkeit nach Luv (VMG) von 3.38 kn.

In Abb. 34 b habe ich die Daten der dritten Zeile für einen raumen Kurs (100° zur Richtung des Wellensystems) mit einer Fahrt von 6,43 kn unter den gleichen Bedingungen des atmosphärischen Windes von 6,0 kn benutzt. Aus ihnen erkennt man, dass dieses Leistungsdiagramm mit relativ viel Fahrtgewinn bei kaum Bft 3 für eine sehr leichte Rennyacht mit Segeln geringen Reibungswiderstandes und wohl unter Glattwasserbedingungen erstellt wurde.

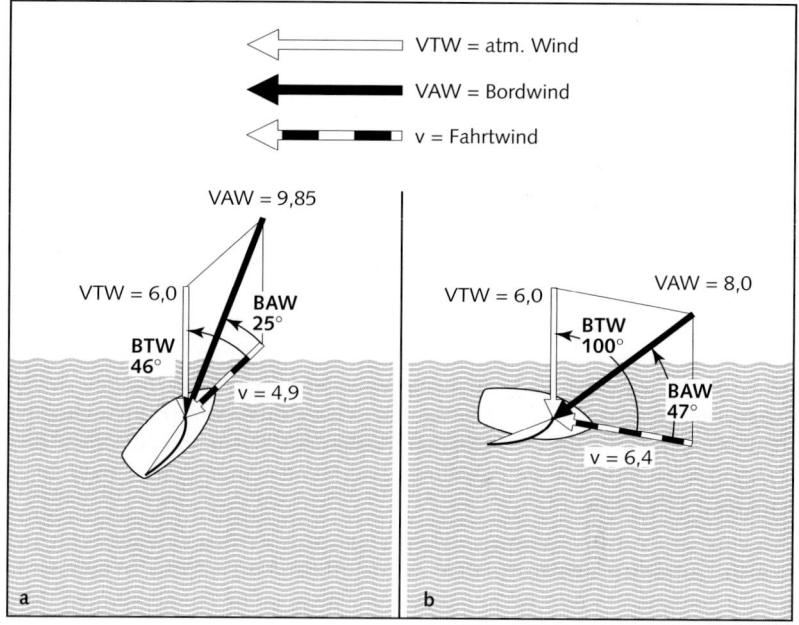

Abb. 34 *Anschauliche Darstellung einiger Werte, die das Leistungsdiagramm enthält: a für den Amwindkurs in der oberen Zahlenreihe, b für den raumseitlichen Kurs in der dritten Zeile. Bemerkenswert ist die hohe Fahrt (»Speed«), die das Boot bei so leichtem Wind laufen kann. – Hier wird auch der (neue) Begriff »Windwinkel« erklärt: Analog zum Begriff »Kurswinkel« ist es der Winkel zwischen dem Kurs durchs Wasser und der Richtung zum Bordwind, den der Verklicker anzeigt (»scheinbarer Windwinkel«), oder der Winkel zwischen dem Kurs (der Rechtvorausrichtung) und dem atmosphärischen Wind (der rechtwinklig zum Wellenzug weht), den man »wahren Windwinkel« nennt.*

Zur Beurteilung einer Segelleistung

kalkulieren wir die Segelkraft F_T mithilfe des Auftriebsbeiwerts des Profils C_A, der Segelgröße A_S, der Windgeschwindigkeit v in Knoten (oder in m/s) und dem Staudruck Rho.

In den Parallelogrammen der Windgeschwindigkeiten zum »geometrischen Gesicht des Bordwindes« (s. Abb. 6, 8 und 9, die wir zum besseren Verständnis noch einmal auf der jeweils linken Seite der folgenden Abbildungen 35 – 37 wiederholen) hatten wir gesehen, wie sich die Geschwindigkeit des Bordwindes, des Energiespenders unseres »Windmotors«, auf den unterschiedlichen Kursen zum Wind änderte. Jetzt wollen wir kalkulieren, was diese Windenergie tatsächlich wert ist, welche Kraft sie an unseren Segeln erzeugt und welchen Nutzen wir davon haben, wenn wir unter Segeln Fahrt machen wollen. Wir berechnen die Segelkraft, die wir mit F_T bezeichnen wollen, in Newton pro Quadratmeter (N/m²) und benutzen dafür den dynamischen Druck oder Staudruck der Luft und die Geschwindigkeit des Bordwindes für unsere Kalkulationen.

Bei einer als normal angesehenen Lufttemperatur von 15 °C und einem »normalen« Luftdruck auf Meereshöhe von 1,013 bar = 101325 N/m² beträgt die Luftdichte Rho = 1,225 kg/m³. Setzen wir diese in die Formel für den dynamischen Druck oder Staudruck ein, erhalten wir:

$$q = \frac{\text{Luftdichte}}{2} \times \text{Quadrat der Windgeschwindigkeit} = N$$

$$q = \frac{1,225}{2} \times v^2 \text{ des Bordwindes in m/s} = N$$

$$q = 0,6125 \times v^2 \text{ in m/s} = N$$

Simpel ausgedrückt: Die halbe Luftdichte mal dem Quadrat der Windgeschwindigkeit in Meter pro Sekunde ergibt den Staudruck in Newton. Wenn wir mit der Windgeschwindigkeit in Knoten kalkulieren, können wir auch schreiben:

$$q = 0,162 \times v^2 \text{ in kn} = N$$

Die Windgeschwindigkeit in Knoten, mit der wir arbeiten wollen, werden wir also den hier wiederholten Geschwindigkeitsparallelogrammen (der Abb. 6, 8 und 9) mit den entsprechenden Kursen zum Wind entnehmen. Um die aerodynamische Kraft an einem Segel zu kalkulieren, muss nun noch der entsprechende Beiwert des Profils berücksichtigt werden. Wir entnehmen den Gesamtkraft-Beiwert C_T dem Polardiagramm in Abb. 28. So erhalten wir:

$$F_T = C_T \times 0{,}162 \times v^2 \times AS = N/m^2$$

Setzen wir die Segelfläche AS einheitlich mit einem Quadratmeter ein, so können wir für die im linken Teil der Abb. 35 wiederholten Bedingungen kalkulieren und die Werte im rechten Teil der Abbildung zeichnerisch darstellen: Bei einer Windgeschwindigkeit des Bordwindes von 17 kn auf einem Amwindkurs sowie mit einem flachen Segel mit einer Wölbung von 10 %, das mit seinem optimalen Anstellwinkel von 15° zum Bordwind arbeitet und für das wir den Beiwert für die Segelkraft C_T aus der Abbildung mit 1,5 entnommen haben, erhalten wir eine Segelkraft

$$F_T = 1{,}5 \times 0{,}162 \times 289 \times 1 = 70{,}2 \ N/m^2$$

Ein Segel erzeugt unter diesen Bedingungen pro Quadratmeter eine Gesamtkraft von 70,2 N. Das Großsegel unseres Standardbootes C (das wir später im Zusammenhang mit Abb. 59 ausführlicher behandeln werden) von 35 m² würde auf diesem Amwindkurs somit einen Vorschub von 2457,7 N liefern.
Diese Segelkraft von 70,2 N/m² zeichnen wir in eine Skizze mit den oben genannten Daten ein und ermitteln geometrisch die nützliche Vorwärtskraft F_V oder den Vorschub, den das Segel in Fahrtrichtung liefert, und die unvermeidbare Querkraft F_Q, der unser Boot seine Lateralfläche entgegenhält und die gleichzeitig für eine unvermeidliche Krängung sorgen kann (Abb. 35). Wir erkennen, dass auf einem Amwindkurs diese Querkraft den größeren Anteil der erzeugten Segelkraft aufzehrt, aber mit dem nützlichen Vorschub von 25 N/m² erreicht unser Boot eine Amwind-Geschwindigkeit von 5 kn. In gleicher Weise kalkulieren wir die Segelkräfte für einen Kurs mit raum-seitlichem Wind (Abb. 36) und für einen Segelkurs nahezu platt vor dem Wind (Abb. 37).
Wer selbst weiterrechnen will und die Segelkräfte an seinem eigenen Boot auf die gleiche simple Weise kalkulieren möchte, muss also nur die Geschwindig-

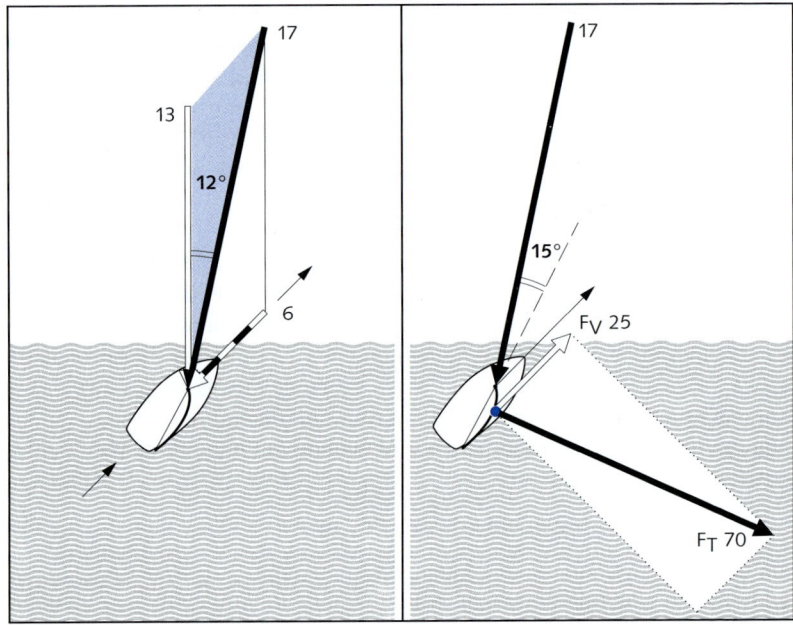

Abb. 35 Dies waren die Bedingungen auf einem optimalen Amwindkurs, auf dem wir durch den besten Kompromiss zwischen Höhe und Geschwindigkeit ein Ziel in Luv am schnellsten erreichen können (links). Daraus kalkulierten wir die Segelkraft ca. 70 N/m² und ermittelten zeichnerisch einen nützlichen Vorschub (eine Vorwärtskraft) von ca. 25 N/m².

keit des Bordwindes, die ihm der Windmesser unterwegs liefert, bei einem richtig getrimmten Segel ablesen, mit den entsprechenden Daten für den Anstellwinkel des Segels und dem wahren Windwinkel (der Kursrichtung zum Seegang) aufschreiben und nach kurzer Berechnung zeichnerisch darstellen. (Natürlich gelten die von mir benutzten Beiwerte nicht für jedes Segel. Aber sie sind als Erfahrungswerte doch nützlich genug für eine entsprechende Bordkalkulation.)

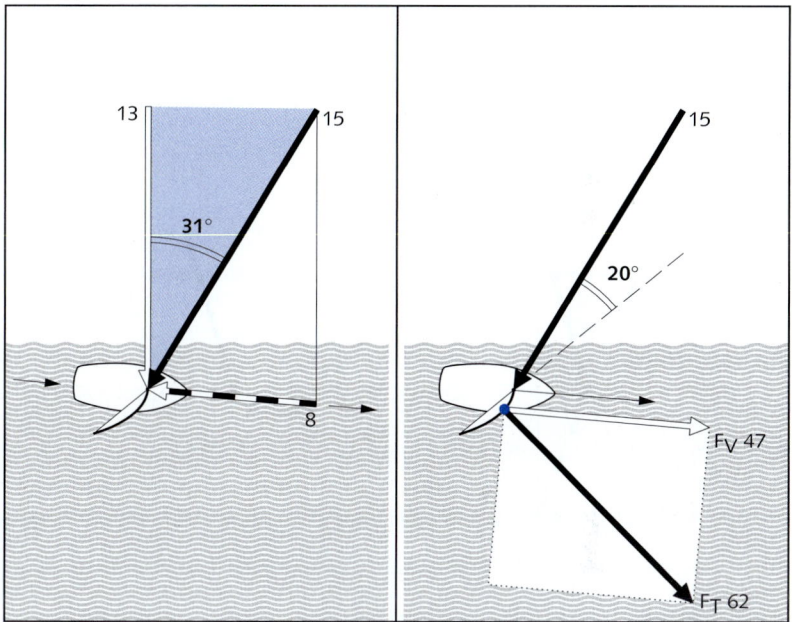

Abb. 36 *Bei einem Kurs mit raum-seitlichem Wind erreicht das Boot (noch unter der Amwind-Besegelung) seine höchste Fahrt, die sich mit einem asymmetrischen Vorsegel (Gennaker) anstelle der Genua noch steigern lässt. Auf den Wind bezogen, der den Seegang aufgebaut hat, ist es ein »Halbwindkurs«, auf dem der auf 15 kn abgeschwächte Bordwind durch die schnelle Fahrt sogar noch vorlich einfällt. Wir kalkulieren mit einem bauchigen Segel (Wölbung 16 %, Beiwert 1,7) und dessen optimalem Anstellwinkel von 20°:*

Segelkraft F_T = 1,7 x 0,162 x 225 x 1 = 62,0 N/m²

Zeichnerisch ermitteln wir einen größtmöglichen Vorschub von 47 N/m², mit dem unser 11-m-Standardboot seine Rumpffahrt von 8 kn erreicht hat. Sein 35-m²-Großsegel ist hieran mit insgesamt 1645 N oder 164,5 daN beteiligt. (Auf den noch vorlich einfallenden Bordwind bezogen, den ein Verklicker im Want anzeigt, kann auch dieser Kurs noch als »mit raum-vorlichem Wind« bezeichnet werden.)

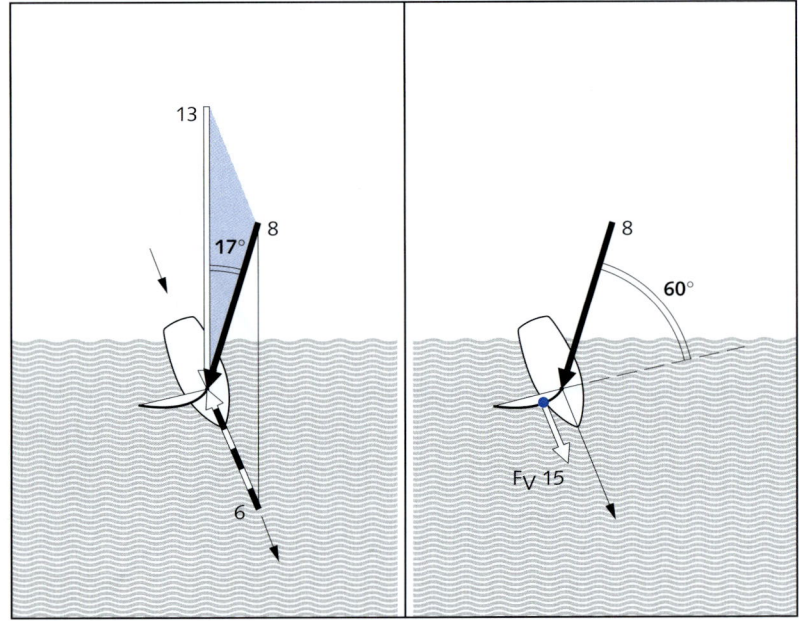

Abb. 37 Ein Kurs nahezu platt vor dem Wind mit einem wahren Windwinkel von 165° und einem Anstellwinkel des Segels zum Bordwind von fast 80°. Auf das wie bisher benutzte und bauchig getrimmte Großsegel bezogen kalkulieren wir jetzt mit dem Widerstandsbeiwert C_W = 1,4, weil das Segel jetzt nur noch als Windfang arbeitet und sich der Windwiderstand von Mast und Rigg, der auf Kursen nach Luv fahrthemmend wirkt, jetzt sogar den Vorschub fördernd auswirken könnte. Mit dem sehr schwachen Bordwind von 8 kn ergibt sich

Segelkraft F_T = 1,4 x 0,162 x 64 x 1 = 14.5 N/m²

als der geringste Wert auf dem ungünstigsten Kurs zum Wind bei einer Vollzeug-brise. Er ist aber auch gleichzeitig der Vorschub F_V. Eine große Spinnakerfläche und die Schiebewirkung einer bewegten See helfen das Boot zwar zu beschleunigen, aber wenn möglich sollte man anstelle dieses Vorwindkurses doch besser einen raum-achterlichen Umwegkurs segeln, der uns schneller zu einem Ziel in Lee bringt.

**Auswirkungen von Windgradient und Verwindung (Twist)
auf die Segelleistung**

Der Wind, den wir in der Plicht spüren, vergrößert seine Geschwindigkeit mit der Höhe über dem Wasser. Diese Erscheinung bezeichnen wir als den Windgradienten. Welche genauen Werte dabei von unseren Bordwindmessern ermittelt werden können, hatte ich eingangs in der Abb. 4 dargestellt.
Diese unterschiedlichen Windgeschwindigkeiten in der Höhe verursachen (insbesondere auf Kursen nach Luv) eine Verwindung im Segel, weil es in Fahrt vom Bordwind in den unteren Bereichen spitzer und zum Masttopp hin raumer angeblasen wird. Da der Höhenwind gleichzeitig mehr Kraft erzeugt als der Wind im Baumbereich, verdreht er das Segel um einen großen, vom Kopf bis zum Schothorn überall unterschiedlichen Anstellwinkel. Erst um 1950 fanden Segler ein Mittel, dieser extremen Verwindung (engl. twist) des Großsegels entgegenzuwirken: den kicking strap oder boom vang, bei uns Baumniederholer genannt und korrekter zuerst als Baumniederhalter bezeichnet (Abb. 101 bis 103 im Kapitel »Das Großsegel«). Seine Hauptaufgabe erfüllt er auf raumen Kursen, wo er den optimalen Anstellwinkel des Segels zum Bordwind zu erhalten hilft, während auf luvwärtigen Kursen die Großschot hierfür (weitgehend) allein eingesetzt ist.
Wenn der optimale Anstellwinkel des Segels auf allen Höhen vom Deck bis zum Masttopp konstant sein müsste, könnte man dann nicht besser starre Tragflächen mit einer garantiert verwindungsfreien Form benutzen? Die Antwort ist einfach: Sie sind unseren halbstarren Tuchsegeln unterlegen, weil wir eine bestimmte Verwindung einfach brauchen, um die Windenergie an unserem Segel optimal zu verwerten und die größtmögliche Segelkraft in allen seinen Teilen zu erzeugen.
Was ein Zuviel bedeuten kann, haben wir bei den Regatten um den America's Cup 2003 erlebt: Nach dem Reglement durfte nur bis 19 kn (atmosphärischem) Wind gestartet werden; nur für diese (maximale Windstärke 5) war die Cup-Verteidigerin NEW ZEALAND offenbar strikt ausgelegt. Als der Wind aber auf der Bahn über diesen Grenzwert auffrischte, waren die Folgen katastrophal: Wassereinbruch in der offenen Plicht durch übergroße Krängung, Riss des Großsegels, Bruch des Großbaumes, demoliertes Vorstag – und mehr Schäden durch

aerodynamische Überlastung. Im vierten Rennen kam es sogar zu einem Mastbruch. Alle Havarien waren auf die Konstruktionsfehler für eine Riesenyacht
mit 36 m Masthöhe zurückzuführen, die für eine maximale Windgeschwindigkeit (beim Start) von 19 kn gebaut war, aber bei nur wenig mehr (mögli-
chem wahren) Wind im Rennen praktisch materiell demontiert wurde.

Am Beispiel der ALINGHI,

der siegreichen 24,50 m langen und 4,00 m breiten Yacht, die 25 t verdräng-
te und mit einem 200-m²-Großsegel und ähnlich großen Vorsegeln (nach Anga-
ben ihrer Führungscrew am Wind »nur«) 10 kn Fahrt erreicht haben soll, will
ich einmal zu zeigen versuchen, wie groß die optimale Verwindung vom Deck
bis zum Topp an ihrem Großsegel sein musste und welche Segelkräfte auf verschiedenen Höhen durch den Windgradienten erzeugt wurden, wenn der
Wind unter Landbedingungen mit dem Ausgangswert 18,5 kn wehte. (Auf
raumen und Vorwindkursen soll die ALINGHI, wie die Crew verriet, mit einem
500 m² großen asymmetrischen Vorsegel denn doch eine Geschwindigkeit von
16 kn erreicht haben. Leider halten sich alle Verantwortlichen zu solchen »gehei-
men« Daten noch bedeckt. Im Übrigen kommen wir bei Berechnung der größtmöglichen Rumpffahrt dieser Verdrängeryacht unter Ansatz einer Schwimm-
wasserlinienlänge von 20 m tatsächlich auf »nur« 10,82 kn.)
Aus dem Parallelogramm der Geschwindigkeiten erhalten wir bei einem atmosphärischen Wind von 18,5 kn an Deck und bei 10 kn Fahrt einen Bordwind
von ca. 26,8 kn (Abb. 38 a).
Auf 25 m Höhe über dem Wasser (und noch weit unter dem Toppbereich des
Segels) zeigt uns der Windgradient einen wahren Wind von 26 kn, und wir
erhalten zeichnerisch einen Bordwind von 34 kn (Abb. 38 b).
Gleichzeitig erkennt man, dass der Unterschied der Bordwindrichtungen oben
(ca. 12,5°) und unten (ca. 17°) ca. 4,5° beträgt. Dies ist die optimale Verwindung (oder der Twist), auf den das Segel (langsam anwachsend) bis 25 m
Höhe des 36-m-Mastes getrimmt werden muss. Auf unseren normalen Yachten ist der optimale Twist-Winkel natürlich kleiner.
Diese Verdrehung des Segels in vertikaler Richtung wird aber noch durch die
gelieferte Windenergie (des Bordwindes) unterstützt, die in 25 m Höhe nicht

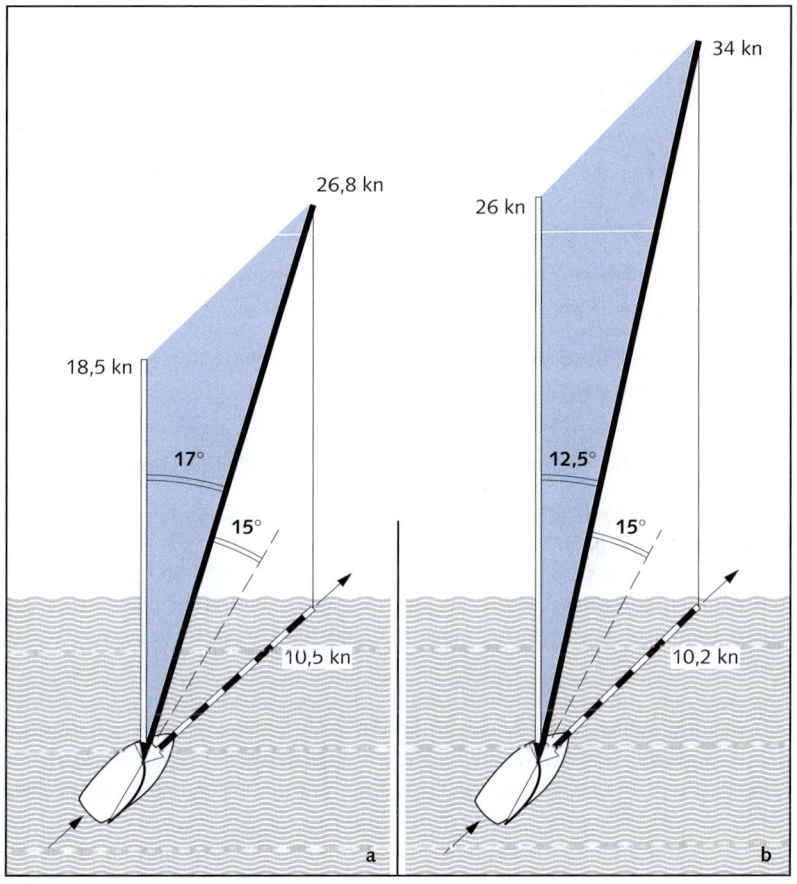

Abb. 38 *Das Wind-Parallelogramm für die unteren Großsegelbereiche der ALINGHI bei einem atmosphärischen Wind von 18,5 kn in Wassernähe und einem Amwindkurs mit 10 kn Fahrt (a). Im Toppbereich (auf 19 m Höhe) des Großsegels (b) erreicht der atmosphärische Wind durch den Windgradienten eine Geschwindigkeit von 26 kn. Mithin liefert der Bordwind die Windenergie mit 34 kn.*

nur mit 34 kn anströmt, sondern mit dem Quadrat dieser Windgeschwindigkeit auch wächst. Die Segelbereiche am Topp erhalten also noch einen zusätzlichen Schub nach Lee oder von der Großbaumrichtung hinweg, an dem wir auf einem Amwindkurs (nur) mit der Großschot einer übergroßen und unerwünschten Verwindung entgegen wirken können.

Die Segelkräfte, die in den oberen und unteren Bereichen des Großsegels erzeugt werden, sind sehr unterschiedlich und könnten bei der ALINGHI unter diesen Bedingungen bei 26,8 kn Bordwind unten und 34 kn oben etwa

$$F_T = 1,5 \times 0,162 \times 718 = 174 \text{ N/m}^2 \text{ in Großbaumnähe und}$$
$$F_T = 1,5 \times 0,162 \times 1156 = 281 \text{ N/m}^2 \text{ auf 25 m Segelhöhe}$$

betragen haben. Ein Quadratmeter Segelfläche erzeugte also im Toppbereich ca. 60 % mehr Segelkraft als in Großbaumnähe.

Was bedeutet die Verwindung für die mögliche Höchstgeschwindigkeit?

Und warum werden die Rennen um den America's Cup mit zwar mächtig großen, aber relativ langsamen (fast hätte ich »lahmen« geschrieben) Yachten ausgetragen? In dieser Frage hatte ich am Beispiel des 1972 und 1975 schnellsten Doppelrumpfbootes der Welt, der CROSSBOW*, ermittelt und in den vorherigen Auflagen dieses Buches gleichzeitig die dabei erreichten Segelkräfte dargestellt.

Ich zeige hier nur meine Betrachtungen für einen Amwindkurs (Abb. 39) bei der Rekordgeschwindigkeit von 26 kn mit dem Parallelogramm der Windgeschwindigkeiten und der Darstellung der Anstellwinkel der Segelteile sowie der Segelkräfte. Aus Platzgründen verzichte ich auf die Wiedergabe der Rechenwege von der erzeugten Segelkraft bis zum Gewinn des tatsächlich erreichten

---

* Die CROSSBOW I war eine catgetakelte Proa von 18,29 m Länge mit einem 9,57 m langen Ausleger auf der Luvseite, an dessen äußerem Ende die Crew in einer schwimmenden Schale arbeitete. Der Hauptrumpf war nur 0,55 m breit. Die Takelungshöhe betrug 22,80 m. Bei 10 kn (wahrem) Wind erreichte die CROSSBOW bereits eine Fahrt von 20 kn; sie war also doppelt so schnell wie der Wind. Ihre Höchstgeschwindigkeit von 26,3 kn erreichte sie 1972 über eine Strecke von 500 m. Die CROSSBOW II mit zwei Rümpfen gleicher Länge brachte es 1976 unter den gleichen Bedingungen sogar auf eine Höchstfahrt von 31,8 kn.

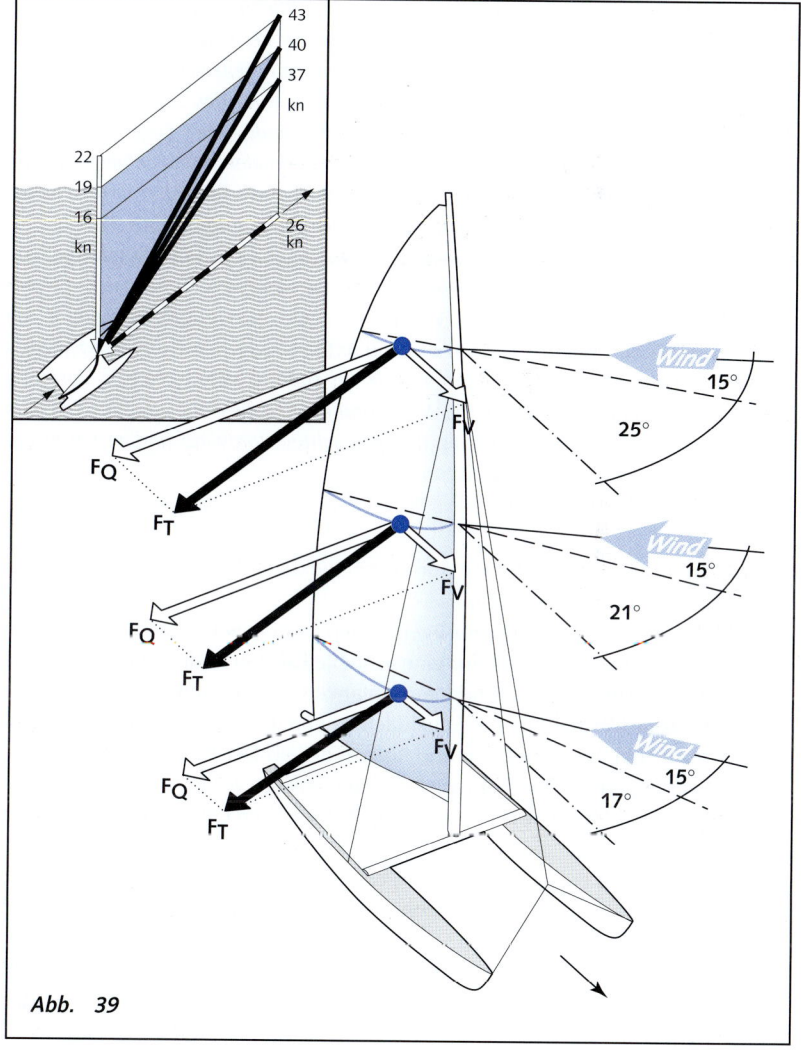

Abb. 39

Abb. 39 *Geschwindigkeits-Parallelogamm für den Bordwind (den so genannten scheinbaren Wind) an einem Rigg wie der* Crossbow *bei einem atmosphärischen Wind von 16 kn in Erdnähe und 22 kn im Toppbereich (Teilzeichnung links oben). Oben liefert ein 43 kn schneller Bordwind die Energie für das Segel, unten arbeitet es nur mit 37 kn Windgeschwindigkeit. Die Verwindung des Segels müsste ca. 8° betragen, um es von unten bis oben auf den optimalen Anstellwinkel zu trimmen. – Die Luftkräfte am Segel auf einem Amwindkurs und in drei unterschiedlichen Höhen über Deck (Gesamtbild). Schwarzer Pfeil: aerodynamische Gesamtkraft des Segels F_T. – F_V aerodynamische Vortriebskraft oder gelieferter Vorschub. – F_Q aerodynamische Krängungskraft oder Querkraft. – Ist das Segel mit der unterschiedlichen Verwindung von unten nach oben optimal getrimmt, erzeugt es durch den Windgradienten und die unterschiedlichen Geschwindigkeiten des Bordwindes von 43 kn (oben) bis 37 kn (unten) einen starken Vorschub oben, ungefähr nur die Hälfte in der Mitte und einen sehr viel kleineren Vorschub unten. Der für diese Rekordfahrt »selbst gemachte« Bordwind findet sich in der Beaufort-Skala bei Bft 8 oder sogar mehr!*

Vorschubs für das Boot und lasse nur die perspektivischen Ansichten sprechen, die ich danach entworfen hatte.

Die Abbildungen können uns vor Augen führen, warum wir mit möglichst hohen Masten segeln, warum wir die für eine schnelle Fahrt erforderliche Segelfläche an einem möglichst hoch reichenden schlanken Rigg führen und warum eine leichte vertikale Verdrehung der Segelfläche, nennen wir sie nun althergebracht Verwindung oder Twist, nützlich und notwendig ist. Der Windgradient mit seinen Auswirkungen auf den Bordwind und die dadurch verursachte Verwindung des Segels sind Faktoren, die bei allen segeltechnischen Entscheidungen gegenwärtig sein müssen.

Und noch ein Tipp ergibt sich aus der Perspektivzeichnung: Man steuert nach den Mittelteilen des Segels und trimmt diese auf den jeweiligen optimalen Anstellwinkel für das entsprechende Segel und den jeweiligen Kurs. Der untere Bereich des Segels ist dann zwar etwas »untertrimmt«. Dies ist jedoch nicht schädlich, denn im Unterliekbereich entstehen noch dazu Verluste durch den induzierten Widerstand.

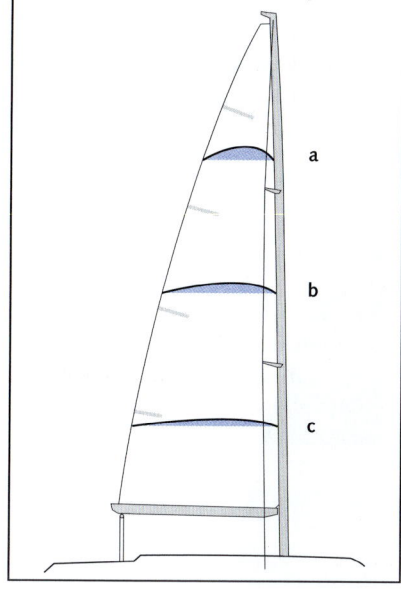

Abb. 40 *Bei hohen, schlanken Groß-segeln ist der Toppbereich (a) bereits voll(er) geschnitten, um die optimale Verwindung für eine gute Auftriebs-verteilung zu schaffen. Der Mittelbe-reich (b) ist mit einer Wölbung für den maximalen Auftrieb gearbeitet. Ein abgeflachtes unteres Profil (c) ver-mindert Auftrieb und induzierten Wi-derstand.*

Und der Toppbereich (ebenfalls mit Widerstandsverlusten) ist dann un-vermeidbar leicht »übertrimmt«. Um hier einen segeltechnischen Kom-promiss zu schaffen, arbeitet der Segelmacher daher am Fuß des Segels meistens eine flachere Wöl-bung für einen spitzeren Anstellwin-kel von (z. B.) ca 10° ein (Abb. 40). – Im Mittelteil des Segels (auf etwa 40 – 70 % der Takelungshöhe) ist das Segel auf die maximale Wölbung für den opti-malen Anstellwinkel (von z. B. 15°) geschnitten. Denn auf ihn richtet sich ja das Augenmerk des Rudergängers. Von diesem mittleren Bereich hängt die Gesamtleistung eines Segels erstrangig ab. – Der obere Bereich, der ebenfalls Energie durch den induzierten Widerstand verliert, wünscht etwas mehr Anstell-winkel und erwartet dazu eine geringfügige Verwindung von 3 – 5°, für die der Segelmacher dem Segel meistens schon einen völligeren Schnitt in der Topp-sektion liefert.

Ein Vorsegel benötigt bei einer Topptakelung im Allgemeinen mehr Verwindung als das Großsegel, weil es mit seinen mastnahen Sektionen im Aufwindbereich hinter dem Großsegel arbeitet und dieses an seiner Luvseite spitzer und langsa-mer angeströmt wird. Bei einem 7/8-Rigg, wo der obere Teil des Großsegels allein hoch über dem Vorsegel arbeitet, ist hier mehr Verwindung erforderlich.

Der Windgradient an hohen Masten

Bei der CROSSBOW, die bis zu 30 kn schnell segeln konnte, sind die extremen Auswirkungen des Windgradienten auf die Segelleistung zu erkennen (Abb. 41): Bei einem auf allen Höhen (angenommenen) optimalen Anstellwinkel von

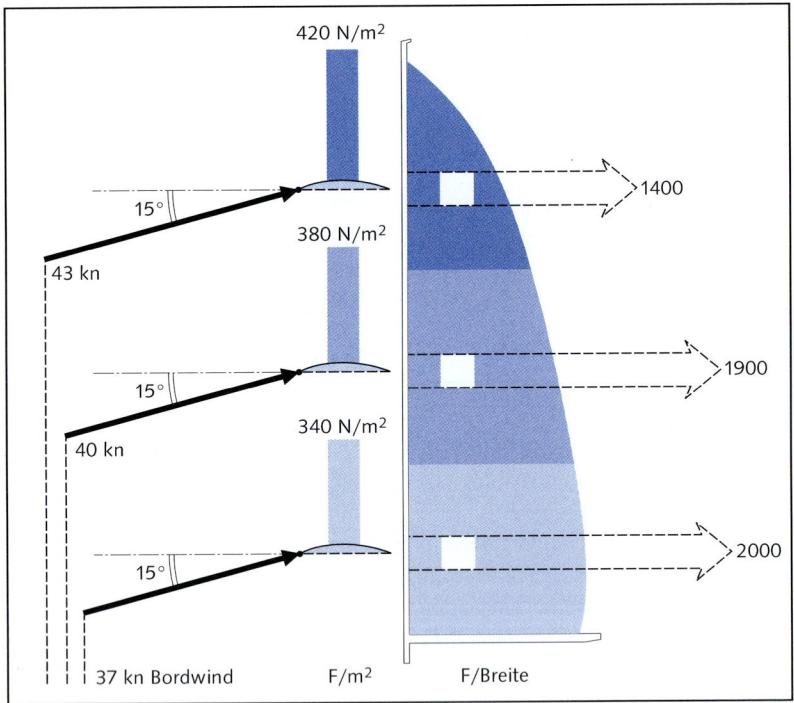

Abb. 41 *Die Segelkräfte in N, die an einem extrem hohen Rigg wie das der CROSSBOW auf einem Amwindkurs in drei Bereichen entstehen könnten: in der Grafik vor dem Mast für einen Quadratmeter (z. B. 420 N/m² im Toppbereich). Durch Pfeile rechts angedeutet: für einen Meter Bahnbreite vom Vor- zum Achterliek, z. B. 1900 N im Mittelteil.*

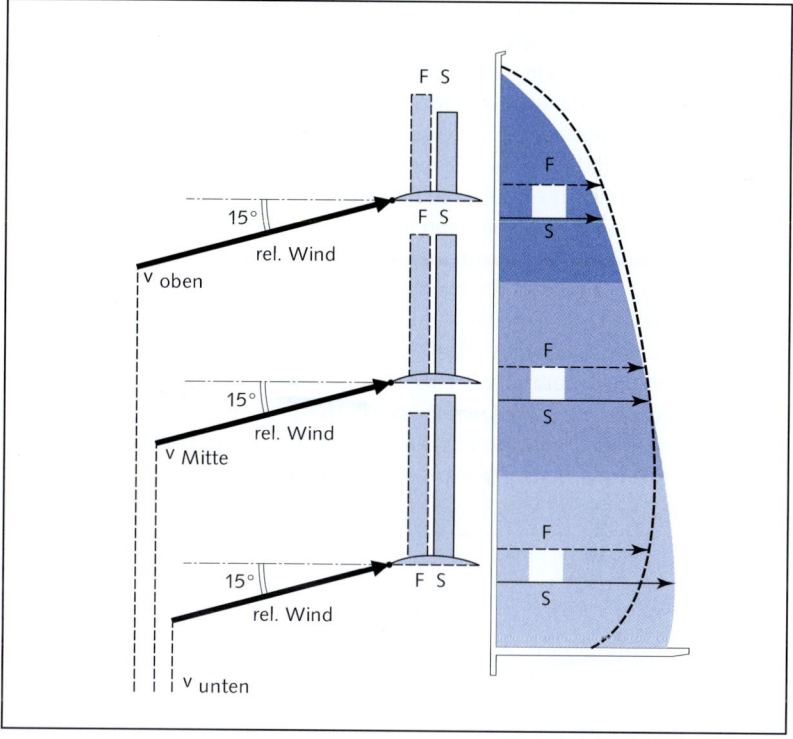

Abb. 42 *Die unterschiedlichen Segelkräfte vom Topp bis zum Großbaum als Kurve zur Achterlieksrundung aufgetragen und als »wirksames« oder »scheinbares« Segel zum »sichtbaren« Segel dargestellt. Grafisch vor dem Mast ersichtlich: oben mehr Kraft F als sichtbare Fläche S, unten größere Fläche S als tatsächliche Nutzkraft F.*

15° zum Bordwind des (bestmöglich) vertwisteten (mit Verwindung getrimmten Segels) habe ich bei den entsprechenden Windgeschwindigkeiten von 37 – 43 kn unten 340 N/m^2 Segelkraft kalkuliert, in der Mitte 380 und oben 420 N/m^2. Die Quadratmeter-Größe geht aus der Grafik hervor.

61

Ich habe dann aber auch die Segelkraft kalkuliert, die auf einer Bahnbreite vom Vor- zum Achterliek erzeugt werden könnte: bei 5,80 m Breite unten ca. 2000 N, bei 5 m Breite in der Mitte 1900 N und bei 3,20 m Breite im oberen Bereich 1400 N. (Die hier gewählte Segelhöhe von 19 m und die zeichnerische Darstellung beruhen auf den zugänglichen Informationen.) Denn es gilt die Erkenntnis zu vermitteln, dass z. B. die viel kürzere Segelbahn im oberen Bereich ca. 70 % der Segelkraft erzeugt wie die doppelt so lange Bahn über dem Großbaum oder die nur 5 m breite Bahn im Mittelteil fast so viel Segelkraft liefert wie die 5,80 m lange Segelbahn im unteren Segeldrittel.

Zeichnen wir uns ein Segel nach diesem Nutzen und stellen wir grafisch Kraft und Fläche einander gegenüber (Abb. 42), dann erhalten wir neben dem sichtbaren Segel unser wirksames Segel (ich habe es auch »scheinbares« genannt), das nicht nur alle unsere segeltechnischen, sondern auch seemännischen Entscheidungen (z. B. bei Segelkürzen oder Reffen) bestimmt.

Aber auch bei einem normalen Seekreuzer (es wird unser Standardboot D mit Lattengroßsegel auf Seite 76 sein) ist eine genauere Betrachtung nicht unin-

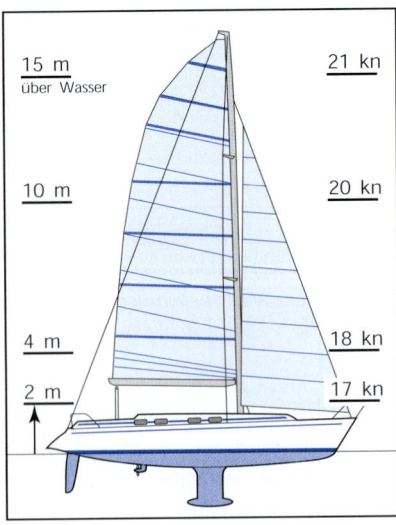

Abb. 43 *Am hohen Rigg eines 14-m-Mastes, der auf unserem Standard-Serien-Seekreuzer D (Abb. 60) bis 16 m über die Wasserlinie reicht, manifestiert sich der Windgradient nicht so extrem. Aber mit einem atmosphärischen Wind von 18 kn auf 4 m Höhe, 20 kn auf 10 m und 21 kn auf 15 m Höhe wird doch sehr unterschiedliche Windenergie erfasst.*

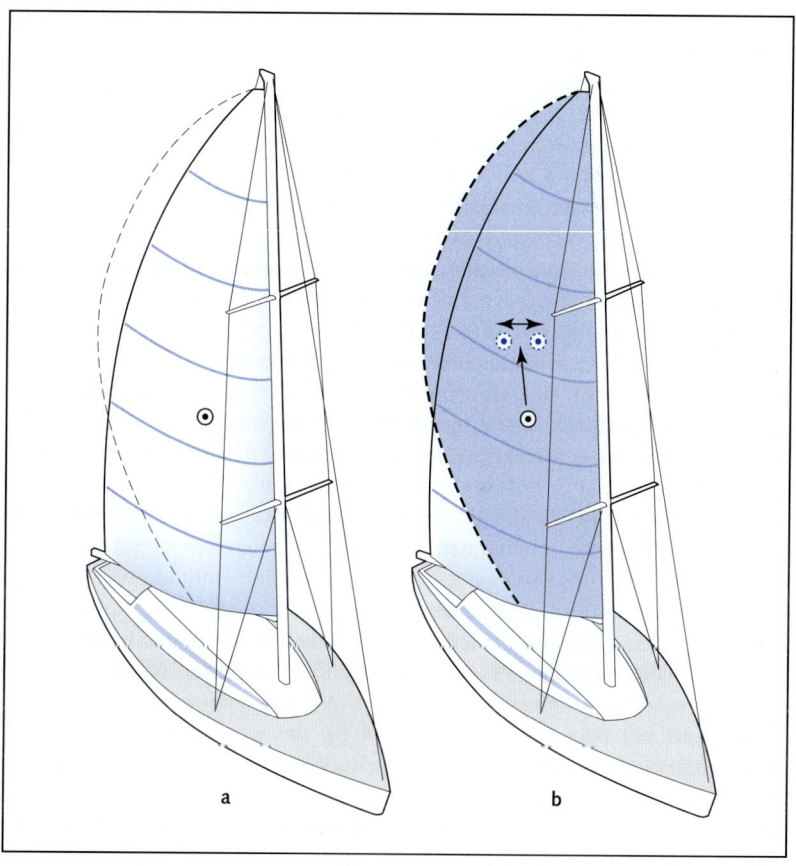

a   b

Abb. 44 *Das sichtbare Segel mit dem darin eingezeichneten Segelschwerpunkt, dem geometrischen Mittelpunkt der Segelfläche (a). – Das wirksame Segel mit den möglichen Positionen des Segeldruckpunktes, die (entsprechend der aerodynamischen Leistung der Flächenteile) immer höher als der (darunter angedeutete) Segelschwerpunkt liegen (b).*

teressant. Das 11,50 m lange Boot hat mit seinem 14 m hohen Mast eine Segelhöhe von ca. 16 m über der Wasseroberfläche. Aus der Abb. 4b entnehmen wir drei charakteristische Windgeschwindigkeiten (für den atmosphärischen Wind) auf drei verschiedenen Segelhöhen über Wasser: auf 4 m 18 kn, auf 10 m 20 kn und auf 15 m 21 kn (Abb. 43). Von der Fläche des Lattengroßsegels von 38 m^2 nehmen wir 16 m^2 im unteren Baumbereich, 14 m^2 im mittleren Teil und 8 m^2 im Toppbereich an, ungefähr je ein Drittel zur Masthöhe. In der bekannten Art kalkulieren wir die Windenergie, die auf den genannten Höhen lieferbar ist, und erhalten unten ca. 78, in der Mitte 97 und oben 107 N/m^2. Unser Großsegel von 38 m^2 könnte insgesamt ca. 3475 N erzeugen, von denen auf die 16 m^2 des unteren Segelbereiches ca. 1259 N oder 35 %, auf die nur 14 m^2 des mittleren Bereiches aber schon ca. 1360 N oder ca. 40 % und auf den mit 8 m^2 kleinen Toppbereich beachtliche ca. 15 % entfallen.

Lassen wir unbeachtet, dass ja der Bordwind (der scheinbare Wind) auf Kursen nach Luv immer stärker als der hier beobachtete atmosphärische Wind weht, aber erinnern uns, dass die Windkraft mit dem Quadrat der Windgeschwindigkeit wächst, dann würden wir bei solchen Kalkulationen über den Daumen zu noch weiter auseinander strebenden Segelkraftwerten auf den verschiedenen Masthöhenbereichen gelangen. (Den Induktionswiderstand beachten wir hier nicht.) Wir stellen also fest:

In unserem Segel leistet nicht jeder verarbeitete Quadratmeter Tuch das Gleiche. Und: Dem sichtbaren Segel allein (Abb. 44 a) dürfen wir unsere segeltechnische Aufmerksamkeit nicht widmen. Wir müssen immer auch das wirksame Segel vor Augen haben (Abb. 44 b), das ich in Anlehnung an den »scheinbaren« Wind, mit dem es arbeitet, auch das »scheinbare Segel« genannt habe.

Insbesondere auf der Suche nach mehr Segelkraft durch höhere Masten und mit im Toppbereich weit ausgestellten Lattensegeln ergibt sich ein ständig verbessertes »Leistungssegel«, für das sich die eingesetzten segeltechnischen Neuerungen und Weiterentwicklungen von neuen Segelformen schon auszahlen – für den, der schneller segeln will, schneller als die anderen.

4. Die moderne Sluptakelung und ihre Segel

In jüngster Zeit sind für die vorherrschende Yachttakelage als Slup zahlreiche neue Segelformen und Riggarten entwickelt worden, die schnell in der modernen Serienfertigung des Yachtbaus benutzt wurden und uns heutzutage ganz selbstverständlich sind: Großsegel mit durchgehenden Langlatten in Verbindung mit verkürzten Vorsegeldreiecken; Rollvorsegel an zwei nahe hintereinander liegenden Stagen, doppellagig (zum Ausklappen) das vordere, mit einer Selbstwendefock verbunden das achtere; Rollgroßsegel mit losen Unterlieken, die in den Mast hinein gewickelt werden können, und herkömmliche Großsegel mit einem Kastenrollbaum; asymmetrische Vorsegel für raum-vorliche bis raum-achterliche Kurse, die in der Vielfalt ihres Designs und ihrer Verwendung mit den (Marken-)Namen Gennaker, Blister oder Code Zero nur unvollkommen gekennzeichnet sind; und der fest montierte oder ausfahrbare Bugspriet, an dem sie gefahren werden und der die nutzbare (Segel-)Länge unserer Yachten weit nach voraus ausdehnt – um nur einige Neuentwicklungen zu nennen.

Die Anfänge der immer noch dominierenden Topptakelung sind in dem bahnbrechenden Werk »Offshore« des Engländers John H. Illingworth ab 1948 an zahlreichen Konstruktionsbeispielen von Seekreuzern dokumentiert. Ebenso wurde ihre segeltechnische Überlegenheit gegenüber damals herkömmlichen Takelungsarten in den Erfolgen seiner MYTH OF MALHAM und einer Vielzahl modifizierter Schwesterschiffe in der Praxis bewiesen. Charakteristische Kennzeichen dieser modernen Takelungsart sind die lange und effektive Windanschnittskante des Vorsegels vom Bug bis zum Masttopp und ein flächengroßes Vorsegel über das gesamte Vorsegeldreieck mit weiter Überlappung über den Mastbereich hinaus bis weit nach achtern.

Eine solche Sluptakelung wurde nur durch so genannte »gebaute«, d. h. kastenförmig verleimte Masten, die später durch stranggepresste Profile aus Aluminium ersetzt wurden, sowohl physikalisch-konstruktiv als auch verfahrenstechnisch möglich. Die Kuttertakelung, die sie ablöste, war durch ein – sowohl in der Breite wie in der Höhe – unterteiltes Vorsegeldreieck gekennzeichnet, in dem – mit Fock, Klüver und Flieger – die gleiche nutzbare Vorsegelfläche erst mit drei Segeln erreicht werden konnte.

Die Voraussetzung zur Topptakelung mit einem einzigen großen Vorsegel schufen auch die Segelmacher und die Lieferanten der neu entwickelten Segeltuche wie Dacron/Terylene, die im Jahre 1950 eine um 40 % größere Reißfestigkeit als herkömmliche Baumwollsegel gleichen Tuchgewichts besaßen und die Fertigung entsprechend größerer Segel ohne hinderliches Toppgewicht erlaubten.

Fast 50 Jahre lang erwies sich diese Topptakelung (Abb. 45) als optimale Takelungsart für Seekreuzer aller Größen. Da die Segelfläche zu je 50 % auf Großsegel und Vorsegel verteilt werden konnte, ließen sich alle benutzten Segel auch von einer zahlenmäßig kleinen Crew sicher handhaben. Weil der Mast aus Gründen der Segeltechnik im Seegang auch noch weiter nach achtern, in Richtung zum Gewichtsschwerpunkt gerückt werden konnte, bevorzugte man von ca. 1970 bis über 1985 hinaus sogar ein Verhältnis von 45 % Großsegel und 55 % Vorsegeldreieck.

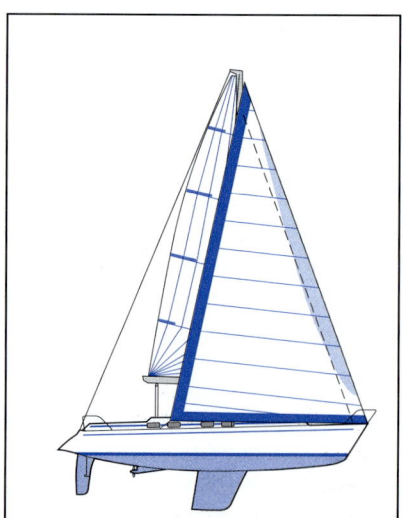

Abb. 45 Standardboot A: *Slup mit Topptakelung. Takelungshöhe 13 m, Maß I 13 m, Maß J 4,50 m, LP (150 %) 6,75 m, Großsegel 22 m², Genua 44 m², Am Wind 66 m²*

Leichtwetter-Genua I, ggf. doppellagig zum Ausklappen, im Horizontalschnitt an vorderem (Roll-)Stag oder übliche Rollreffgenua. Die Version als »Deckfeger« ergibt sich zwangsläufig, weil dann das Schothorn nach dem Einrollen noch (zum Abstecken der Schot) erreichbar bleibt. Rollgroßsegel als normales Tuchsegel geschnitten.

Die so genannte »Genua« dominierte nicht nur die toppgetakelte Slup, es gab dieses Vorsegel auch in vielerlei Abstufungen und in mehreren Größen (Abb. 47 – 49). Damit bestimmte die Genua auch die Seemannschaft, weil ein Vorsegel – auf dem jetzt auch so breit und frei gewordenen Vorschiff – schneller und sicherer gesetzt und geborgen werden konnte, als das Reffen des Großsegels möglich war. Mochte man zuerst noch als nachteilig bemängeln können, dass hierzu eine umfangreiche Vorsegelgarderobe für jedes Wetter notwendig war, hob die Entwicklung der Rollreffeinrichtungen für Vorsegel alle behaupteten Nachteile auf und besiegelte stattdessen die Vorteile bis in jüngste Zeit sehr eindeutig.

Weil die Riggfläche vorlich und achterlich vom Mast bei der Topptakelung nicht nur geometrisch, sondern auch aerodynamisch optimal ausgenutzt ist, konnte man die Mastlänge bzw. Takelungshöhe auf ein auch seemännisch vertretbares Maß begrenzen, das heißt auf eine Mastlänge von ca. 110 % Bootslänge über alles. Daraus ergab sich bei unserem kleinen Seekreuzer von 11,50 m Länge, dem »Standardboot« in allen Abbildungen, zum Beispiel folgender Messbrief: Großsegel 22 m²; Genua I 44 m²; gesamte Segelfläche am Wind 66 m². Masthöhe über Deck 12,50 m, Verhältnis Großsegel zu Vorsegeldreieck 45:55.

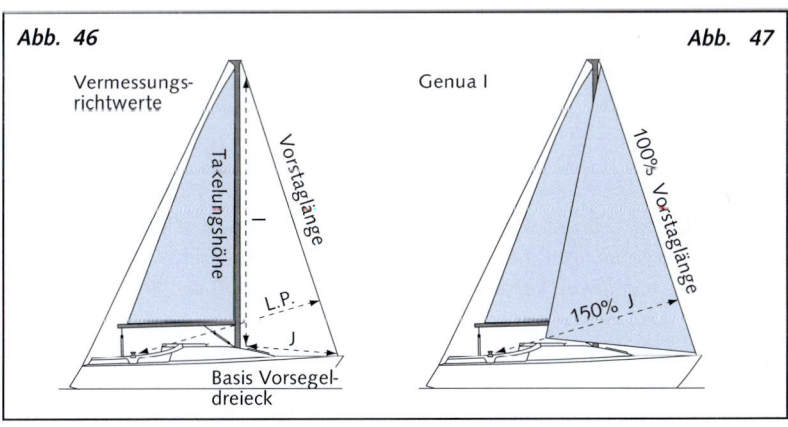

Abb. 46

Vermessungs-richtwerte

Takelungshöhe

Vorstaglänge

L.P.

J

Basis Vorsegel-dreieck

Abb. 47

Genua I

100% Vorstaglänge

150% J

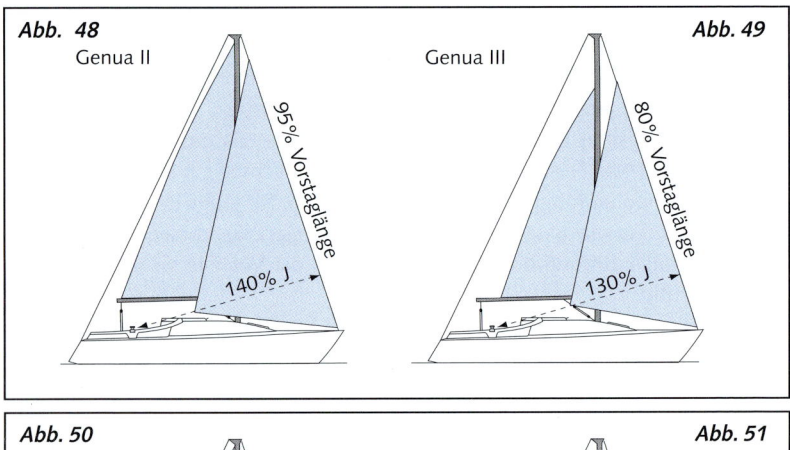

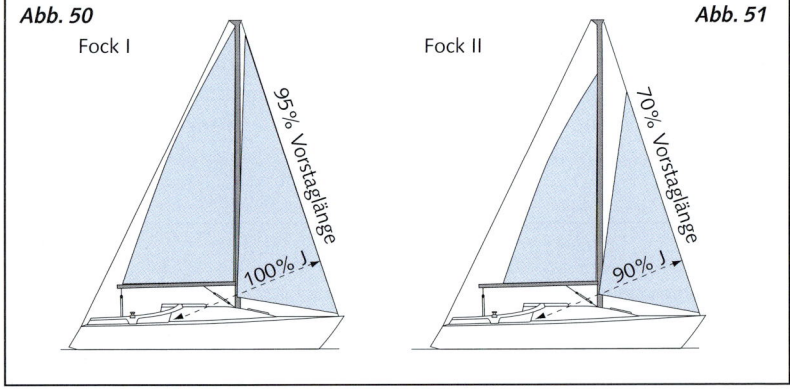

Abb. 46 bis 52 *Die mit der IOR-Formel geschaffenen und seither international üblichen Bezeichnungen für die (geometrischen) Vorsegelarten (Genua, Fock, Sturmfock) und deren Vorsegelgrößen. Sie basieren auf den Vorsegeldreiecksmaßen I = Takelungshöhe bzw. Abstand Deck zur Fallscheibe im Topp und J = Basis des Vorsegeldreiecks bzw. Abstand Mastfuß vom Vorstagbeschlag an Deck. Das Vermessungskriterium ist das LP-Maß (Length Perpendicular), die Senkrechte vom Vorstag auf das jeweilige Schothorn. Es ist in Prozentpunkten auf das J-Maß,*

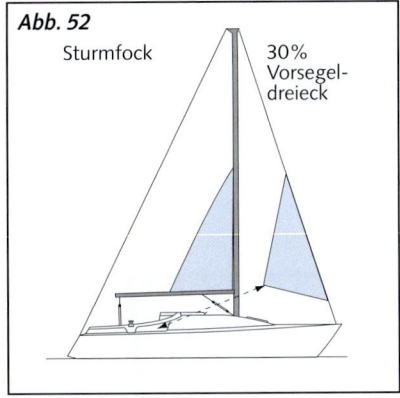

Abb. 52
Sturmfock
30%
Vorsegel-
dreieck

die Vordecklänge, bezogen. – Asymmetrische Vorsegel, die in gleicher Weise geführt und geschotet werden, sind »Spinnaker« im Sinne dieser Vermessungsregeln. Sie dürfen eine Mittelbreite (ein LP-Maß) von bis zu 180 % J haben und (zum Einsatz auf den gleichen Vorsegelkursen) bis zu einer Größe von fast doppelter Genua-I-Fläche gefertigt werden. – Eine Fock I wird auch als »Arbeitssegel« bezeichnet. – Eine Selbstwendefock hat meistens die auf 105 % LP erweiterte Fockgröße, damit sie, auch seitlich geschotet, das Vorsegeldreieck voll ausnutzen kann. – Eine maximale Rollgenua ist meistens ein Kompromiss zwischen der Genua II und III, das heißt sie wird mit einem LP-Maß von 135 % J und 90 % Vorstaglänge gefertigt.

Die Takelungsart einer modernen Doppelslup wurde erstmalig 1981 auf meinem 12-m-Seekreuzer-Neubau CORMORAN eingeführt und bildhaft in der Zeitschrift YACHT vorgestellt (Abb. 53 und 54, vgl. Abb. 45). Zu ihr kam es, als auf dem ursprünglich als Slup gebauten Boot entschieden werden musste, ob am (einzigen) Vorstag eine normale Rollreffgenua (40 m², 350 g/m²) gefahren oder die erprobte doppellagige Genua (2 x 175 g/m², zum Auseinanderklappen auf die doppelte Fläche von 80 m² und mit Teleskopbäumen als Passatsegel für die anstehenden Atlantiküberquerungen) beibehalten werden sollte. Ihr einziges Handicap hätte sein können: Ab etwa 5–6 Windstärken hätte man das stufenlos eingedrehte Segel in Festigkeit und Trimm vielleicht überfordert. Und wir standen am Anfang einer weltweiten Langfahrt. Dazu sollte man auch bei Starkwind ein Rollsegel aus der Plicht reffen können.

Nach entsprechenden Festigkeitsrechnungen verlegten wir den Vorstagbeschlag auf die Ankerhalterung an einem kurzen Bugspriet um einen guten halben Meter nach vorn und riggten mit einem zweiten Vorstagbeschlag ca. 5 % der Mastlänge unter dem Toppbeschlag ein zweites Vorstag parallel zum

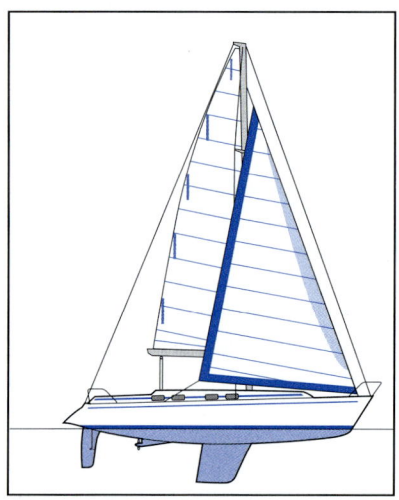

Abb. 53 Standardboot AX, *Doppelslup mit ausgenutztem innerem Vorsegeldreieck. T = 14 m, I = 12 m, J = 3,60 m, LP für 140 %, J = 5 m, Gr = 22 m², Ge = 30 m², AW = 52 m². Mit einer Rollgenua (Größe II) am inneren Vorstag wird eine optimale handige Segelfläche geschaffen. Das Vorsegel-Unterliek kann (für die Sicht nach vorn) höher geschnitten sein; man erreicht dennoch das Schothorn des aufgerolllten Segels noch von Hand. Kombination mit Rollgroßsegel wünschenswert.*

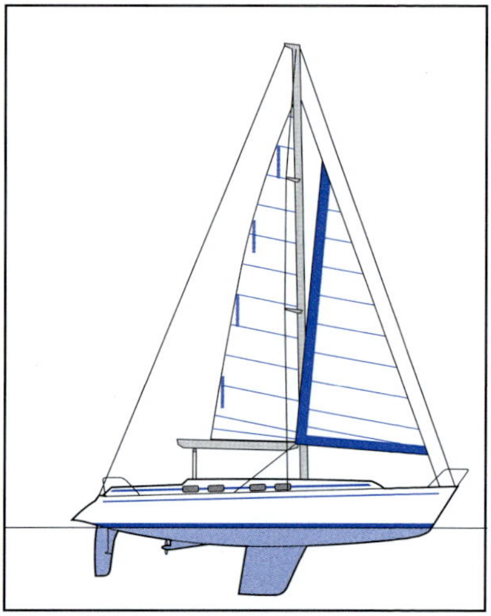

Abb. 54 Standardboot AX, *Doppelslup mit ausgenutztem innerem Vorstag: Gr (gerefft) 12 m², Ge (gerefft) 18 m², AW 30 m². Diese Takelungsart zeigt hier ihre optimale Leistung bei Starkwind, wenn Rollgroßsegel und (innere) Rollgenua (hier: noch 50 % der Vollzeugfläche) stufenlos und von kleiner Crew der Windgeschwindigkeit schnell angepasst werden können. Das Vorsegel liefert die Kraft. Segel- und Lateraldruckpunkt halten ihre Position.*

ersten in einem Abstand von einem gut halben Meter achterlich vom Beschlag des ersten Vorstags. Das Rigg sah ungewohnt aus, funktionierte aber hervorragend: Am vorderen Vorstag blieb die doppellagige Genua, fortan »Allrounder« genannt, weil sie von Amwind- bis Vorwindkursen nicht nur gefahren, sondern (als Rollsegel) von der Plicht aus auch fernbedient werden konnte; Reffleine auf Steuerbordseite. Und am achteren Vorstag setzten wir eine etwas kleinere Genua als Arbeitssegel auf allen Kursen zum Wind nicht erst ab Bft 5–6, aber jedenfalls bis 8 oder 9, ebenfalls stufenlos fernbedient mit Reffleine an Backbordseite. So ist es bis heute, über 20 Jahre lang und gut 80 000 Meilen weit, geblieben. Wir fuhren die doppellagige Genua auf langen Strecken am Wind, weil das Wenden eine helfende Hand erforderte, um das Segel zwischen den Stagen hindurch auf die andere Seite zu bringen; gegebenenfalls rollten wir es dazu ein und gaben es auf dem neuen Bug wieder aus. Auf kurzen Strecken entschieden wir uns aber meistens (als Fahrtensegler ohne Geschwindigkeitsstress) auf Amwindkursen für die zweite Genua, mit der man bequemer wenden konnte.

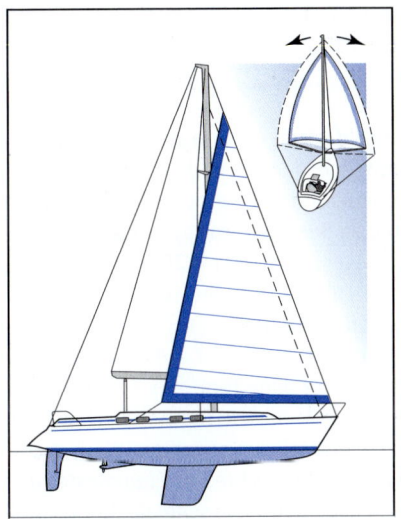

Abb. 55 Standardboot A und AX, Allrounder gerefft 60 m². Wenn das Boot unter dem bis zur vollen Fläche ausgebaumten Allrounder in einer sich formierenden achterlichen See zu rollen beginnt und die Baumnocken Kontakt zu den Wellenkämmen erhalten könnten, dreht man stufenlos einige Quadratmeter Segelbauch ein. Der wirksame Windfang verkleinert sich dabei nur unwesentlich.

Und wir gingen auch von einem Amwindkurs mit der kleinen Genua auf einen Vorwindkurs mit dem (beim Segelwechsel mit Fernbedienung aus der Plicht) auseinander klappenden Allrounder (Abb. 55) – und umgekehrt.

Heutzutage ist diese Takelung als Doppelslup (welt-)weit verbreitet; nur darf man sie nicht als »gekutterte Slup« und mit ähnlich unsinnigen (wie falschen) »Kutter«-Ausdrücken benennen. Die Doppelslup kann in ihren großen Vorsegeldreiecken die Flächengröße von zwei (überlappenden) Genuas einsetzen – wahlweise. Und sie wird besonders interessant, wenn man (als fast üblichen Standard) am vorderen Stag eine große leichtgewichtige einschichtige Rollreffgenua und am achteren Stag eine (ebenfalls durch Ausrollen entfaltete) Selbstwendefock fährt. Der Blister macht den Allrounder (außer als Passatsegel) heute (fast) überflüssig.

Die Sluptakelage mit verkürztem Vorsegeldreieck (7/8-Rigg) war schon der Standard in den Jahren 1930–1945, mit den damals vorherrschenden 2/3-Riggs, mit längeren Unterlieken der dominierenden Großsegel (Abb. 56) und extrem kleinen Vorsegeln auch bei schnellen Seekreuzern (a), bei kleinen Seekreuzern (b) sogar mit 15,75 m^2 im Großsegel und einem 4,25 m^2 großen Vorsegel. Dabei war neben der kleinen Fock (für nahezu alle segelbaren Windstärken) nur noch der größere »Raumballon« im Einsatz.

(Dieser heute extrem anmutende Größenunterschied geht auf die ursprüngliche Gaffeltakelung zurück, bei der das Vorstag zum Topp des kleinen Pfahlmastes geführt wurde, die Piek des Gaffelsegels diesen Topp aber weit überragte [Abb. 56 b]. Die Entwicklung der Hochtakelung war praktisch nichts anderes als das Heranrücken der Gaffel an die Senkrechte des Pfahlmastes und dessen Verlängerung bis an oder über die Piek hinaus. Die schmale, hohe Großsegelfläche blieb dabei gegenüber der Fläche des breiten Gaffelsegels nahezu gleich – und das Vorsegeldreieck auch.)

Ein verkürztes Vorsegeldreieck erlaubte es zum Beispiel dem Starboot, ein flexibles Rigg zu fahren; und auch die kurzzeitig bevorzugten Peitschenmasten gehörten zu 4/12-Riggs (oder 1/4-Riggs?) (Abb. 57). Für die Mastbiegung in den oberen Bereichen über dem sehr tief angreifenden Fockstag sorgte das Achterstag.

Eine Wiedergeburt feierte das verkürzte Vorsegeldreieck ab ca. 1985, als man Aluminiumprofile für Masten mit einer beliebigen Verjüngung zum Topp fertigen und kostengünstig erwerben konnte. Bei gleichem Gewicht zu einer Topptakelung konnten die Masten länger werden; setzte man das Vorsegeldreieck

Abb. 56 *Der 40-m²-Seefahrtskreuzer (a) und der gaffelgetakelte Binnenjollen-kreuzer (b) gehörten zu den meistgesegelten deutschen Yachten zwischen den beiden Weltkriegen. Typisch das kleine Vorsegeldreieck vor der riggbeherrschenden Großsegelfläche.*

gleichzeitig etwas tiefer an, schuf man die Möglichkeit, mithilfe entsprechender Trimmhilfen (z. B. Backstagen, Trimmstagen, Achterstagspanner u. a.) den bei der Topptakelung noch starren Alu-Mast biegefähig zu machen und über ihn dem Großsegel auf allen Kursen eine optimale aerodynamische Form zu geben (Abb. 58).

Bei einem verkürzten Vorsegeldreieck dominiert das Großsegel in einem Verhältnis von 60 : 40 nicht nur optisch den Segelplan. Es trägt mehr zur Erzielung des Vortriebs bei und bestimmt somit auch die Segeltechnik durch seine jetzt beträchtlich vergrößerte Segelfläche, die auch durch die auf 120 % der Länge über alles angewachsene Takelungshöhe entstanden ist. Das entspre-

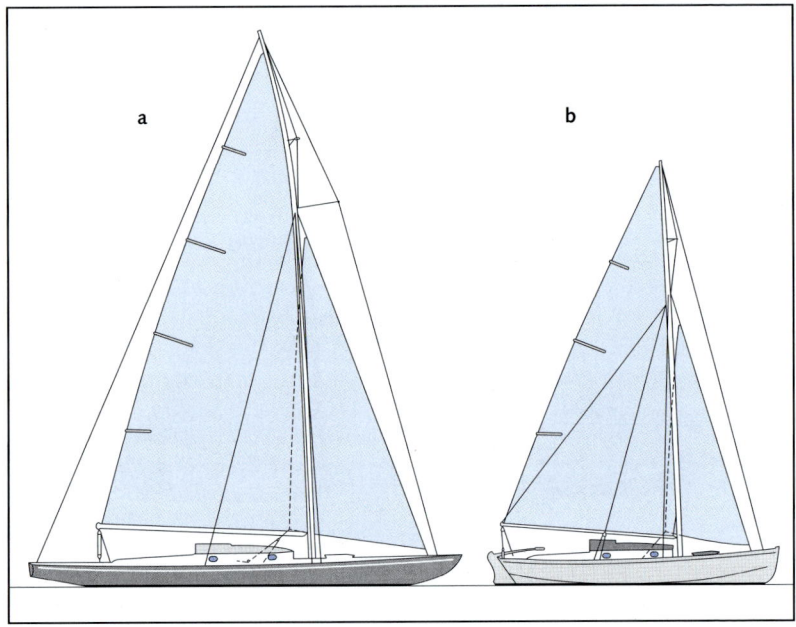

Abb. 57 *Bei dem nationalen 45-m²-Binnenkreuzer (Klasse P) arbeitete ein 12 m² großes Vorsegel vor einem 35-m²-Großsegel (a), bei dem 25-m²-Fahrtenkreuzer (b), beide gezeichnet von Arthur Tiller, hatte das Großsegel eine Fläche von 19,70 m², das Vorsegel (als Stagfock) von 5,30 m².*

chende Standardboot B in unserer Darstellung erhält jetzt eine Mastlänge von 14 m und hat bei unveränderter Segelfläche am Wind von 66 m² ein beträchtlich vergrößertes Großsegel von 32 m² mit einer Genua I von nur noch 34 m².

Ein verkürztes Vorsegeldreieck (7/8-Rigg) mit teilgelattetem Großsegel erkennt man an dem großflächigen Kopfbrett und den durchgehenden Kopflatten. Zusammen mit den bis zur halben Segelbreite verlängerten Segellatten im mittleren und unteren Bereich des Großsegels dienen sie nicht nur dazu, die ein-

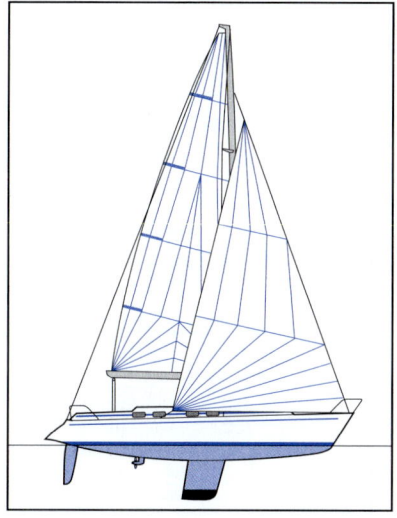

Abb. 58 Standardboot B: *Slup mit verkürztem Vorsegeldreick. T = 14 m, I = 11 m, J = 4 m, LP = 6 m; Gr 32 m², Ge 34 m², AW 66 m²*
Leichtwetter-Genua liefert als »Deckfeger« kaum Verlust durch induzierten Widerstand. Schnitt Bi-Radial für Seitenverhältnis 2:1; Großsegel Schnitt Tri-Radial, Seitenverhältnis ca. 2,8, stärkstes Tuch im Bereich der größten Kraftlinien angeordnet. Mast und Großbaum zum Ausgleich der kleineren Vorsegelfläche verlängert.

gearbeitete aerodynamische Form des Segels auf allen Kursen und unter allen Windbedingungen zu erhalten. Sie erlauben auch, die Segelfläche durch eine optimalere Achterlieksrundung auf 110 % zu vergrößern. So erhalten wir für unser Standardboot C bei unveränderten Riggmaßen ein Großsegel von 35 m². Gleichzeitig vergrößern wir jedoch (optisch) den Tiefgang ebenfalls auf 110 %, um deutlich zu machen, dass die entsprechenden Stabilitätsbedingungen des Rumpfes den Riggänderungen angepasst werden müssen (Abb. 59).

Ein verkürztes Vorsegeldreieck (7/8-Rigg) mit durchgelattetem Großsegel ist das aufwändigste, komplizierteste, aber auch aerodynamisch wirksamste und somit leistungsfähigste Rigg, das wir unserem Standardboot D bieten können: Die durchgehenden Latten, die dem Segel über seine gesamte Höhe eine optimale Form geben, lassen sich für die Windstärke des Tages einstellen. Gegenüber dem teilgelatteten Segel lassen sich noch ein paar Quadratmeter Fläche gewinnen, sodass jetzt ein Großsegel von 38 m² über einer Genua I von unverändert 34 m² steht. Das Boot braucht aber mehr Ballast (oder einen anderen

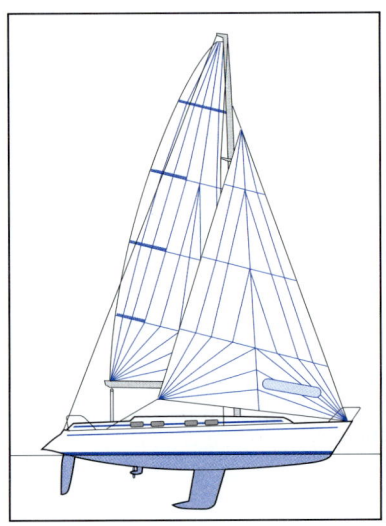

Abb. 59 Standardboot C: *Slup mit verkürztem Vorsegeldreieck und halb gelattetem Großsegel. T = 14 m, I = 11 m, J = 4 m, LP = 6 m, Gr 35 m², Ge 34 m², AW 69 m²*

Leichtwetter-Genua I mit Fenster, Schnitt Tri-Radial; durch das hoch geschnittene Unterliek hat der Rudergänger bessere Voraussicht. Ggf. auch als Rollgenua; Großsegel Tri-Radial, nur Topplatte mit teurem Mastrutscher; ca. 3 m² Gewinn gegenüber Boot B durch ein ausgestelltes Achterliek, vor allem im oberen Bereich.

Abb. 60 Standardboot D: *Slup mit verkürztem Vorsegeldreieck und Großsegel mit durchgehenden Latten. T = 14 m, I = 11 m, J = 4 m, LP = 6 m, Gr 38 m², Ge 34 m², AW 72 m², Selbstwendefock = 100 % I = 20 m²*

Die ausladende Achterlieksrundung eines harmonisch gestrakten Großsegels aus Kevlar wird von 5 – 7 durchgehenden Latten gehalten und schafft eine maximale Segelfläche mit einem hohen Seitenverhältnis. Für eine große Genua ausgelegt, aber mit einer Kreuzfock (Selbstwendefock) auch mit kleiner Crew gut zu steuern.

Kiel, z. B. Flügel- oder Scheel-Kiel, aber zumindest – hier entsprechend einge-zeichnet – wenigstens 20 % mehr Tiefgang), um unter denselben Bedingun-gen wie mit Boot A aufrecht segeln zu können (Abb. 60).

Elliptische Segel erzeugen weniger induzierten Widerstand

An der jüngsten Entwicklung der Takelage mit hohen, schlanken Lattengroß-segeln ist auch die Verminderung des induzierten Widerstandes nicht unbe-teiligt: Er ist (am Segel) ein Teil des aerodynamischen Gesamtwiderstandes und wird durch den Luftdruckunterschied zwischen der Luv- und Leeseite eines Groß-wie Vorsegels ausgelöst. Die Luft hat dabei das Bestreben, um das Unterliek und den Kopf herum in den Bereich des geringeren Drucks auszuweichen (Abb. 61). Da dies fortlaufend geschieht, bilden sich an den Enden der Flächen Wirbelzöpfe aus verlorener Bewegungsenergie, die bei einem Großsegel mit einem großen Seitenverhältnis geringer sind als bei einem (Vor-)Segel mit klei-nerem Seitenverhältnis (Abb. 62). Was man unter »Seitenverhältnis« oder »Streckung« versteht, wird mit der Abb. 63 erläutert.

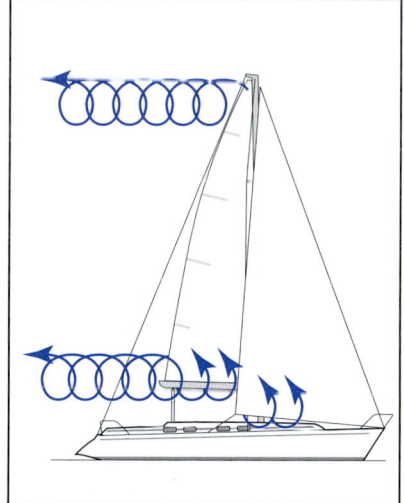

Der geringste induzierte Widerstand (der auch an Flugzeugtragflächen auftritt) entsteht bei einer ellipti-schen Segelform (Abb. 64), wie sie einem Hochsegel mit durchgehen-den Latten und insbesondere mit

Abb. 61 Der induzierte Widerstand wird durch den Luftdruckunterschied zwischen der Luv- und der Leeseite eines Segels ausgelöst und sorgt nahe des Kopf- und Fußbereiches für eine Verminderung der Auftriebskraft, weil die Luft das Bestreben hat, dort von der Luv- auf die Leeseite zu strömen und in den Bereich des geringeren Luftdrucks auszuweichen.

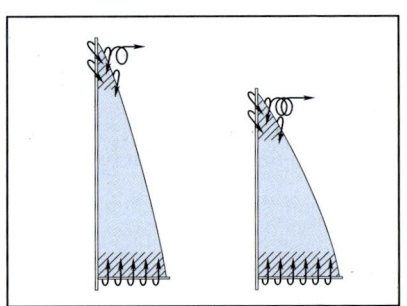

Abb. 62 *Die Wirbelzöpfe aus verlorener Bewegungsenergie sind an einem (Groß-)Segel mit großem Seitenverhältnis (großer Streckung) weniger schädlich als bei einem üblichen Vorsegel mit kleinem Seitenverhältnis.*

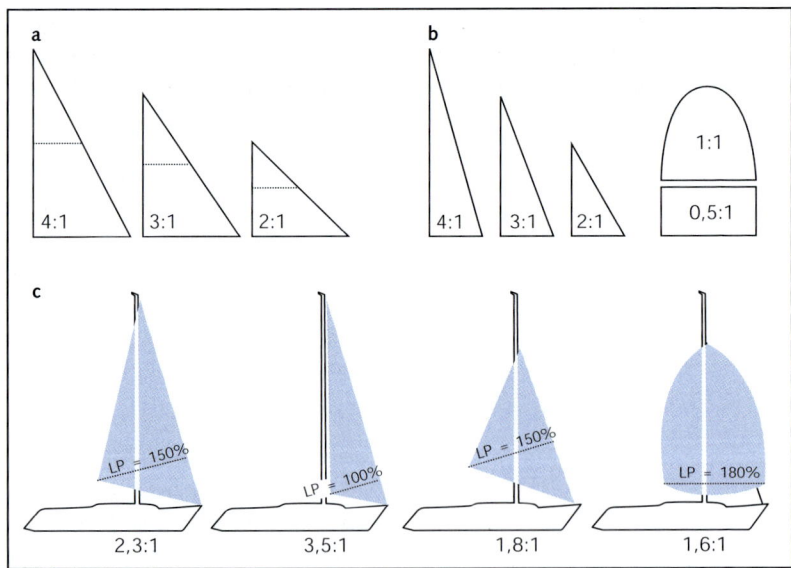

Abb. 63 *Im Yachtbau und in der Segelherstellung ist das Seitenverhältnis oder die Streckung das einfache nummerische Verhältnis z. B. vom Mastliek zum Baumliek oder von der Höhe des Vorsegeldreiecks zur Basislänge (I:J). Man nennt einen Wert von z. B. 4:1 oder 3:1 (für ein schlankes Großsegel) ein »großes« Seitenver-*

hältnis (oder eine große Streckung) und von z. B. 2:1 oder 1:1 (für einen breiten Spinnaker) ein »kleines« Seitenverhältnis (b). Auch anglo-amerikanische Segelforschungen benutzen heutzutage diese übliche Segler-Terminologie, während in der strengen Wissenschaft der Aero- und Hydrodynamik die Streckung meistens als Quotient aus Höhe und Mittelbreite definiert wird (a). – Wenn der Segelmacher ein Vorsegel bestimmter Größe nach der IOR-Formel (und der heute allgemein üblichen Definition für z. B. Genua I oder II bzw. Fock I oder II) herstellen will, benutzt er auch ein Streckungs- oder Seitenverhältnis, das sich als Quotient aus Vorlieklänge und dem LP-Maß (der Länge der Senkrechten vom Vorliek auf das Schothorn) ergibt (c). Segel mit einem großen Streckungsverhältnis müssen dann aus formstabilem Gewebematerial gefertigt werden, weil sie große Kräfte beherrschen und auf einen genauen Holepunkt getrimmt werden müssen. Bei Vorsegeln mit kleinem Streckungsverhältnis (und meistens ansteigendem Schothorn) sind die Kräfte geringer, sodass man sie aus nicht so festem Tuchmaterial fertigen und in der Praxis auch besser trimmen kann.

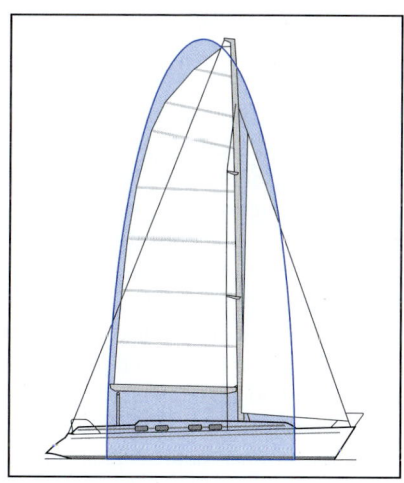

Abb. 64 *Der geringste induzierte Widerstand entsteht bei der einer Flugzeugtragfläche ähnlichen elliptischen Segelform, wie sie bei einem Großsegel mit durchgehenden Latten (oder ansatzweise mit einer langen Kopflatte) am besten gegeben ist.*

einer weit ausgestellten Kopflatte am nächsten kommt. Vorsegel sind in diesem Zusammenhang zu einer Form mit kleiner Streckung verkleinert worden. Bei ihnen lässt sich der induzierte Widerstand am Unterliek nahezu völlig vermeiden, wenn man das Segel als Deckfeger mit seinem Schothorn bis zum Deck herunterzieht und so für eine (aerodynamische) Endplatte sorgt (Abb. 65).

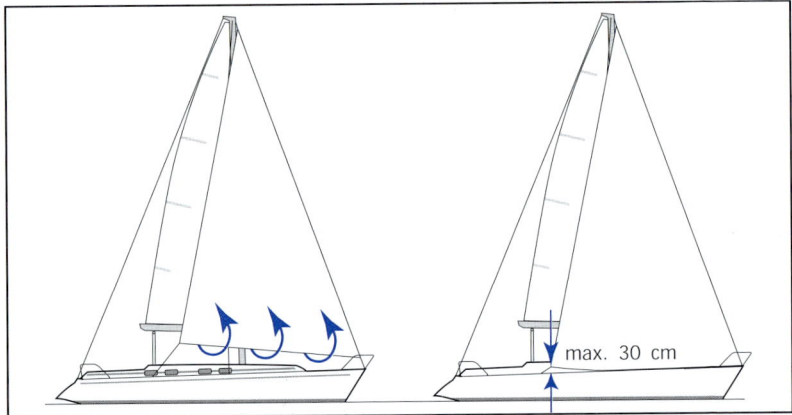

Abb. 65 *Bei einem Vorsegel lässt sich jedoch der induzierte Widerstand mit seinen negativen Auswirkungen weitgehend vermeiden, wenn man es mit seinem Schothorn als so genannten Deckfeger so weit hinunterzieht, dass das Oberdeck wie eine aerodynamische Endplatte wirken kann.*

Der Einsatzbereich der Beisegel bestimmt deren Anschaffung. Bekanntlich gehören zu den so genannten »Hauptsegeln« nur das Großsegel und ein angemessen großes Vorsegel, heutzutage eine (mittelgroße) Genua bzw. eine Fock. Mit ihnen wird auch ein segelklares seriengefertigtes Boot geliefert. Die so genannten »Beisegel« zur Ergänzung der Segelgarderobe muss der Eigner nach seinen Wünschen oder Erfordernissen nachrüsten. Er wird die Zusatzsegel dann nach den segeltechnischen Gesichtspunkten auswählen, um die »Hauptsegel« gegebenenfalls zu ersetzen oder zu ergänzen, damit er auf allen Kursen zum Wind schneller und sicherer segeln kann. Die Abb. 66 zeigt den Einsatzbereich der Zusatzsegel, die im Vorsegelbereich gesetzt und gefahren werden können; auf sie sollte die erste Wahl fallen: Die Genua I (s. Abb. 47) ist das größtmögliche Vorsegel für einen Amwindkurs, für das man unterschiedliche Tuchgewichte wählen kann. Verkleinert auf Genua II oder III (s. Abb. 48 und 49), bleibt sie auch bei größerer Windgeschwindigkeit einsatzklar. Sie kann auf Kursen von 40° bis ca. 100° zum scheinbaren Wind optimal benutzt werden.

1 Spinnaker
2 Booster, Doppelfock,
  Allrounder/Rollreff
3 Genua, leicht/schwer
4 asymmetrisches Vorsegel, flach
5 asymmetrisches Vorsegel, voll,
  Blister
6 asymmetrisches Vorsegel,
  Gennaker, Blister,
  Allrounder

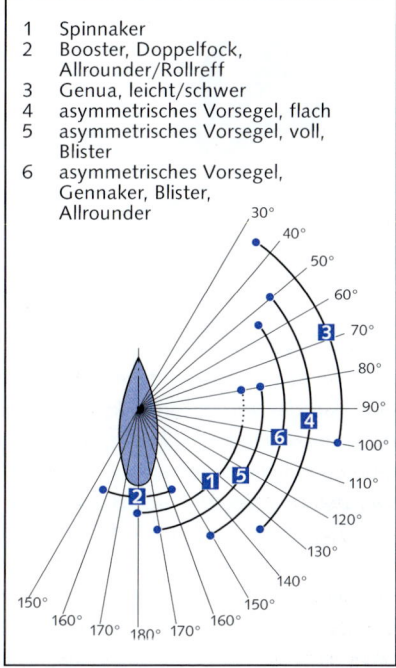

Abb. 66 *Der Einsatzbereich der zusätzlichen Vorsegel für die entsprechenden Kurse zum atmosphärischen Wind oder zum wahren Windwinkel, der sich auch als Senkrechte zur Wellenlaufrichtung (bei leichtem Wind) oder zur Seegangsrichtung (bei stärkerem Wind) erkennen lässt: Einen immer noch weiten Einsatzbereich hat der Spinnaker (1), während Doppelfock (Passatsegel), Allrounder, Booster (2) optimal nur für (lange) Vorwindkurse taugen. Die leicht- oder schwergewichtige Genua (3) findet ihren besten Einsatzbereich auf Amwind- und raum-vorlichen Kursen. Dazwischen kommt man ohne asymmetrische Vorsegel verschiedenster Macharten nicht aus: flach geschnitten im Bereich 4, bauchiger gefertigt im Bereich 5 und in einer einzigen Allzweck-Version sogar bei Windwinkeln von 55° bis 150° (6).*

Der Spinnaker (Abb. 67 a) ist das bevorzugte Segel auf Vorwindkursen. Er hat die größte (und gegenüber der Genua I erheblich größere) Segelfläche, kann aber nur mit Spinnakerbaum und entsprechendem Zusatzgeschirr gefahren werden. Sein problemloser Einsatzbereich beginnt bei ca. 100° und reicht bis 180°. Im Zwischenbereich werden asymmetrisch getormte Vorsegel eingesetzt, die sich in ihrem Schnitt, mit ihrem Tuchgewicht und ihrer Verarbeitung, zum Beispiel als biradiale oder triradiale Segel, unterscheiden. Ein typisches Segel für diesen Anwendungsbereich ist der »Gennaker« (ursprünglich ein Markenname der Firma North Sails). Sein aus »Genua« und »Spinnaker« gebildeter Name zeigt diese Einsatzmöglichkeit im Bereich zwischen diesen beiden Segeln am treffendsten. Er ist erheblich größer als die Genua I, aber beträchtlich kleiner als

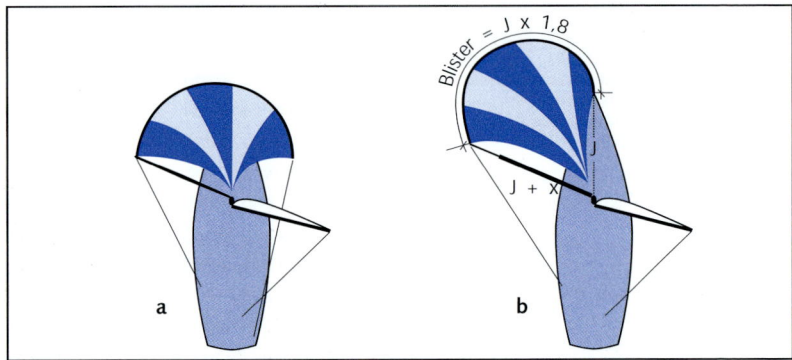

Abb. 67 *Der Blister (b) ist ein breites Segel wie der Spinnaker, denn seine maximale Breite darf wie bei diesem J x 1,8 (die Basis des Vorsegeldreiecks) betragen. Sein Handicap beim Ausbaumen mit dem Spinnakerbaum, der legal (beim Rennsegeln) nicht länger als J sein darf, besteht auf einem Vorwindkurs in der Fesselung seines Halses am Bug. Der Blister kann also (mit der über den Baum geführten Schot) nur einseitig ausgebaumt werden, während der frei fliegende Spinnaker (der über den Achterholer, der Luvschot, mit dem Baum verbunden ist) mit seiner (Lee-)Schot auch auf die andere Seite des Vorsegeldreiecks geholt und dessen nutzbare Segelbreite damit weit nach Lee gestreckt werden kann (a). Zum Fahrtensegeln mit dem Blister ist daher ein Teleskopbaum empfehlenswert, der sich über das legale Maß des Spinnakerbaumes hinaus auf ca. 130 % dessen Länge (oder mehr) ausfahren lässt, um die beidseitig nutzbare Breite eines Spinnakers wenigstens einseitig zu gewinnen (b).*

ein Spinnaker. Sein Einsatz kann (je nach Bauart) bei 50° beginnen und sogar bis ca. 150° zum scheinbaren Wind reichen, sodass er den Spinnaker auf allen Kursen, bis hin zu einem optimalen raum-achterlichen Kurs, ersetzen kann, wenn er jeweils richtig, das heißt über seinen Bugspriet bauchiger oder flacher getrimmt wird.

Ein anderer (ursprünglicher Marken-)Name für ein asymmetrisches Vorsegel für raum-achterliche wie Vorwindkurse ist der »Blister« (Abb. 67 b), eine nicht ganz so kugelförmige »Blase« wie der Spinnaker. Er wird ebenfalls außerhalb des Vor-

segeldreiecks, aber immer nur auf einer Seite gefahren. Der Hals seines frei fliegenden Vorlieks ist über eine kurze Streckertalje am Bug, an einem Bugspriet
und über dem Bugkorb angeschlagen. Der Einsatzbereich dieses großflächigen
»Fahrtenspinnakers« kann (je nach Bauart) von ca. 80° bis ca. 170° reichen.
Auf raum-achterlichen Kursen kann man auf das Großsegel verzichten.

Als Fahrtenspinnaker kann auch eine Doppelfock dienen, die ursprünglich nur
als so genanntes »Passatsegel« für lange Vorwindstrecken (auf dem Mittelat-
lantik) eingesetzt wurde. Heute wird sie als Doppelgenua mit zusammenge-
fügten Vorlieken unter dem (Marken-)Namen »Booster« oder für Rollreffanlagen als »Allrounder« angeboten. Mit ihr lassen sich Kurse von ca. 160° beidseits
zum scheinbaren Wind steuern. Der »Allrounder« ist in seiner Anlage sogar vor
dem Wind stufenlos reffbar (Abb. 68). Beide Doppelfock-Typen bestehen aus
zwei gleichlagigen Genua-Teilen leichtesten Segeltuches, die sich für einen
Amwindkurs aufeinander legen lassen, sodass sie auch als normale Vorsegel
eingesetzt werden können.

Die Sonderformen von Rollgroßsegeln in Hohlkammermasten und Hohlkammerprofilen sind im Kapitel »Das Großsegel« erläutert, die Selbstwendefock und

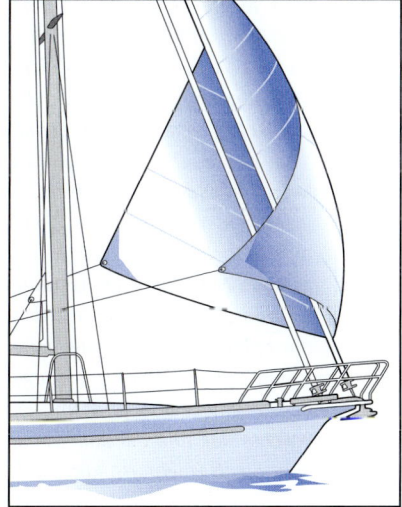

die Rollgenua wird im Kapitel »Geometrische Vorsegel« behandelt. Großsegel, die in einem Rollgroßbaum
gefahren werden, erkläre ich mit den
Teilen der Anlagen im Kapitel 11 »Die
Rumpfgeschwindigkeit überwinden
oder: Bremsen durch Reffen?«.

Abb. 68 *Eine gute Rollgenua-Anlage erlaubt es, das zum Passatsegel ausge-
klappte doppellagige Vorsegel auf einem Vorwindkurs bei schwerem Wetter
stufenlos zu reffen. Die seemännische
Arbeit dazu wird im sicheren Cockpit
erledigt, und das Passatsegel lässt sich
dabei bis auf die Größe vom zwei Zwil-
lings-Sturmvorsegeln verkleinern.*

5. Das Großsegel

Das am Mast gesetzte Segel ist bei der Slup- oder Doppelsluptakelung unserer Yachten immer noch das in der Fläche (meistens) größte und damit an Bord das bedeutendste Segel. Es wird jedoch in immer vielfältigeren Ausführungen benutzt – mit losem Unterliek, in einer Mastrollreff- oder in Baumrollreffausführung, wahlweise mit kurzen oder mittellangen Segellatten oder in vollständig durchgelatteter Form. Dazu kann man es in unterschiedlichen Schnitten fertigen lassen (Abb. 71) und sein Tuch aus zahlreichen Materialien auswählen (Abb. 72). Hier kann nur ein kurzer Einblick in das Prinzip der Segelfertigung

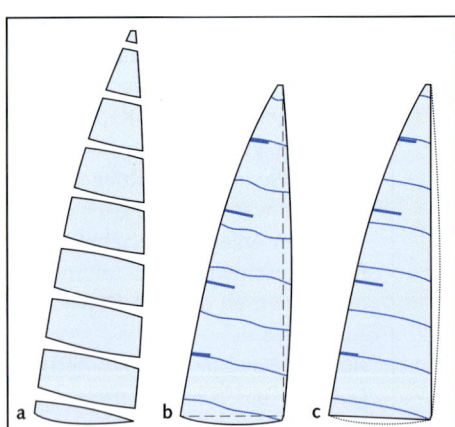

Abb. 69 Die gewünschte Wölbung eines einfachen textilen Segels entsteht einmal durch den leicht gerundeten Schnitt der Bahnkanten (a) in Richtung auf die Vor- und Achterlieken. Zum anderen erhalten die Lieken selbst einen runden Schnitt (b), der zuerst kaum auffällt, wenn wir das Segel flach auf dem Boden ausbreiten. Ziehen wir jedoch das Vorliek in den starren Mast und das Unterliek in den starren Baum (c), dann erkennen wir die gewünschte Wölbung, an der die Luftströmung entlangfließen und das Segel mit Windenergie Kraft zur Bewegung unseres Bootes erzeugen kann. Die Achterlieksrundung, das heißt die konvexe Fläche zwischen dem geraden, direkt vom Kopf zum Schothorn verlaufenden Achterliek und der äußeren Segelkante, kann dabei beträchtlich groß sein. Sie muss durch (mehrere) kurze oder längere Segellatten gehalten werden.

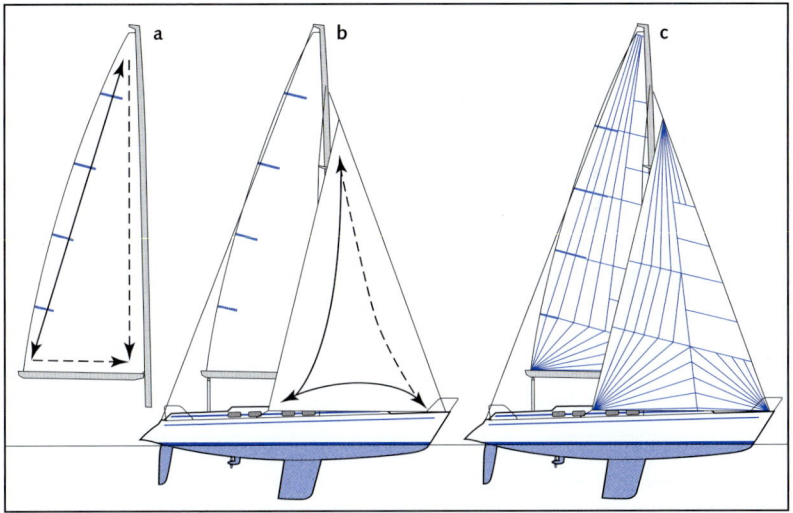

Abb. 70 *Die prinzipielle Lastverteilung dieser Windkräfte in einem Großsegel (a) und unterschiedlich in einem Vorsegel (b) ist uns schon lange bekannt. Aber erst in jüngster Zeit ist es möglich geworden, die Segel nach ausgeklügelten Schnittmustern mit kombinierten horizontalen, vertikalen und radialen Bahnen sowie mit unterschiedlichen Tuchqualitäten in allen Einzelteilen optimal für diese hauptsächlichen Kraftrichtungen (c) zu fertigen.*

(Abb. 69 und 70) gegeben werden. Wir beschäftigen uns mit der richtigen Handhabung eines Großsegel in Bezug auf die Segeltechnik.

Die richtige Spannung des Mastlieks (des Luvlieks) hängt von der Stärke des Bordwindes ab. Bei viel Wind muss das Mastliek mithilfe des Großfalls so stramm wie möglich durchgesetzt werden. Bei wenig Wind ist eine geringfügige Lose vorteilhaft. Die Luvliekspannung ist aber nicht nur von der Änderung der Windgeschwindigkeit, sondern auch von wechselnden Kursen zum Wind abhängig. Das Mastliek wird auf Amwindkursen bei einem kräftigen Bordwind

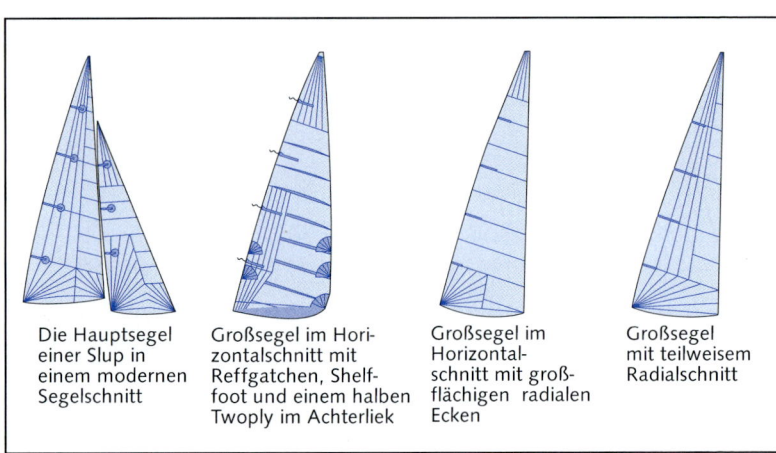

| Die Hauptsegel einer Slup in einem modernen Segelschnitt | Großsegel im Horizontalschnitt mit Reffgatchen, Shelffoot und einem halben Twoply im Achterliek | Großsegel im Horizontalschnitt mit großflächigen radialen Ecken | Großsegel mit teilweisem Radialschnitt |

Abb. 71 *Einige von vielen möglichen Macharten von Großsegeln, in denen die Tuchbahnen für spezielle Lastverteilungen angeordnet sind. Auch wenn heutzutage die einzelnen Bahnen mit Computerprogrammen berechnet werden, um das gewünschte Profil in allen Teilen eines Segels zu erhalten, und im so genannten »Computer Integrated Manufactoring«-Verfahren der Zuschnitt der einzelnen Tuchbahnen in unterschiedlicher Machart nach kraftorientierten Schnitten über ein rechnergesteuertes Schneidegerät (Cutter) mit Laserstrahlen erfolgt, ist die äußere Segelform und unser handwerklicher segeltechnischer Umgang mit ihr im Prinzip unverändert geblieben.*

straff gespannt. Auf einem anschließenden raumen Kurs mit abgeschwächtem Bordwind kann man ihm wieder etwas mehr Lose geben. Bei normalem Wind setzt man das Großfall mit einer leichten Handspannung durch, bis die horizontalen Falten im Mastbereich des Segels beseitigt sind (Abb. 73). In sehr leichtem Wind können ruhig ein paar Tuchwellen stehen bleiben, weil sie die (dann noch vorteilhafte) Segelwölbung deutlich machen. Wachsen sie sich jedoch bei zunehmendem Bordwind zu störenden Falten aus, muss man das Großfall stärker durchholen und das Mastliek kräftiger spannen. Bilden sich dabei senkrecht verlaufende Falten oder Rinnen im Segeltuch, hat man das Großfall zu stark

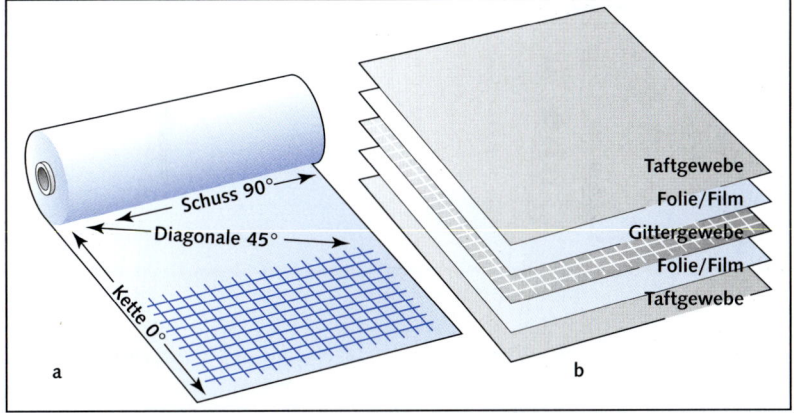

Abb. 72 *Segel werden aus verschiedenen Materialien gefertigt, damit sie bei leichtem Wind nicht zu schwer und auch in starkem Wind noch ausreichend fest sind.*

a) Übliches Segeltuch ist aus Garnen gewebt, bei denen die Kette genannten Längsgarne in der Laufrichtung der gewebten Tuchrolle verlaufen und die Schussgarne quer und durch die aufgefächerten Kettgarne »hindurchgeschossen« werden. Als Diagonale bezeichnet man die zusätzliche Verbindung in einer Richtung, in der sich das Tuch am meisten reckt. Nach dem Weben erhält das Segeltuch eine Kunstharzbeschichtung, durch die sich besonders die Diagonalfestigkeit vergrößert.

b) Bei einem Laminatsegel bildet ein Gittergewebe aus hochfesten Fasern (Kevlar, Dyneema, Spectra oder Pentex) die Basis einer Sandwich-Konstruktion, die von beiden Seiten mit einer Folie verklebt wird, die einen Lufteintritt verhindert. Als äußeren Schutz bringt man ein Taftgewebe mit einer sehr feinen Gewebestruktur in Leinwandbindung auf.

durchgesetzt. Die Großschot muss beim Segelsetzen lose hängen, und auch der Baumniederholer muss entlastet sein; denn gegen einen Doppelzug lässt sich kein Fall spannen. Den Kopf eines vermessenen Großsegels darf man beim Trimmen nicht über das schwarze Vermessungsband am Masttopp hinaus holen.

Abb. 73 *Der erste Regler für die Wölbung des Großsegels ist das Großfall. Mit seiner Spannung lässt sich die Lage der größten Profiltiefe zwischen Mastliek und Achterliek verändern. Wird es nur mit Armkraft (bis zu oder kurz vor den Messmarken) straff gesetzt, behält es die eingearbeitete Wölbung vollständig, und die Wölbungstiefe bleibt in der Mitte. Es entsteht ein bauchiges Segel für leichtes Wetter und raume Kurse (a), wenn auch das Unterliek nur normal ausgeholt ist. Um das Segel flacher zu trimmen, wenn zunehmender Wind die Profiltiefe mehr nach achtern verschiebt und die Segelkraft dabei weiter nach Lee gerichtet wird, setzt man das Großfall mit der Fallwinsch voll durch, zieht den Kopf ganz nach oben, flacht dabei das Segel im vorderen Bereich ab und verschiebt die Profiltiefe wieder zur Mitte (b). Jetzt ist es ein Segel für leichtes Wetter und Amwindkurs.*

Bleibt in dem legalen Bereich des Mastlieks noch eine kleine, überschüssige Segellänge übrig, die für Falten sorgt und die man bei kräftigem Bordwind beseitigen will, muss man sie mithilfe der Cunningham-Kausch (Abb. 74, Seite 90) und des Cunningham-Stropps eliminieren. Diese Trimmeinrichtung strafft das Mastliek wie das Großfall – nur in entgegengesetzter Zugrichtung. Bei flexiblen Riggs erfordert eine zunehmende Mastbiegung auch eine entsprechend stärkere Liekspannung sowie ein Durchsetzen des Cunningham-Stropps. Wird der Großmast danach in seine senkrechte Stellung zurückgeführt, müssen die beiden Trimmhilfen dementsprechend wieder entlastet werden.

Abb. 74 *Wird das Mastliek dabei noch nicht voll gestreckt und bleiben hinter ihm Fallen im Segel, muss man es mithilfe des Cunningham-Streckers, einer Halstalje zwischen zwei Ösen über dem Baumbereich, auch nach unten kräftig durchholen (a). Ist das Rigg dafür eingerichtet, lässt sich mit einem Strecker (bei größeren Booten mit einer kurzen Streckertalje) auch der Baum selbst noch nach unten holen. Das Segel ist vorn abgeflacht für Mittelwetter und Amwindkurs. – Um noch mehr Bauch aus dem Segel zu nehmen, muss man den Abstand vom Mastliek zum Achterliek vergrößern. Hierzu benutzt man einen Schothornausholer oder Unterliekstrecker (b), der aus einfachen Stropps oder zugfesten Beschlägen bestehen kann. Das Segelprofil ist nun durchgehend flach getrimmt mit weit nach vorn geschobener größter Profiltiefe – für einen Amwindkurs bei einer Vollzeugbrise.*

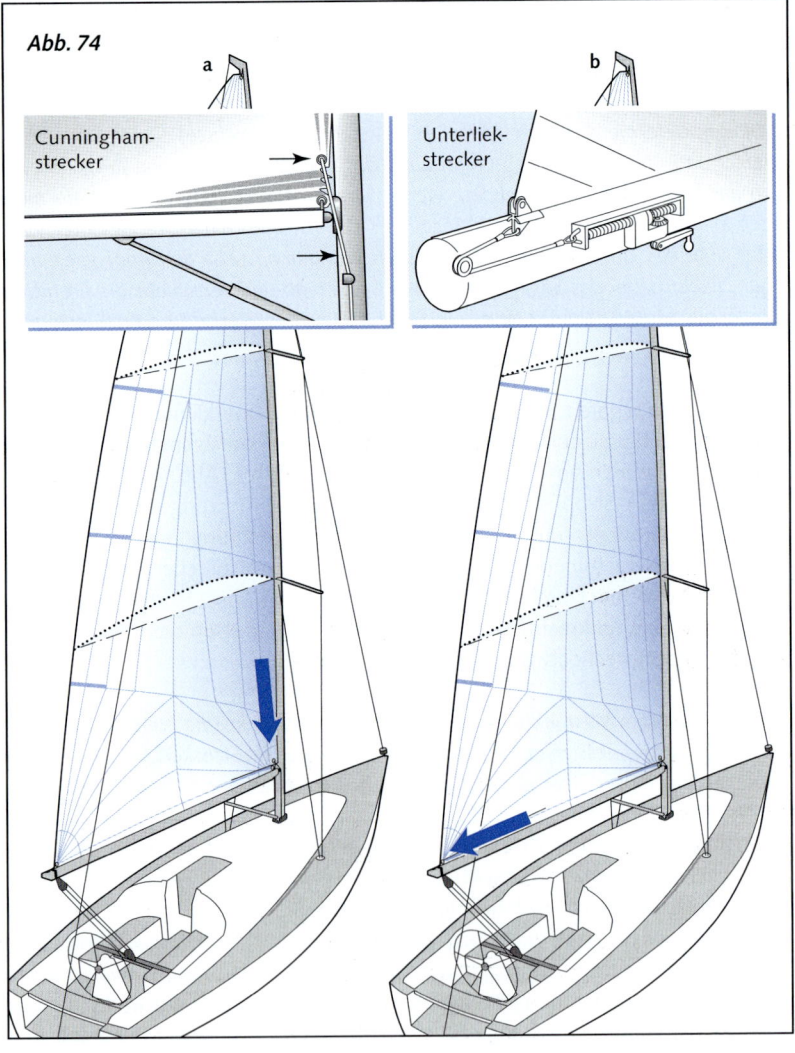

Abb. 74

a

b

Cunningham-strecker

Unterliek-strecker

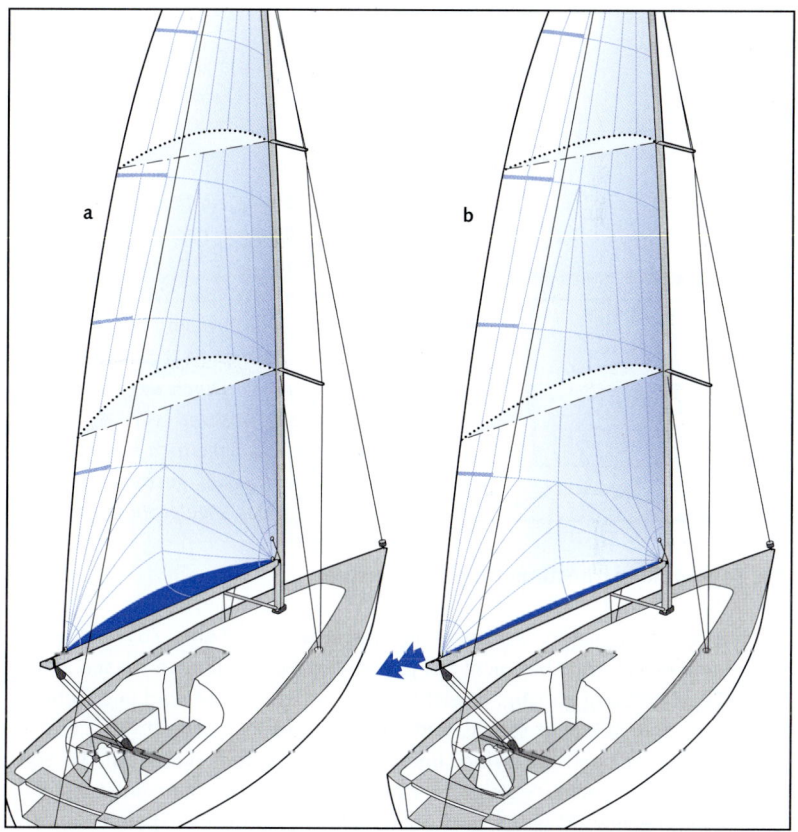

Abb. 75 Ist ein besonders bauchiges Leichtwettersegel im Unterliek noch mit einer bis zum Baum auslaufenden Tasche ausgestattet, auch Shelffoot genannt, kann man mit der Kombination dieser Regler bei zunehmender Windgeschwindigkeit das überflüssige Tuch zusammenziehen, aber das Segel selbst nur bedingt weiter abflachen. Der Faltfuß ist ganz offen (a), der Ausholer gelöst: große Wölbungstiefe. – Der Ausholer ist bis zum Markierungsband geholt, der Faltfuß geschlossen (b): geringe Wölbungstiefe.

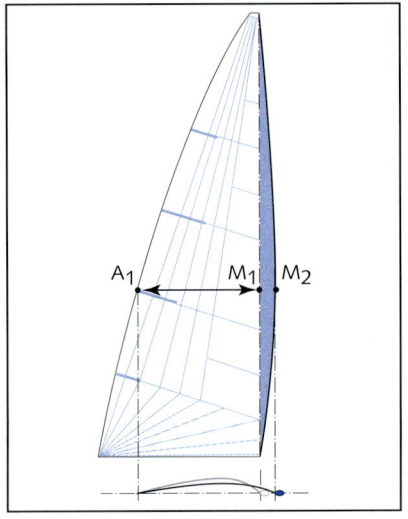

Abb. 76 *Wie ein flexibler Mast durch seine Biegung nach vorn das Segel zusätzlich abflacht: Vor der Mastbiegung reichte die Wölbung (in der Mittelbreite) beim geraden Mast vom Achterliek (A_1) zum Mastliek in Position M_1. Durch die Mastbiegung wird der Abstand von A_1 bis M_2 größer. Das Segeltuch wird über eine größere Distanz gestreckt, und damit wird das Segelprofil flacher.*

Die Segelwölbung bestimmt die Segelleistung

Je mehr Wölbung in ein Großsegel hineingearbeitet ist (Abb. 75), desto mehr Kraft kann es liefern. Aber nicht bei jedem Wind und auf allen Kursen ist eine große Segelwölbung günstig. In leichtem bis mittlerem Bordwind und wenn das Boot nur wenig gekrängt segelt, sind bauchige Segel vorteilhaft. Brist es mehr auf, segelt man hoch am Wind, und legt sich das Boot dabei auf die Seite, benötigt man ein flaches Segelprofil. Eine größere Segelwölbung entsteht, wenn Luvliek und Leeliek (Mastliek und Achterliek eines Großsegels) einander mehr angenähert werden (Abb. 76). Flacher wird ein Segel, wenn man beide Lieken weiter auseinander zieht.

Dies geschieht in der Praxis mithilfe eines Unterliekstreckers oder Schothornausholers (Abb. 77) Er regelt die Segelwölbung im unteren Drittel des Großsegels: Holt man ihn in Richtung zur Baumnock, dann zieht man das Segel flacher und reduziert die Windkraft. Gibt man dem Unterliekstrecker Lose, bildet sich mehr Segelwölbung, und der Bordwind erzeugt mehr Segelkraft.

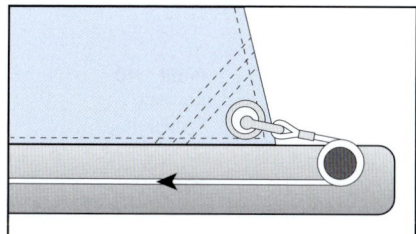

Abb. 77 *In den Riggs der meisten Serienboote wird der Unterliekstrecker über eine Umlenkrolle in der Großbaumnock durch den Baum hindurch und über den Lümmelbeschlag zum Deck geführt, wo die holende Part in einer Batterieklemme in Plichtnähe endet.*

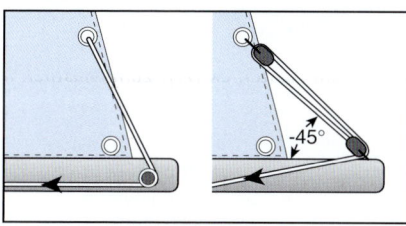

Abb. 78 *Bleibt ein Großsegel auch nach Benutzung aller dieser Trimmhilfen in seinem unteren Bereich immer noch zu bauchig und hat das Schothorn die Messmarke an der Baumnock schon erreicht, kann man einen weiteren Abflacher, ein so genanntes Flachreff, zum Einsatz bringen. Es ist praktisch ein zweiter Unterliekstrecker, der gleichzeitig auch das Achterliek mit durchsetzt und in Verbindung mit dem Schotenzug den Scheitelpunkt des Profils noch weiter nach vorn bringt.*

Krängt das Boot stark und ist es dazu noch sehr luvgierig, muss man den Unterliekstrecker weiter anholen. Auf Amwindkursen muss das Großsegel immer flacher getrimmt sein, um vorteilhaft aufkreuzen zu können – also Schothorn extrem weit ausholen und die Segelwölbung noch zusätzlich mit einem Flachreff abflachen (Abb. 78). Auf raumen Kursen hingegen sorgt ein rundes Unterliek für mehr Segelwölbung und damit auch für optimale Segelkraft in dem ohnehin schwächeren Bordwind.

Die Spannung des Unterliekstreckers ändert man im Allgemeinen nur einmal auf einem Segelkurs: Gut eine Hand lang vom schwarzen Band (der Maximalspannung) entfernt steht die Schothornkausch auf raumen Kursen und bei einer Vollzeugbrise. Am Wind und bei leichtem Wetter verlängert man das Unterliek und verkürzt den Abstand des Schothorns von der Baumnock, um die Falten aus dem Segelfuß zu nehmen und mehr Segelraft zum sicheren Steuern zu

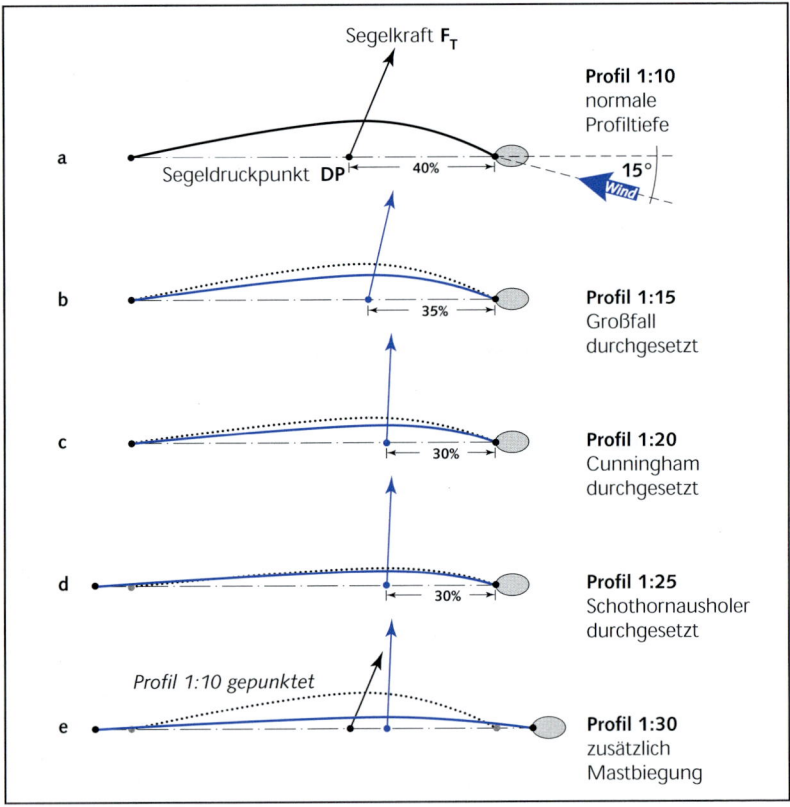

Abb. 79 *So lässt sich das vom Segelmacher eingearbeitete Segelprofil 1:10 (a) mithilfe der in den vorherigen Abbildungen genannten Regler verändern und gleichzeitig der Segeldruckpunkt verschieben. Dabei ändert sich auch die Richtung der Segelkraft F_T (Anschauungsbeispiel): a) eingearbeitete Profiltiefe 1:10; b) größtmögliche Spannung des Großfalls, Profil 1:15; c) Einsatz der Cunningham-Kausch, Profil 1:20; d) stärkste Unterliekspannung durch Schothornausholer, Profil 1:25; e) Mastbiegung durch Achterstagspannung bei flexiblem Rigg, Profil 1:30. – Mit der*

Segelwölbung kann der Segeldruckpunkt dabei auf einem Amwindkurs mit einem Anstellwinkel des Segels von 15° folgende Positionen einnehmen: beim Profil 1:10 (bauchig, a) ca. 40 % vom Vorliek; beim Profil 1:20 (flacher, c) ca. 30 % vom Vorliek und beim Profil 1:30 (extrem flach, e) ca. 30 % der Sehnenlänge vom Vorliek entfernt. – Die Segelkraft ist dabei bei dem bauchigen Segel (1:10, a) mehr luvwärtiger/vorlicher gerichtet, bei den flacher getrimmten Segeln zunehmend mehr nach querab. – Bei einem Anstellwinkel der gezeigten Segel von 45° (nicht mehr optimal angeströmt) liegen die Druckpunkte nur noch um wenige Grade voneinander entfernt; bei einem Anstellwinkel von 90° (vor dem Wind) behalten sie eine identische Lage. – e) So können sich alle genannten Trimmhilfen in ihrer Gesamtheit auf das Profil eines Großsegels auswirken. Die nur wenig ungünstigere Richtung der Segelkraft F_T gegenüber dem ursprünglich bauchiger geschnittenen Segel ist bei größerer Windgeschwindigkeit unbedeutend geworden.

gewinnen. Und je mehr der Wind zunimmt, desto mehr holt man die Schothornkausch zur Endposition an der Baumnock aus.

Die Biegung des Masttoppbereiches nach achtern wird bei einem toppgetakelten Boot allein durch den Zug des Achterstags, bei einem Siebenachtel-Rigg durch die Spannung des Achterstags und der Backstagen gleichermaßen erzielt. Wenn man die Back- und Achterstagen dichter holt, wirkt eine Zugkraft sowohl nach achtern wie nach unten und zwingt den oberen Bereich des Mastes, sich wie eine Peitsche leicht nach achtern zu neigen. Der Mittelteil des Mastes schiebt sich dabei etwas nach vorn, zieht das Vorliek weiter vom Achterliek hinweg und trimmt das Großsegel in seinen beiden oberen Dritteln gleichzeitig flacher. Es passiert praktisch das Gleiche, was der Schothornausholer im unteren Segeldrittel besorgt.
Ein durch die Mastbiegung abgeflachtes Großsegel vermindert die Krängung und die Luvgierigkeit, insbesondere auf einem Amwindkurs. In leichtem Wetter hingegen und auf Mitwindkursen entlastet man die Back- und Achterstagen wieder und sorgt für einen gerade getrimmten Mast.
Zum Trimmen des Achterstags dienen Taljen und mechanische Spanner mit unterschiedlicher Zugkraft. Bei einem toppgetakelten Boot beschränkt sich die Wirkung eines Achterstagspanners jedoch vornehmlich auf die damit verbun-

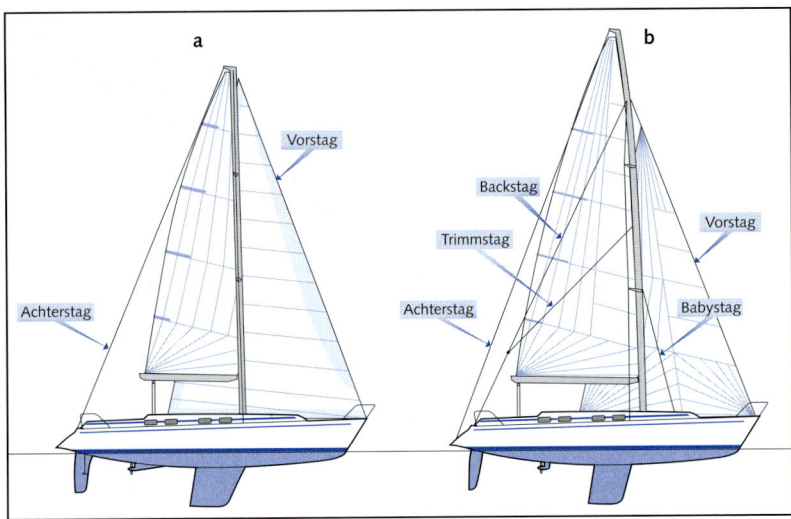

Abb. 80 *Bei einem toppgetakelten Rigg (heutzutage auch bei höheren Masten ohne Backstagen) kann das Segelprofil mithilfe eines Achterstagspanners nur geringfügig verändert werden (a). Allzwecksegel können daher nur für die Regler am Segel selbst (Ausholer, Cunningham) gefertigt und somit begrenzt bauchig geschnitten sein. – Bei einem Rigg mit verkürztem Vorsegeldreick (b) kann man das Großsegel jedoch mit einem größeren (tieferen) Segelprofil herstellen, sodass es mehr Kraft erzeugen und das Boot schneller segeln lassen kann. Dafür muss man beim zusätzlichen Umgang mit Backstagen, Trimmstagen und Babystag mehr Arbeit leisten.*

dene Kontrolle der Vorstagspannung. Eine sichtbare Mastkrümmung kann nur durch kräftiges Durchsetzen der vorderen Unterwanten erfolgen. Bei einem Rigg mit verkürztem Vorsegeldreieck (z. B. Siebenachtel- oder Fünfsechstel-Rigg) kann ein Achterstagspanner hingegen zu einem wichtigen Trimmgerät werden. Schon eine geringe Zugkraft wird dem Mast eine gewünchte Biegung geben. Achterstagspanner müssen leicht bedienbar und schnell wirkend sein, um zum Beispiel auch auf unterschiedlichen Kursen (auf einer Regattabahn) oder bei

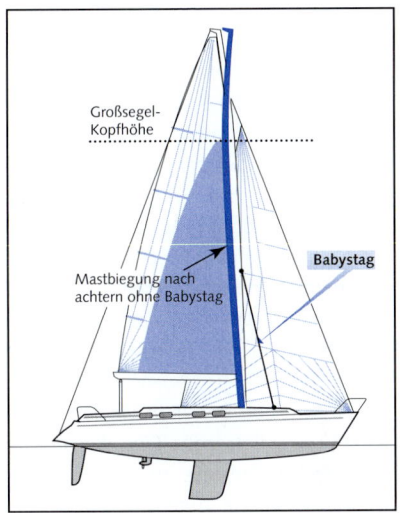

Großsegel-
Kopfhöhe

Mastbiegung nach
achtern ohne Babystag

Babystag

Abb. 81 *Bei einem flexiblen Rigg mit verkürztem Vorsegeldreieck besteht die Gefahr, dass sich der Mast nach achtern durchbiegen kann, wenn das Großsegel gerefft wird und sich sein Kopf dann unterhalb des Vorstag-Angriffspunktes befindet. Dann ist ein Babystag unerlässlich, das ungefähr in halber Höhe des Vorsegeldreiecks angreift und zum Vordeck halbwegs zwischen Mast und Vorstag führt. Abnehmbar oder ständig gerigt ist es gleichzeitig das Stag für die Sturmfock.*

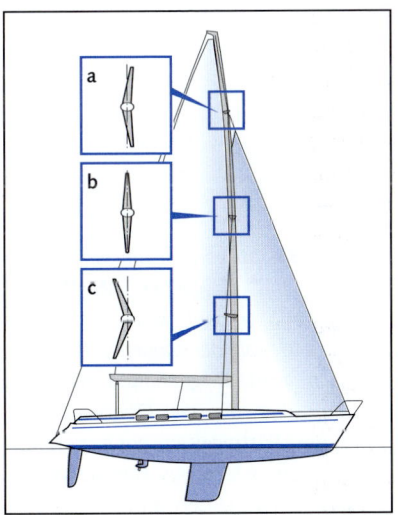

a

b

c

Abb. 82 *Die Salingwinkel konnen bei einem flexiblen Rigg etwas vorlich (a), genau querschiffs (b) oder deutlich achterlich ausgerichtet sein (c), wenn es darauf ankommt, die Mastbiegung an den betreffenden Positionen zu verstärken (c), zu verhindern (b) oder in Grenzen zu halten (a).*

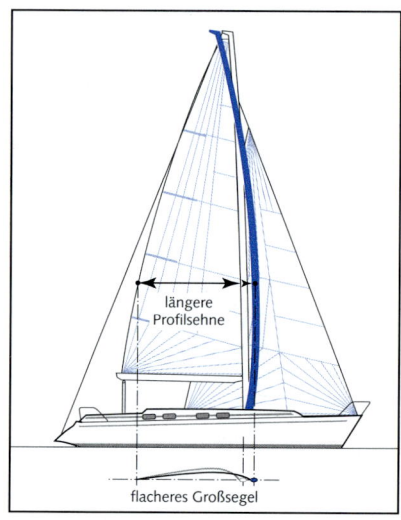

längere
Profilsehne

flacheres Großsegel

Abb. 83 *Der Vorteil eines flexiblen 7/8-Riggs: Der Mast wird mithilfe der Achterstagspanner nach voraus gepeitscht. Dadurch wird die Profil-sehne des Segels länger, das Profil wird (über die Arbeit mit Fallspan-nung, Schothorn-Ausholer und Cun-ningham hinaus) noch flacher ge-trimmt und das Boot kann noch höher am Wind laufen. Die Mastbie-gung kann bei 10-m-Masten bis ca. 65 mm, bei 12-m-Masten bis ca. 70 mm und bei 15-m-Masten bis ca. 75 mm betragen. Eine Begrenzung der Mastbiegung muss gegebenen-falls durch ein Trimmstag erfolgen.*

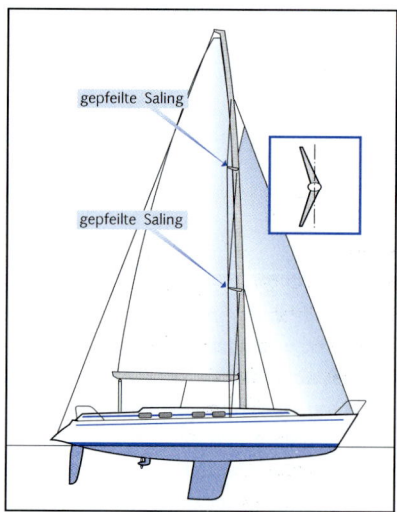

gepfeilte Saling

gepfeilte Saling

Abb. 84 *Ob es sich um ein flexibles Rigg mit möglicher Mastbiegung handelt, erkennt man an den um ca. 20° von der Querschiffsrichtung nach achtern gepfeilten Salingpaa-ren, über die die Oberwanten zu ihrem Püttingeisen geführt sind – meistens ist es das Gleiche wie für das achtere Unterwant.*

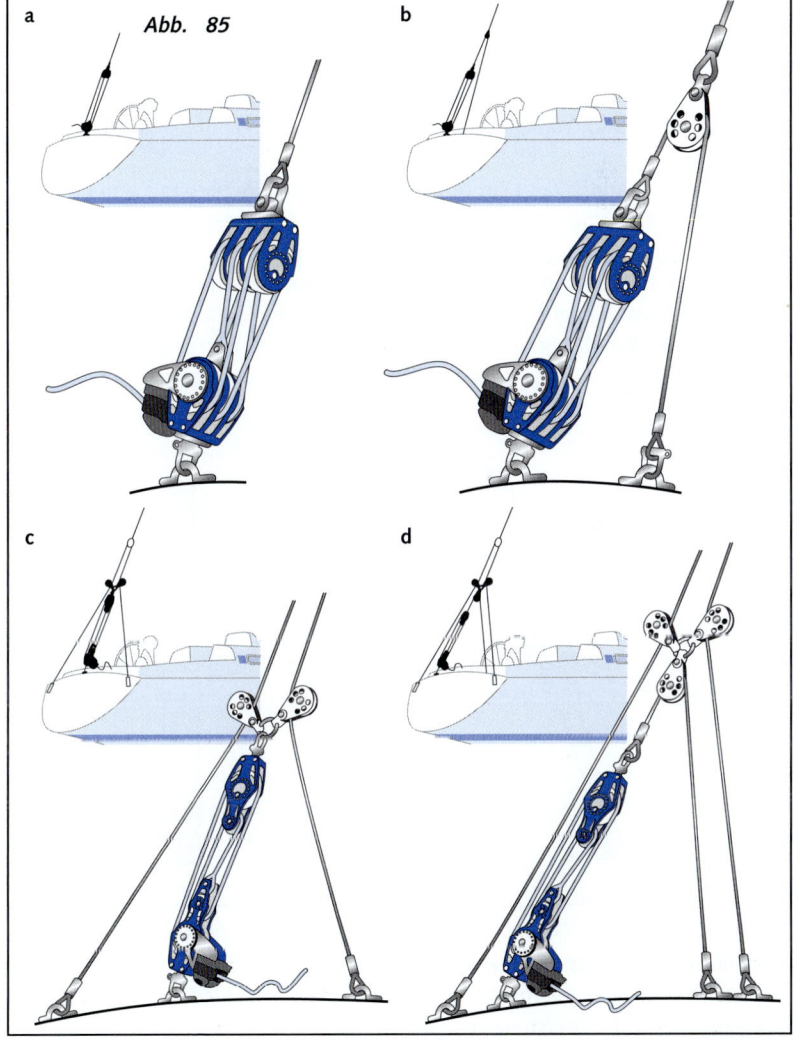

Abb. 85

a

b

c

d

Abb. 85 Die einfachsten Achterstagspanner sind Taljen mit Leinenklemmen im Achterstag: a) einfache Talje in direkter Stagverlängerung, Verhältnis 6:1; b) mit Umlenkblock in der Hahnepot, Verhältnis 12:1; c) Talje mit laufenden Blöcken in doppelten Achterstagen, Verhältnis 4:1; d) mit Umlenkblock im Dreieck zwischen den Stagen und Drahtvorläufer, Verhältnis 8:1.

wechselnden Windstärken (in böigem Wetter) das Achterstag schnell durchsetzen, das Achterliek des Großsegels dabei öffnen, den großen Winddruck abschwächen und die Krängung vermindern zu können. Oder im Gegensatz dazu beim Nachlassen der Windkraft das Rigg wieder zurückzutrimmen. Daher benutzt man vorwiegend Taljen mit Leinenklemmen (Abb. 85), in die das Achterstag in Deckshöhe entweder ausläuft oder die unter einer Hahnepot die beiden Drahtparten über Rollen zusammenziehen, sodass sich der Weg des

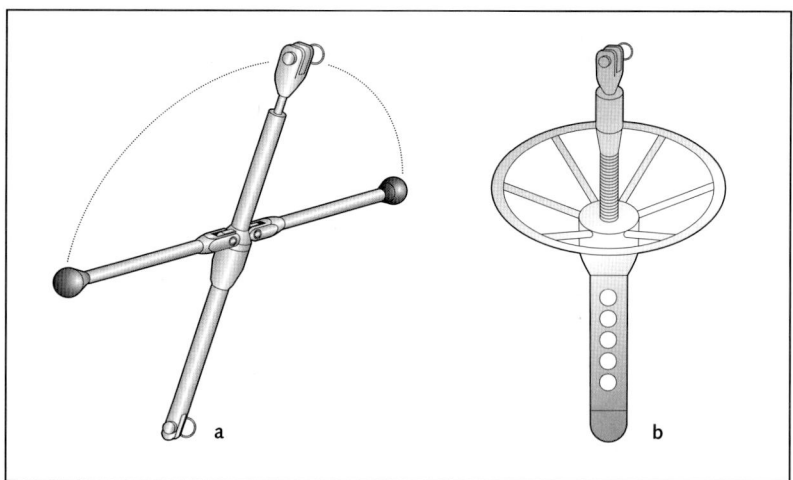

Abb. 86 Mechanische Achterstagspanner mit Handrad (a) oder beiklappbaren Griffen (b) sind nichts anderes als Wantenspanner zum schnellen Bedienen. Wie hydraulische Spannvorrichtungen können sie die Achterstaglänge um ca. 100 bis 300 mm auch unter Belastung verändern.

Achterstags verkürzt. Letztere haben den Vorteil, dass die Trimmeinrichtung die Sicherheit des Riggs unangetastet lässt.

Auf Rennyachten kann zusätzlich noch ein Trimmstag gefahren werden (Abb. 87), das auf etwa halber Mastlieklänge angreift und über Deck mit dem Backstag verbunden ist. Es hat die Aufgabe, die Mastbiegung im mittleren Bereich zu begrenzen, wenn Backstagen oder Achterstag zu stark durchgesetzt werden. Die Trimmstagen sind dabei besonders großer Zugbelastung ausgesetzt. Wenn sich am Schothorn Falten bilden, die sich sternförmig zum Mastliek und nach oben ausbreiten, ist der Mast für die optimale Mastkurve zu weit durchgebogen.

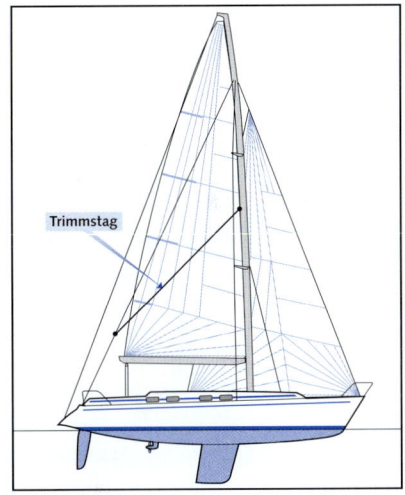

Abb. 87 *Bei einem Rigg mit verkürztem Vorsegeldreieck ist ein Trimmstag nützlich, um die Längsbiegung des Mastes nach vorn zu kontrollieren.*

Der Zug der Großschot beeinflusst alle möglichen Leistungen des Großsegels, insbesondere bei Änderungen der Windgeschwindigkeit und des Seegangs. Auf raumen Kursen lautet die Grundregel: Im Zweifelsfalle fiere die Großschot weiter auf, gib ihr mehr Lose, bis das Vorliek einfällt und sich Beulen im Segeltuch achterlich vom Mastliek bilden. Erst dann hole sie etwas dichter, bis das Segel ruhig steht. Für alle Trimmarbeiten mit der Großschot gehört sie in allernächste Nähe zum Ruderganger (Abb. 88). Im Allgemeinen muss die Großschot loser gefahren und weiter aufgefiert werden, als man annehmen möchte. Man scheue sich auch nicht, das Großsegel so weit auszulassen, bis es die Salinge berührt – vorausgesetzt, der Baumniederholer ist dabei straff durchgesetzt. Die Großschot ist praktisch das Gaspedal für unseren Windmotor und kann daher auch als Ein-Gang- oder Zwei-Gang-Schot (Abb. 89) bedient werden.

Für einen optimalen Trimm des Segels auf einem raumen Kurs gibt man der

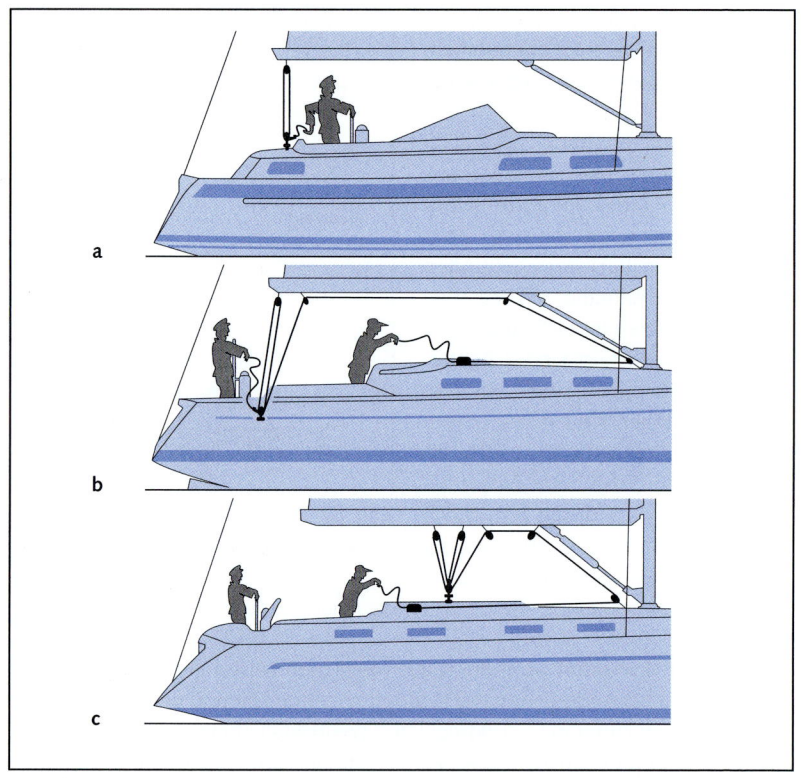

Abb. 88 *Die Großschot gehört in Handreichweite des Rudergängers (a), wenn sie von ihm (oder dicht bei ihm) nicht aus der Hand gefahren wird, damit sie bei Kursänderungen oder böigem Wetter schnell bedient werden kann. Sie wird auch ihre Aufgabe, das Großsegel auf Kursen nach Luv flach zu trimmen und hierbei in einer Mittschiffsposition zu halten, nur befriedigend erfüllen, wenn sie an der Großbaumnock angreift. Diese Anordnung gehört zu einer optimalen Ergonomie von Plicht und Kajütdeck, bei der gleichzeitig überflüssige Umlenkrollen mit ihren krafthemmenden Widerständen vermieden werden. – Dieses Handicap mag man*

bei einer Anordnung wie in Abb. b noch hinnehmen: Hier sind zusätzlich zwei Umlenkrollen am Großbaum und auf dem Kajütdach eingesetzt, um die Großschot neben dem Rudergängersitz gegebenenfalls noch mit einer zweiten holenden Part trimmen zu können, die aus dem Kajütniedergang oder an der Vorderseite der Plicht bedient wird. – Aus Gründen eines vermeintlichen Bedienungskomforts jedoch die Großschot bereits auf halber Baumlänge angreifen zu lassen (Abb. c) und mit drei zusätzlichen Umlenkrollen zu Hebelstoppern nur bis auf das Kajütdach zu führen, sodass ihre blockierte holende Part vom Rudergänger ständig meterweit entfernt liegt, ist segeltechnisch wie seemännisch ungünstig oder gar gefährlich. Selbst eine zweite Person könnte in einer ungünstigen Situation schon zu spät reagieren.

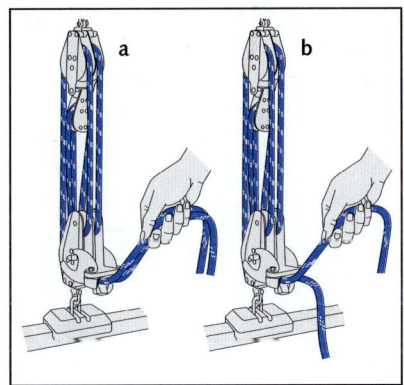

Abb. 89 Die Großschot reguliert den Anstellwinkel des Großsegels zum relativen Bordwind (zum scheinbaren Wind) und lenkt die erzeugte Segelkraft in die gewünschte Richtung des größten Vorschubs, damit das Boot unter allen Bedingungen von Windgeschwindigkeit und Kurs zum Wind die schnellste Fahrt laufen kann. Da sie große Kräfte beherrschen muss, ist sie als vielpartige Talje geschoren, deren holende Part am besten von einer Schotklemme (Backenklemme, Curryklemme oder Easylock) gehalten wird. Je nach Großsegelgröße sollte die Untersetzung der Talje mindestens 1:8 betragen, damit sie auch von leichter Hand zu trimmen ist. Praktisch ist eine Zweigang-Großschot, die mit Doppelparten und Doppelklemmen ausgestattet ist: Bei wenig Wind benutzt man beide Enden zum Durchholen (a) und erhält dann eine 1:4-Untersetzung. Bei viel Wind holt man die Schot nur mit einer Part durch (b), verdoppelt die Untersetzung auf 1:8 und erleichtert die Arbeit. Ebenso kann man auch durch schnelles Fieren beider Parten in Böen schneller reagieren oder mit nur einer Part feinfühliger trimmen.

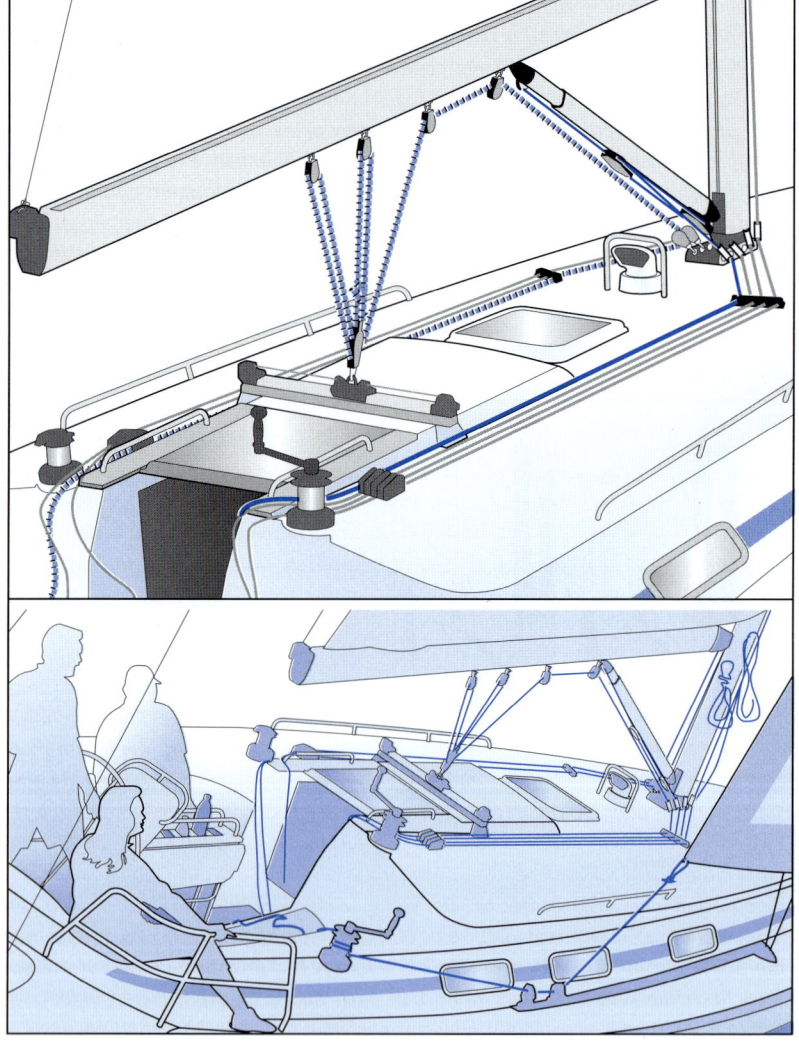

Abb. 90 *Auf vielen »modernen« Serientypen werden die dominierende Großschot und die Niederholertalje über Umlenkrollen zu ganzen »Batterien« von oft bis zu 12 Hebelstoppern auf dem Kajütdach geführt, wo sie vor dem Bedienen an zwei zentralen Winschen vor diesen geparkt werden. Angeblich soll diese Konzentration des gesamten laufenden Guts auf einen einzigen Arbeitsplatz (von Groß-, Genua- und Spinnakerfall, Reffleinen für Großsegel und Genua, Ausholer für Rollgroßsegel, Dirk, Spinnakerbaumleinen, Ein- und Zweileinenreffsystem) der persönlichen Sicherheit, zum Beispiel beim Segelsetzen aus der Plicht, dienen. Ich habe diese Anordnung mehr als konstruktiven Notbehelf angesehen: Denn in jeder überbreiten Plicht dominiert heutzutage (auch unter Segeln) ein fester Esstisch für mindestens sechs Personen mit breiten ausklappbaren Seitenteilen. Dort ist dann natürlich für segeltechnische Aufgaben und den Umgang mit Tauwerk kein Platz mehr.*

Großschot in jeder Bö etwas Lose und holt sie beim Nachlassen des Windstoßes wieder an. Führt das Boot dabei zu viel Segelfläche und liegt es dementsprechend weit über, erlaubt man dem Boot mit dem Schotfieren in jeder Bö gleichzeitig, etwas anzuluven und damit die überschüssige Segelkraft auszuschütteln. Auf raumen Kursen (Abb. 92) bewegt die Großschot den Baum mit dem Segel praktisch seitlich über das Deck, um es bei jeder Windrichtung auf den optimalen Anstellwinkel zum Bordwind einzustellen. Auf Kursen gegen den Wind hält sie den Großbaum weitgehend über der Mittschiffslinie (Abb. 91), holt ihn straff nieder und verhindert wirksam die Verwindung (Twist) des Großsegels, die unerwünschte Änderung des Anstellwinkels mit zunehmender Masthöhe. Wenn man die Großschot kräftig durchsetzt, strafft man das Achterliek des Großsegels, zieht das Segel flacher, bringt das Boot höher an den Wind und sorgt für mehr Vorschub. Fiert man die Großschot auf, öffnet man das Achterliek, beschleunigt den Luftstrom über dem Großsegel, lässt das Boot dabei abfallen und sorgt für mehr Fahrt(geschwindigkeit).

Wie weit man die Großschot nach innen trimmen kann, um so vorteilhaft wie möglich aufzukreuzen, hängt von der Windgeschwindigkeit und der Fahrt des Bootes ab. Bei viel Wind kann die Großschot dichter gefahren werden, ohne dass man Fahrt verliert, und Höhe lässt sich dabei gewinnen. Aber man darf dabei nicht für mehr Krängung sorgen. In leichtem Wetter kann man mit zu dichten Schoten nicht schneller segeln. Dann gilt die Grundregel: erst Fahrt gewinnen und dann die Großschot auf den gewünschten Kurs trimmen. Man beginnt mt einer entlasteten Schot und holt sie erst dichter, wenn das Boot angesprungen ist.

Zum Feintrimm setzt man die Großschot so weit durch, bis die oberen Segellatten gleichgerichtet zum Großbaum stehen. Die Windfäden am oberen Achterliek (Abb. 94) zeigen den unerwünschten Abriss der Luftströmung dann an, wenn sie hinter dem Achterliek zu verschwinden beginnen. In leichtem Wind wird man das Achterliek weiter öffnen müssen. Dazu gibt man der Großschot so weit Lose, bis die Latten am Masttopp etwa 10° weiter nach Lee zeigen.

Segelt das Boot mit zu starker Krängung, ist die Großschot auch das Ventil, dem Segel die dann überschüssige Kraft zu nehmen. Man fiert sie etwas auf, bis das Segel leicht zu killen beginnt, das Boot sich wieder aufrichten kann und »auf die Füße kommt«. Dieses Ausschütten des Windes muss erfolgen, wenn das Boot weiter als 25° überliegt und/oder wenn es so stark luvgierig geworden ist, dass man es mit Ruderdruck allein nicht mehr auf einem Amwindkurs halten kann.

Bei viel Wind hat der Schotwinkel der Großschot wenig Einfluss auf die Vortriebskraft, erhöht aber die Krängungskraft, wenn die Großschot zu dicht geholt ist und der Traveller zu weit innen steht. Daher sollte man das Großsegel einfach killen lassen, um die Krängung zu vermindern. Unter den gleichen

Abb. 91 *Auf einem Amwindkurs ist der richtige Segeltrimm mithilfe der Großschot besonders wichtig, weil nur ein relativ kleiner Teil der am Segel erzeugten aerodynamischen Gesamtkraft F_T in die aerodynamische Vortriebskraft oder den nützlichen Vorschub F_V verwandelt werden kann. Hier gilt es besonders, die unsympathische aerodynamische Krängungskraft oder Querkraft F_Q in Grenzen zu halten. Sie wirkt sich so negativ aus, weil die Segelkraft bekanntlich im Segeldruckpunkt wirkt, der auf etwa halber Masthöhe liegt. Ich habe diese perspektivische Darstellung bei einer Segelwölbung von 12 % und einem Anstellwinkel von 15° gewählt, weil sie die Wirkungen der Kräfte anschaulicher erklärt, doch können die Längen und Winkel etwas verzerrt wirken. Die eingefügte Zeichnung enthält daher noch einmal die entsprechenden detaillierten Daten in N/m² bei einer Vollzeugbrise mit einem Bordwind von 17 kn .*

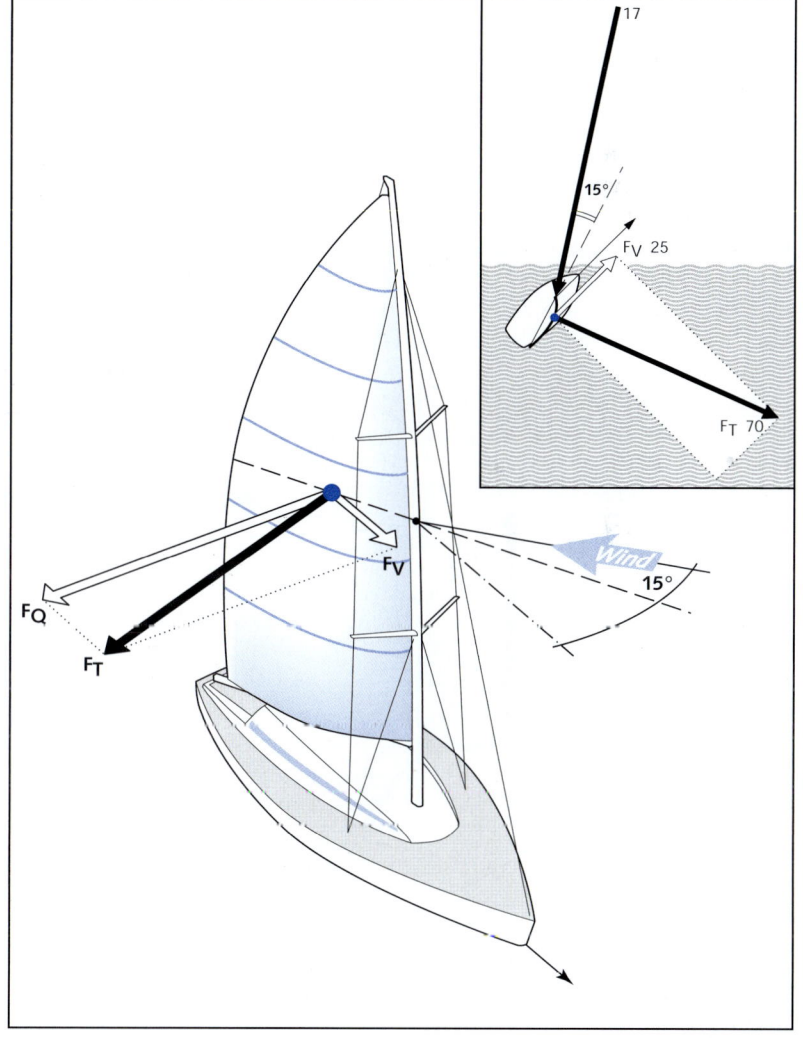

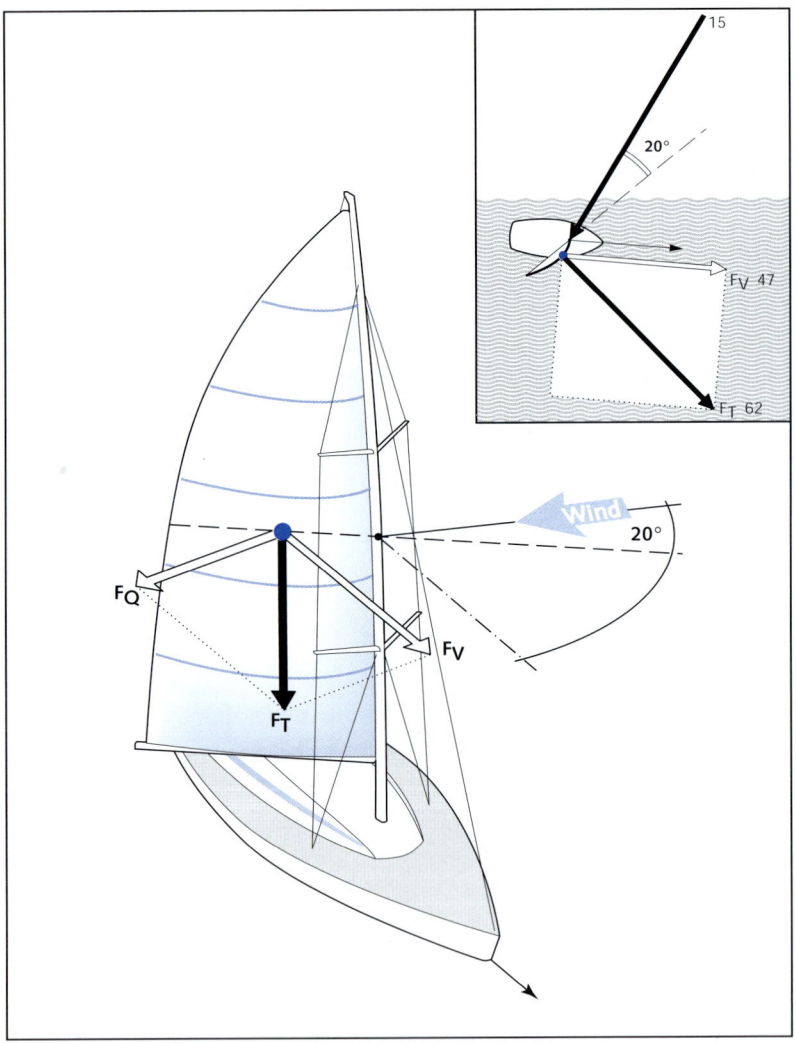

Abb. *92 Auf einem raum-achterlichen Kurs kommt es darauf an, die Großschot so weit aufzufieren, dass die Segelkraft weitgehend in Kielrichtung wirken kann, aber gleichzeitig das Segel – jetzt auch mit Unterstützung des Baumniederholers – in seinem optimalen Anstellwinkel zum Bordwind zu halten. Wird das Großsegel durch Auffieren des Schothornausholers oder andere Trimmeinrichtungen bauchiger eingestellt, kann auch der Anstellwinkel größer werden. Der schwächere Bordwind erfordert einen Feintrimm mit der Talje.*

Bedingungen hat der Schotwinkel der Genua wenig Einfluss auf die Krängungskraft. Er verursacht aber eine beträchtliche Abnahme der Vortriebskraft, wenn die Genua bei viel Wind zu dicht geholt ist.

Die beste Bedingung für die Schotführung beider Segel besteht dann, wenn beide Achterlieken im Bereich der Überlappung auf allen Höhen zum Mast parallel zueinander stehen. Dieser Zustand ist in der Praxis nicht einfach herzustellen, aber er kann durch richtige Liekenspannung erreicht werden.

Der Traveller ist ein wichtiges Trimmgerät

Mit seiner Hilfe verstellt man die Richtung des Großbaums zur Windrichtung und beeinflusst gleichzeitig das Steuern, um das Boot auch bei Zu- und Abnehmen der Windgeschwindigkeit, zum Beispiel in böigem Wetter, immer möglichst aufrecht zu segeln. Die Position des Großbaums zur Mittschiffslinie hängt dabei von der Zugrichtung der Großschot ab. Hat man das Segel so kräftig durchgesetzt, dass es auf seiner gesamten Höhe ohne Verwindung den gleichen optimalen Anstellwinkel zum Wind eingenommen hat, arretiert man den Traveller hinter dem Schotschlitten und hat das Großsegel somit auf einen optimalen Amwindkurs getrimmt – vorausgesetzt, das Boot ist jetzt nicht luvgierig und krängt nur mäßig.

Das heißt: Bei leichtem Wetter, wenn die Großschot etwas aufgefiert ist, um angemessene Fahrt zu machen, wird der Schotschlitten weit nach Luv geholt, damit der Großbaum dann über der Mittschiffslinie hängen kann (Abb. 96). Hierbei kommt es auf die Baumposition zur Mittellinie, nicht auf die Stellung des Travellers an. Der Baum ist dann zwar etwas nach Luv geholt, aber die mittleren und oberen Segelteile, die tatsächlich ziehen, arbeiten jetzt mit optimalem

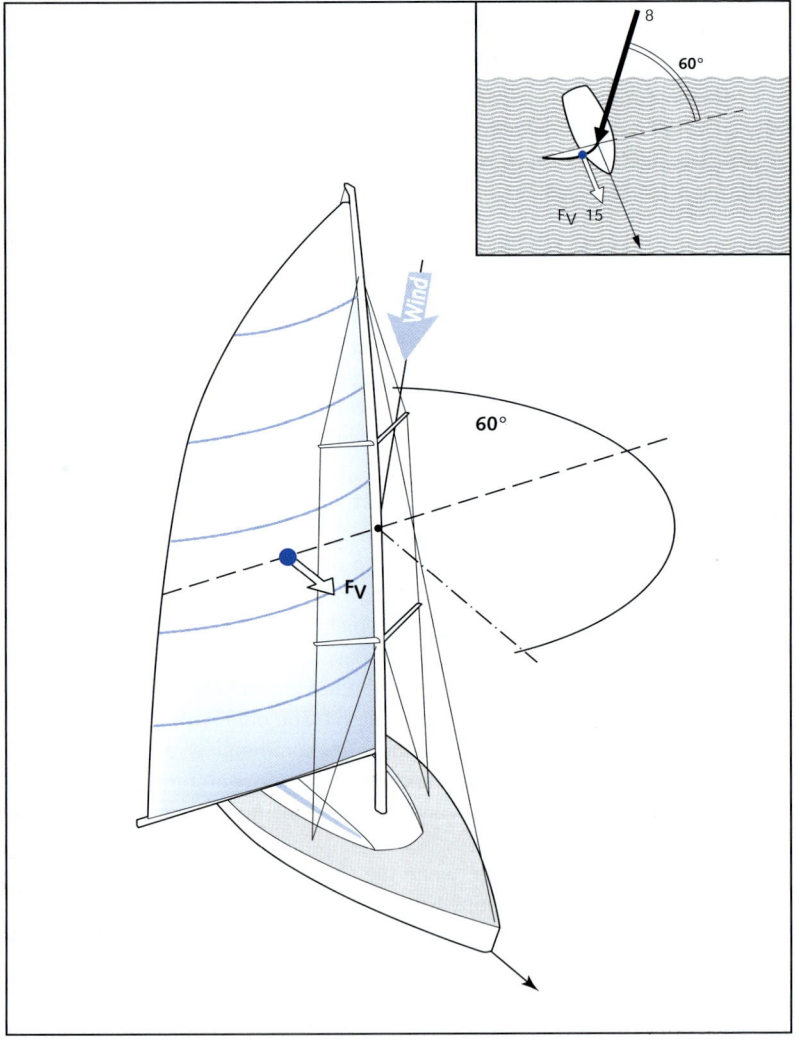

Abb. 93 *Auf einem Vorwindkurs bedient die Großschot nur ein Segel, das seine Kraft hauptsächlich durch den Widerstand erzeugt, den es, voll aufgefiert, als Windfang bietet. Eine Trimmmöglichkeit besteht nur, wenn das Manöver des Spinnakersegelns zu begleiten ist. Ohne Spinnaker kann man über die Großschot nur prüfen und in Verbindung mit dem Rudergänger feststellen, wann ein möglicher Umwegkurs erreicht ist und das Großsegel mit einem kleineren Anstellwinkel wieder als Windmotor arbeiten kann.*

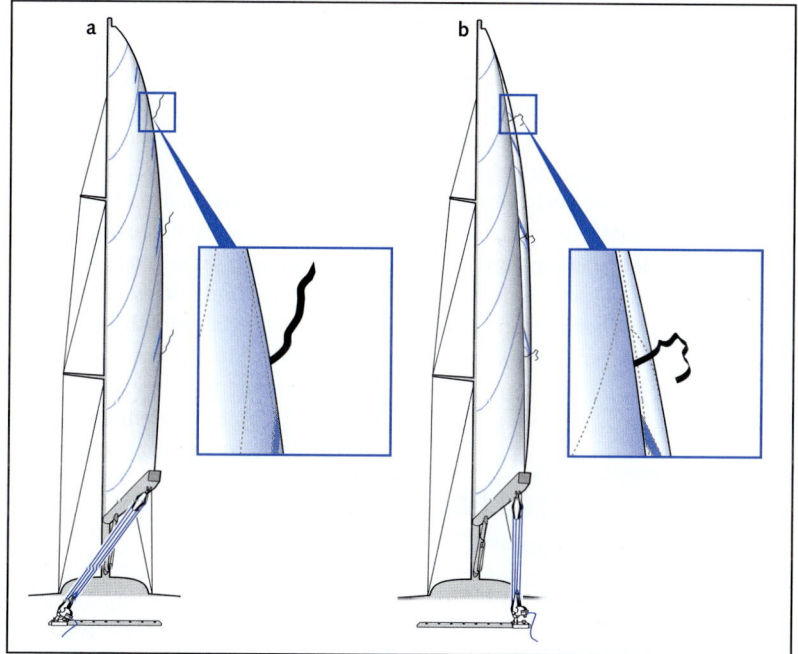

Abb. 94 *Allgemein spricht man von einem »offenen Achterliek«, wenn der Luftstrom dem Segel an seiner Leeseite ungehindert folgen und sich dann unverwirbelt ablösen kann. Bei einem Großsegel mit Windfäden am Achterliek wehen diese dann frei nach achtern aus (a). Bei einem »geschlossenen Achterliek« fließt der*

Luftstrom an der Leeseite des Segels nicht bis zum Achterliek, sondern reißt vorher ab, und Luft strömt dort von der Luvseite zur Leeseite. Windfäden wehen dann nicht geradlinig aus, sondern drehen sich in diese Richtung von Luv nach Lee (b). Dementsprechend spricht man von einem »Öffnen« und »Schließen« des Achterlieks, das bei einem Großsegel durch Bedienen von Schot und Traveller erfolgen kann. Bei einem Segel ohne Windfäden kann man das Achterliek am besten beobachten, wenn man vom Heck aus nach vorn und oben ins Segel blickt. Man sieht dann, wie sich das Achterliek schließt, wenn sich dieser Segelteil nach Luv krümmt, Das bedeutet zum Beispiel auf einem Amwindkurs mehr Luvgierigkeit.

Windwinkel. Nimmt der Bordwind zu und muss man die Großschot dichter holen, rutscht der Traveller nach mittschiffs oder weiter nach Lee, um den Baum jetzt mit durchgesetzter Schot auf der Mittellinie zu halten und dem Segel seine überschüssige Kraft zu nehmen.

Der in seiner Position leicht verstellbare Traveller ist ein feinfühliges Trimmgerät, um dem Boot mehr Fahrt zu geben, weniger Krängung zu erzeugen und die Arbeit am Ruder zu erleichtern. Auf Regatten wird man seine Position ständig verändern müssen, um sie der schnell wechselnden Windgeschwindigkeit auf den unterschiedlichen Kursen oder in Böen und bei zeitweiligem Abflauen anzupassen. Beim Fahrtensegeln wird man schnell seine optimalen Positionen unter allen Windbedingungen herausfinden, um das Boot weitgehend aufrecht, auch im Seegang schnell und für die Crew immer bequem zu segeln.

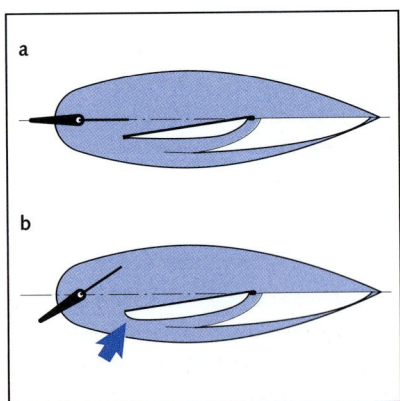

Abb. 95 *Mit einem offenen Achterliek (s. Abb. 94) segelt ein (für Wind und Kurs) richtig getrimmtes Boot kursstabil (a). Ein geschlossenes Achterliek (b) verursacht Luvgierigkeit und erfordert (fahrthemmendes) Gegensteuern mit dem Ruder.*

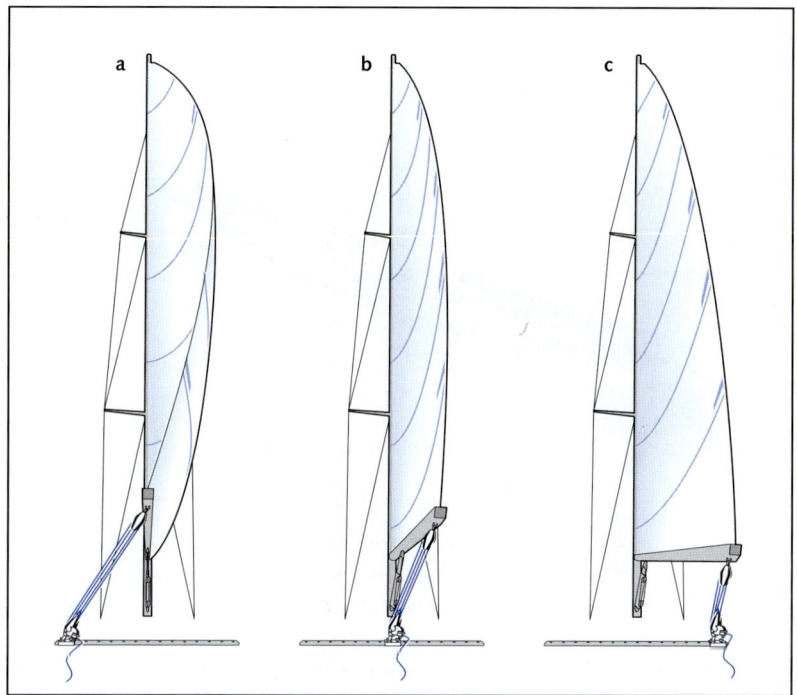

Abb. 96 *Traveller- und Großschotführung auf einem Amwindkurs: a) Leichter Wind und kein Seegang: Traveller ganz nach Luv, Baum in Mittschiffsposition, Großschot lose. – Bei alter Dünung: Traveller halb nach Luv. – b) Mittlerer Wind und wenig Seegang: Traveller mittschiffs, Großschot dicht. – Bei stärkerem Seegang: Traveller halb nach Lee, Großschot etwas loser. – c) Viel Wind und starker Seegang: Traveller ganz nach Lee, Großschot sehr dicht.*

Die Aufgabe des Baumniederholers ist es, die Verwindung des Segels in den oberen Bereichen zu verhindern und das Achterliek in Richtung zum Schothorn zu strecken, wenn der Großbaum auf Mitwindkursen weit aufgefiert ist. Hierzu muss er eine starke Zugkraft in vertikaler Richtung ausüben und die oberen

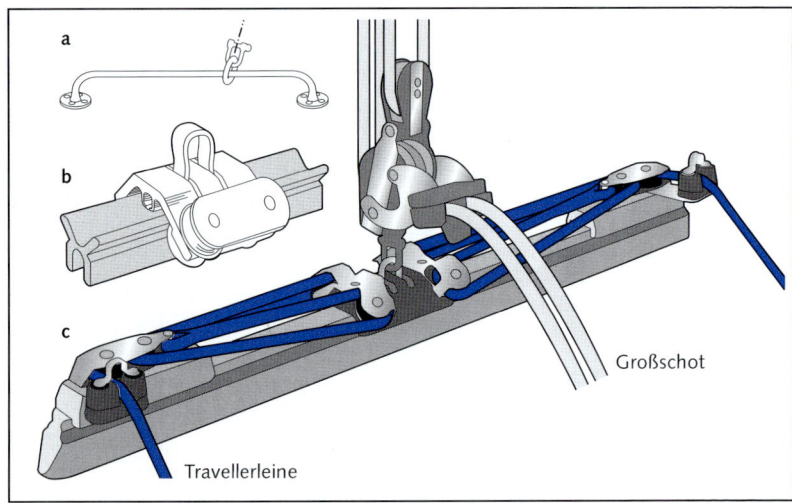

Abb. 97 *Der untere Block der Großschottalje war früher mit einem Gleitring verbunden, der auf einem simplen Leuwagen (a) von einer Bootsseite zur anderen rutschte, ohne in einer Zwischenposition anhalten zu können. Heutzutage ist er auf einem Schlitten befestigt, einer rollengelagerten Laufkatze (b), dem so genannten Traveller, der querschiffs auf einer sicher verankerten Schiene von einer Seite der breiten Plicht zur anderen auch unter Belastung zügig gleiten kann. Mit Trimmleinen (Travellerleinen), die auch als Taljen geschoren sind und wiederum in Schotklemmen an beiden Endstücken belegt werden (c), kann er in jeder gewünschten Querschiffsposition arretiert werden und eine zusätzliche Aufgabe zum Großsegeltrimm erfüllen. Hier arbeitet man ebenfalls mit einer Zweigangschot.*

Segellatten immer nahezu parallel zum Großbaum halten. Ein Baumniederholer besteht entweder aus Taljen oder mechanischen Vorrichtungen, greift am Ende des vorderen Baumdrittels an und führt zum Mastfuß. Damit übernimmt er eine ähnliche Aufgabe wie die Großschot auf Amwindkursen.

Auf Kursen gegen den Wind ist der Baumniederholer arbeitslos und wird schlaff

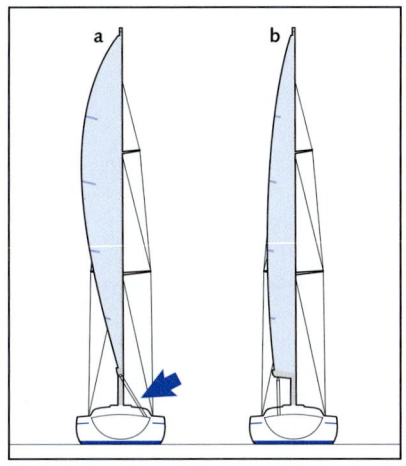

Abb. 98 *Der Traveller rutscht in leichtem Wetter ganz weit nach Luv, damit die Großschot den Großbaum bis in die Mittschiffslinie holen kann. Das Segel steht dann etwas bauchiger, und insbesondere die obere Segelfläche erhält einen optimalen Anstellwinkel (a). Frischt der Wind auf, schiebt man den Traveller nach Lee, damit starker Schotenzug das Segel flach trimmen und vom Kopf bis zum Großbaum auf dem gleichen optimalen Anstellwinkel zum Bordwind halten kann (b).*

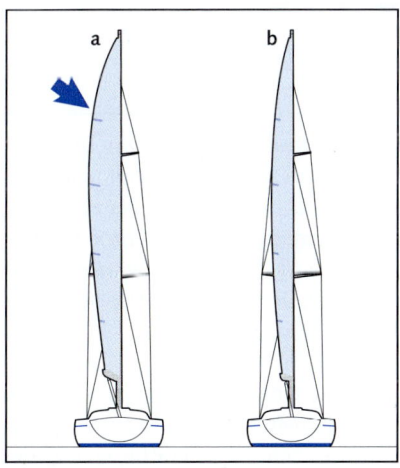

Abb. 99 *Auf Amwindkursen sorgt allein der Zug der Großschot dafür, dass alle Teile des Großsegels auf den richtigen Anstellwinkel zum Bordwind getrimmt sind. Die Schot arbeitet dafür in einer Mittschiffsposition, mit einer geringen Lose bei leichtem Wind und parallelen Positionen der oberen Latten, die eine geringe (günstige) Verwindung andeuten (a). Durchgesetzt strafft die Großschot das Achterliek und beseitigt die bei zunehmendem Wind schädliche Verwindung (b).*

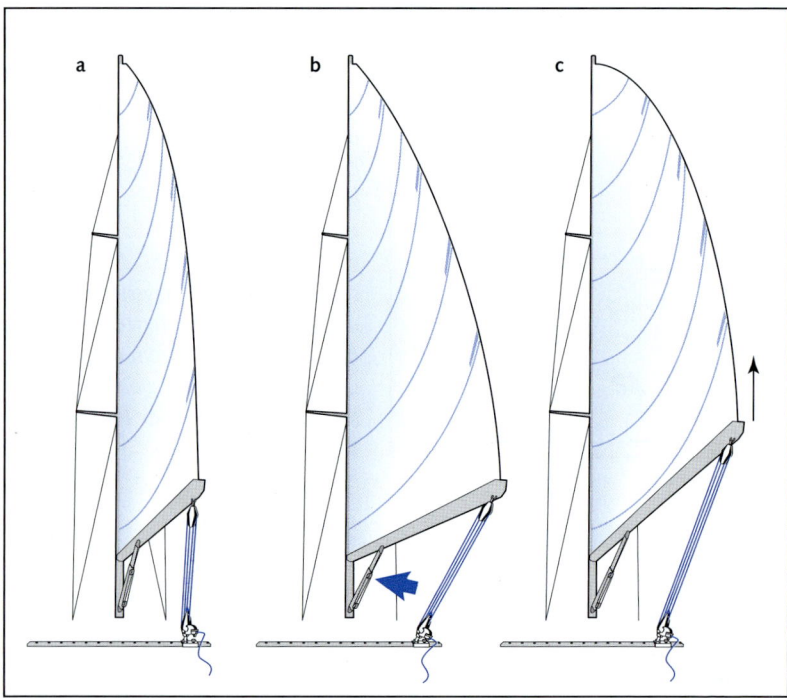

Abb. 100 *Bei böigem Starkwind wird auch der Baumniederholer zur Unterstützung der Großschot eingesetzt und so straff wie möglich durchgeholt, damit das Segel sein optimales flaches Profil behält (a). Muss das Großsegel bei zunehmender Krängung oder beim Einfallen einer Bö kurzzeitig vom Winddruck entlastet werden, fiert der Rudergänger die Großschot schnell (b). Der vom Niederholer gebremste Baum kann dann nur geringfügig steigen und das Achterliek sich immer nur kurzzeitig, wie ein Ventil, öffnen lassen (c).*

gefahren. Bei viel Wind kann er jedoch auch auf einem Amwindkurs voll durchgesetzt werden, um die Großschot beim Niederhalten des Großbaums und zur Erhaltung der Achterliekspannung zu unterstützen. Ist er kräftig genug, den

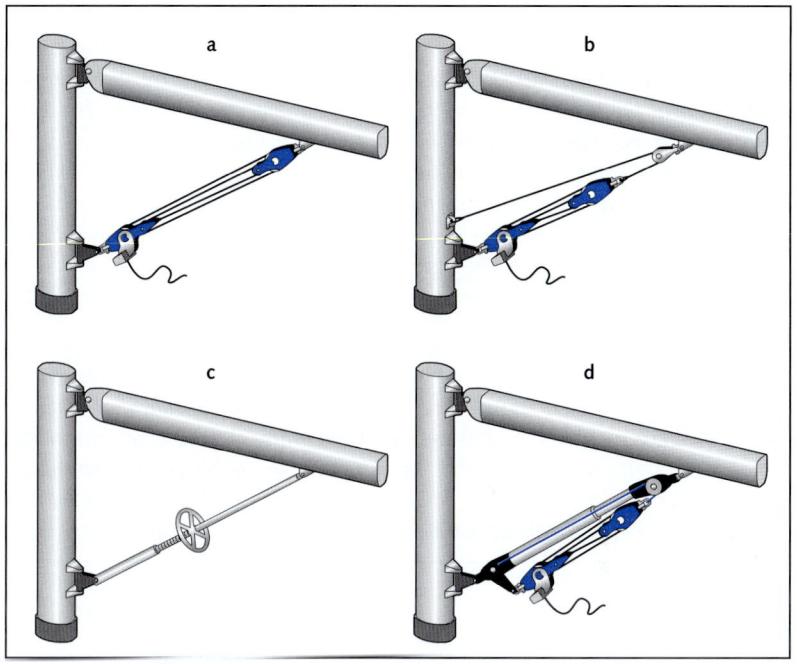

Abb. 101 *Ein Niederholer aus einer einfachen Talje (a). Das Übersetzungsverhältnis ist von der Anzahl der sich (hier mit dem Großbaum) bewegenden Scheiben abhängig oder kann auch nach der Anzahl der Leinenverbindungen zwischen den Blöcken gezählt werden: hier 4:1. Diese Talje mit einer Bruchlast von 40 N reicht aus, um den Baum nicht über einen bestimmten Punkt hinaus steigen zu lassen. Zum Feintrimm ist sie jedoch nicht geeignet. – Setzt man die 4:1-Talje mit einer kräftigen zusätzlichen Part noch in eine 2:1-Talje (b), erhöht sich nicht nur die Übersetzung auf 8:1, auch die Trimmmöglichkeiten sind verbessert. Weil nur der Umlenkblock am Großbaum nun die doppelte Bruchlast von 80 N besitzen muss, ansonsten aber die leichteren Blöcke der 4:1-Talje beibehalten werden können, spart man bei der Anwendung dieses Niederholers Gewicht und bei seiner Anschaffung Geld. – Baumniederholer mit Handradspanner und Spindel (c) erfüllen*

zwar ihre Aufgabe, den Großbaum auf raumen Kursen und bei aufgefierter Großschot nicht steigen zu lassen und der Verwindung des Segels entgegen zu wirken. Zum Trimmen sind sie jedoch weniger geeignet, weil sie nicht aus der Plicht bedient werden können und für das Holen und Strecken mehr Zeit erforderlich ist als bei Taljen. Dafür können sie größere Kräfte aufnehmen. – Nicht ohne Nachteile können demgegenüber äußerlich ähnliche »Rohrkicker« sein (d), deren teleskopartig ineinander geschobene Aluminiumprofile mithilfe einer Gasdruckfeder auseinander gedrückt werden, wenn der Baum (zum Beispiel beim Reffen des Großsegels) nach oben gehoben wird. Um die Verwindung des Segels zu verhindern, arbeiten die inneren und äußeren Taljen des Kickers dann gegen die Gasdruckfeder an.

Abb. 102 Am meisten verbreitet sind heutzutage teleskopartige Baumniederholer aus Aluminium mit einer starken inneren Edelstahlfeder (a), die den Baum im Hafen zuverlässig um bis zu 250 mm nach oben drückt, und einer integrierten Talje im Übersetzungsverhältnis 4:1, um ihn unter Segeln bis zu 600 mm niederzuholen. – Die doppelte Zugkraft erhält man (b), wenn man die holende Part am Rohr noch (wie in Abb. 101 d) mit einer weiteren 4:1-Talje verstärkt.

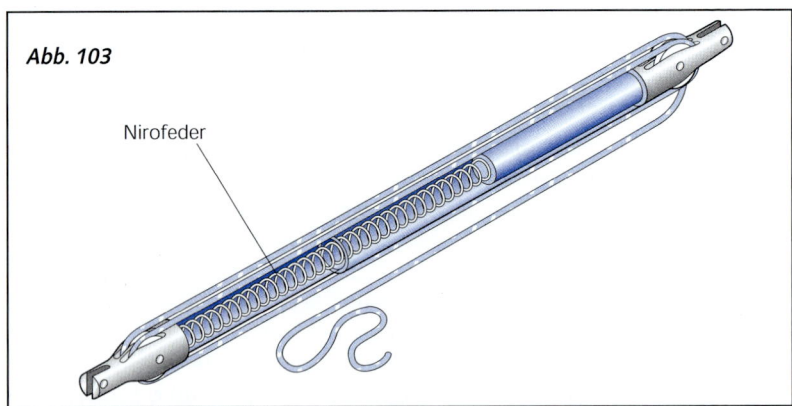

Abb. 103

Nirofeder

Abb. 103 zeigt das Innenleben eines solchen Niederholers, den man sich aus einem entsprechenden Bausatz aus den Rohren mit Endstücken, der innen liegenden Edelstahlfeder und den zugepassten Leinen auch selbst montieren kann.

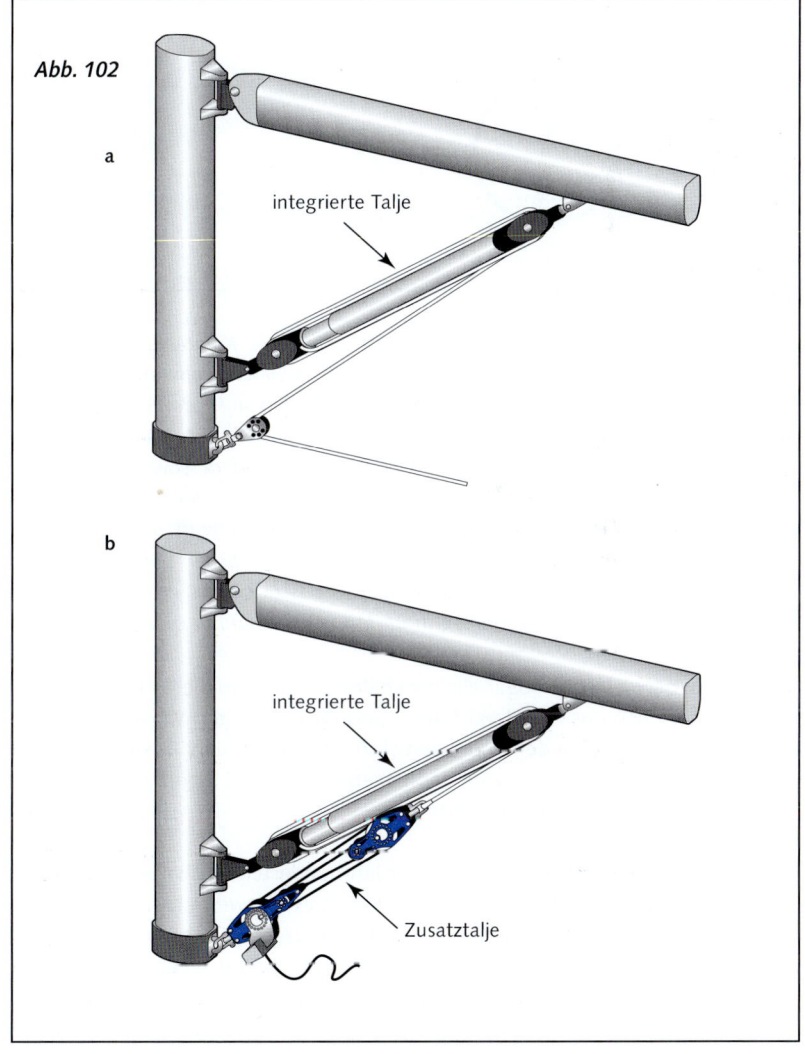

Abb. 102

a

integrierte Talje

b

integrierte Talje

Zusatztalje

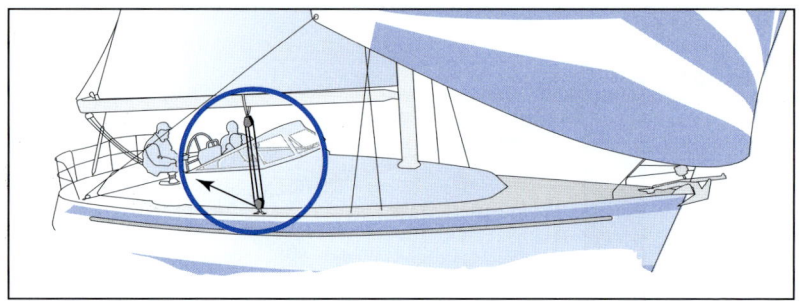

Abb. 104 *Auf* Cormoran *III fahre ich seit 25 Jahren eine Kombination von Baumniederholer und Bullentalje, die ich jetzt auch bei anderen größeren Atlantikyach-
ten (wie dieser hier) gesehen habe: Eine 4:1-Talje greift auf jeder Seite auf halber
Baumlänge etwa dort an, wo Serienyachten ihre Mittelschot fahren, und führt
beidseits querschiffs zu einem Umlenkblock am Schandeck sowohl auf Steuer-
bord- wie auf Backbordseite. Von hier laufen beide holenden Parten handnah
zum ständigen Feintrimm neben die Plicht. Bei großer Zugkraft nach unten arretiert der Niederholer den Baum nicht nur bei raum-achterlichen Kursen sicher und
zuverlässig, er ergänzt auch die Arbeit der Großschot bzw. des Travellers auf
raum-vorlichen Kursen, insbesondere in hartem Wetter und in ruppigem Seegang.*

Großbaum bei viel Wind sogar allein zu halten, kann man die Großschot in böigem Wetter auch aus der Hand fahren und ihr in heftigen Windstößen kurzzeitig Lose geben, ohne den optimalen Stand des Segels über das gesamte Achterliek dabei zu verändern oder aufzugeben. Dies ist dann praktisch eine
Großschotführung mit dem Niederholer.

Durchgelattete Großsegel, die schon vor Jahrhunderten als chinesische Dschun-
kensegel gefahren wurden und um 1930 auch etwa zwei Jahrzehnte lang auf
den schnellen deutschen H-Jollen und Jollenkreuzern gerigt waren, erlebten
ab 1980 eine rasante Wiedergeburt (Abb. 106): Während die damals nur wenig
formbeständigen Segeltuche und die recht schweren Holzlatten die Überlegenheit von durchgelatteten Gaffelsegeln gegenüber Hochsegeln mit kurzen

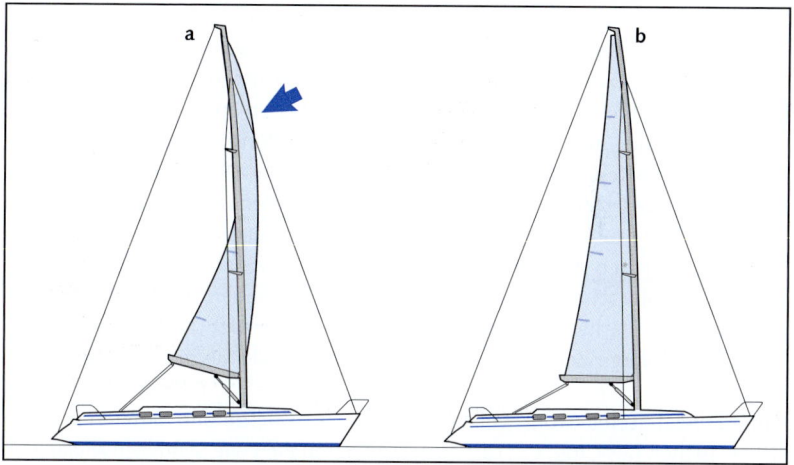

Abb. 105 *Ist der Niederholer auf raumen Kursen nicht (genug) durchgesetzt, wehen die oberen Teile des Großsegels nach Lee aus (a). Das Segel erhält über seine gesamte Fläche unterschiedliche Anstellwinkel zum Bordwind, und es entsteht eine schädliche Verwindung (Twist). Richtig eingesetzt, muss der Zug des Niederholers nach unten so stark sein, dass die oberen Segellatten auch bei aufgefierter Großschot parallel zum Großbaum stehen (b).*

Segellatten in Grenzen gehalten hatten, erwiesen sich jetzt Lattensegel aus formbeständigen synthetischen Segeltuchen, ausgesteift durch leichte flexible Kunststofflatten, einem herkömmlichen Großsegel als überlegen. Jedoch erst die Ausrüstung mit speziellen Lattenrutschern rechtfertigten den Mehrpreis, den man für eine mögliche Überlegenheit eines Lattengroßsegels ausgeben musste.
Gegenüber einem konventionellen Großsegel hat ein Lattensegel den Vorteil einer größeren Segelfläche, weil die Achterlieksrundung (nur begrenzt durch das Achterstag) weiter ausgestellt werden kann. Da die gesamte Segelfläche durch die langen Latten gestutzt wird, kann sich das einmal eingestellte Segelprofil nicht unkontrolliert verändern. Es bleibt somit auch bei zunehmendem Winddruck erhalten, kann sich nicht vertiefen und behält seine optimale

Anströmung, sodass ein Boot länger aufrecht segeln und weniger luvgierig werden kann. Mithilfe spezieller Lattenrutscher kann man das Segel, auch wenn es an einem toppgetakelten und somit relativ unflexiblen Mast gefahren wird, in seinem Profil den veränderlichen Windverhältnissen anpassen: Man verstärkt den Lattendruck, um mehr Profiltiefe bei wenig Wind zu erzeugen, und vermindert die Lattenspannung, um das Segel bei mehr Wind abzuflachen.

Durchgelattete Großsegel sind neben Amwindstrecken hauptsächlich auf raumvorlichen und raum-seitlichen Kursen empfehlenswert, auf denen der aerodynamische Auftrieb des Segels am meisten zum Vortrieb des Bootes beiträgt. Auf raum-achterlichen Kursen und vor dem Wind können sie als Windfang das Segelmaterial stärker belasten und sind dort – außer der durch das ausgestellte Achterliek vergrößerten Fläche – nicht wirkungsvoller als herkömmliche Großsegel.

Ein durchgelattetes Großsegel kann sowohl aus Dacron und anderen synthetischen Tuchen (als Cross-Cut) als auch aus Materialien wie Sandwich-Mylar, Pentex oder Kevlar (als Tri-Cut) und in unterschiedlichen Schnitten (Abb. 107) angefertigt werden. Bei den Segellatten selbst kann man zwischen runden und eckigen Latten, die vorwiegend aus GFK-Sandwich und aus Kevlar hergestellt sind, und unterschiedlicher Verjüngung für eine entsprechende Biegefähigkeit wählen.

Ein großer Vorteil des Lattensegels besteht in der Trimmmöglichkeit durch den unterschiedlich einstellbaren Lattendruck. Da sich dieser jedoch punktuell auf den Mastrutscher auswirkt und der Stauchdruck aus den Latten selbst noch hinzu kommt, erhält die Kraftübertragung der Latten auf den Mast und damit die optimale Verbindung der Rutscher zu den Lattenendstücken am Mast-

Abb. 106

liek die größte Bedeutung. Als weitere Vorteile gelten auch eine längere Lebens-
dauer, weil das Lattensegel beim Setzen, Wenden und Bergen weniger schlägt,
und eine leichtere Handhabung beim Auftuchen, wenn das Segel mit seinen
Latten bei Benutzung von Fangleinen (Abb. 108) sicher in deren Geflecht hi-
neinfallen und nicht mehr unkontrolliert über Deck wehen kann.

Nachteilig ist nicht nur der höhere Anschaffungspreis, sondern auch der
Umgang mit den unhandlichen und ständig im Segel befestigten Latten, insbesondere bei einem Transport an und von Bord. Auch Mastrutscher neigen
zum Verklemmen, sodass der Einsatz von speziellen Rutschersystemen erst
gelernt werden muss. Beim Segeln muss der Rudergänger das Lattensegel mithilfe seiner Windbändsel besonders aufmerksam beobachten, denn es scheint
durch seine halbstarre Form auch dann noch gut getrimmt zu sein, wenn eine
laminare Strömung an ihm entlang nicht mehr besteht. Lattensegel erhöhen
auch das Toppgewicht und machen einer Crew wenig Freude, wenn sie in leichtem Wetter und in windarmer Dünung hin und her schlagen können.

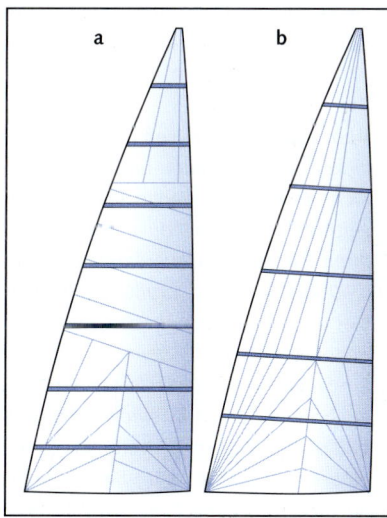

Abb. 107 Bei den lattengestützten
Großsegeln haben die Segelmacher
noch mehr Möglichkeiten als bei her-
kömmlichen Großsegeln, unterschiedli-
che Tuchqualitäten und -gewichte mit
ausgeklügelten Schnittmustern zu ver-
binden. Bei dicht nebeneinander ste-
henden Segellatten (a) werden zum
Beispiel oft horizontale Bahnen mit
ungleichmäßig triradial verlaufenden
Bahnstreifen verbunden. Sind die Lat-
tentaschen weiter voneinander ent-
fernt angeordnet (b), kann das Segel
auch trioptimal gefertigt, das heißt
aus drei verschiedenen Tuchqualitäten
mit triradial verlaufenden Bahnen ge-
fertigt sein.

Die langen Segellatten und ihre Lattenrutscher bestimmen mit ihrem Biegeverhalten das Segelprofil. Sie sind dementsprechend aus unterschiedlichen Kunststoffen gefertigt und gegebenenfalls verjüngt, um die gewünschte Segelwölbung durch den entsprechenden Stauchdruck zwischen Achterlieksbefestigung und Lattenrutscher herstellen bzw. auch verändern zu können. So lässt sich zum Beispiel durch das Biegeverhalten einer verjüngten, härteren Latte eine Segelwölbung mit einem Profil im vorderen Segelbereich einstellen, mit dem man gut aufkreuzen kann. Unverjüngte und weichere Latten sorgen andererseits für ein tieferes Profil, das sich unter Winddruck noch nach achtern verschieben kann und raumschots für mehr Segelkraft am Wind, aber auch für mehr Krängung sorgt.

Es gibt verschiedene prinzipielle Rutschertypen, um die unterschiedlichen Kräfte wie Druck, Zug und axiale Drehung der in ihren Taschen gespannten Segellatten auf den Mast aufzunehmen und gleichzeitig ein reibungsloses vertikales Auf- und Abgleiten des Segels zu gewährleisten: einfache

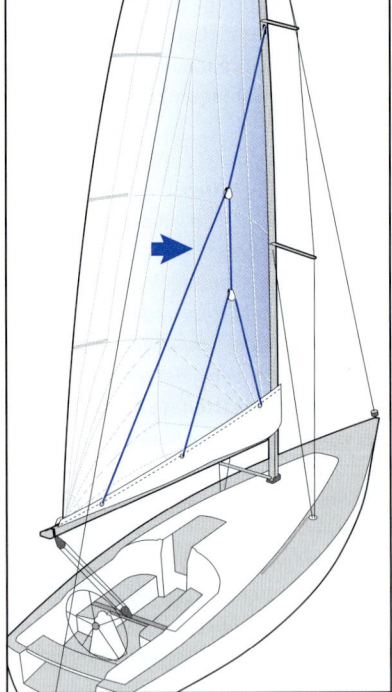

Abb. 108 *Auffangleinen (engl. lazy jacks) an Großbaum und Mast sind nicht jedermanns Sache und zum Segeltrimm eher hinderlich, weil sie mit ihren Parten und Umlenkrollen ständig beidseits vor dem Großsegel hängen. Sie verhindern jedoch das Auswehen des Segels sowohl beim Reffen mit Ein- und Zweileinenreffsystemen als auch beim Bergen in einen Kastenrollbaum und dienen in Verbindung mit einer Packtasche am Baum sicher auch der Bequemlichkeit einer Crew.*

Druckrutscher, die in verschiedenen Ausführungen für die meisten herkömmlichen Mastprofile verfügbar sind; kugelgelagerte Lattenschlitten eines Lattentraveller-Systems, die auf zusätzlichen Schienen an Achterkante Mast laufen (Abb. 110; die Schienen müssen dazu an die Mastwandung geschraubt oder genietet werden, lassen sich aber auch an den meisten innen liegenden Mastnuten ohne Bohrlöcher mit so genannten »Nutsteinen« befestigen), und patentierte kugelgelagerte Ballslide-Rutscher (Abb. 109), die in der gegebenen Mastnut laufen können und bei deren Verwendung auf eine (Gewicht verursachende) zusätzliche Schiene am Mast verzichtet werden kann.

Die Benutzung der erstgenannten Druckaufnahme-Rutscher und der Ballslide-

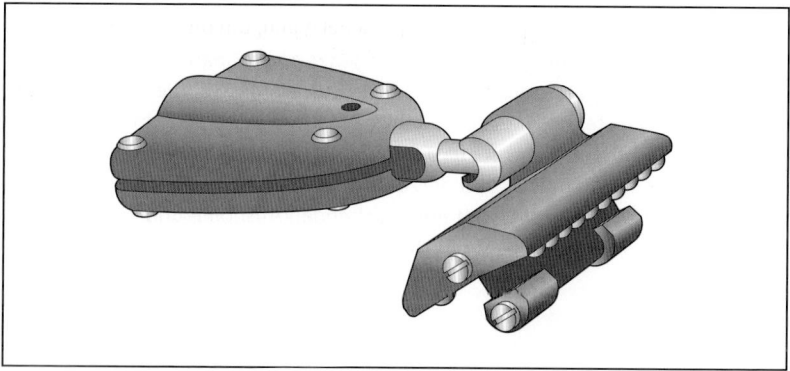

Abb. 109 Beim patentierten Ballslide-System können die kugelgelagerten Rutscher direkt in die Nut herkömmlicher Masten eingeführt werden. Die passgenauen Kugeln stützen den Rutscher an der Achterkante des Mastes ab. Über ein Kugelkopfgelenk ist das Segel mit dem Rutscher verbunden. Für die Körper der Rutscher gibt es Adapter für die unterschiedlichen Masttypen. Das System arbeitet ohne eine zusätzliche Schiene auf der Mastwandung und kann daher auch an flexiblen Masten benutzt werden, an denen die Schienenmontage nicht ratsam ist. Es stehen unterschiedliche Rutschertypen in verschiedenen Größen zur Verfügung. Die kleinen Kugeln können jedoch Schäden am Eloxal verursachen, wenn sie nicht sauber gehalten und gepflegt werden.

Rutscher empfiehlt sich auch dann, wenn ein Großsegel nur eine einzelne durchgehende Topplatte fährt. Eine Kombination dieser Spezialrutscher mit herkömmlichen oft schwergängigen Kunststoffrutschern entlang des Mastlieks erleichtert insbesondere das Bergen oder Reffen eines solchen halb gelatteten Großsegels in schwierigen seemännischen Situationen.

Mastrollgroßsegel als bewährte Alternative

Nach den guten Erfahrungen, die weltweit mit den seit 1972 von Leathern Smith Stearn zum Patent angemeldeten Vorsegel-Rollreffanlagen gewonnen waren, war es logisch, diese neue Reffmethode zum Vorliek (Abb. 111a) wenig später auch bei Großsegeln anzuwenden (Abb. 111b). Die ersten Anlagen arbeiteten dabei ab ca. 1974 mit einem von einer Art Stag gestützten Profilrohr, das frei eine Handbreit hinter dem Mast und senkrecht gespannt angebracht war. Erst als es wenig später technisch möglich wurde, Mastprofile aus Aluminium mit einem Innensteg stranggepresst zu ziehen, verlegte Ted Hood das Profilrohr in das Mastinnere und schuf den patentierten Stoway-Mast (Abb. 112b), der das aufgerollte Großsegel jederzeit schützte, aber auch unter Segeln das stufenlose Ein- und Ausrollen mit entsprechenden Ausholer- und Einholerleinen am Baum von der Plicht aus möglich machte.

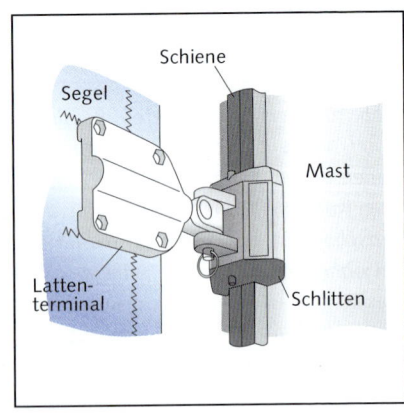

Abb. 110 Beim Latten-Travellersystem sind die Lattenschlitten, die dazwischen liegenden Liekschlitten und das Kopfbrett des Großsegels auf kugelgelagerten Traveller-Schlitten montiert, die auf einer zusätzlichen Mastschiene laufen. Sie nehmen die Druck-, Zug- und Drehbelastungen der Latten auf den Mast insbesondere bei großflächigen Segeln auf.

Auch im Rollgroßsegel ist ein entsprechendes Profil wie in ein normales Groß-segel eingearbeitet. Um die Wölbung beim stufenlosen Reffen und beim Ein-rollen zum Verstauen aus dem Segel zu entfernen, sind (wie bei Rollvorsegeln) Dopplungen im Vorliekbereich aufgesetzt (aus Tuch oder anderen leichten Mate-rialien). Natürlich lässt sich ein Rollgroßsegel mit seiner Topptakelung und sei-nem unflexiblen steifen Mast nicht wie bei einem Siebenachtel-Rigg durch ent-sprechende Trimmhilfen (z. B. Back- und Trimmstagen) flacher oder bauchiger trimmen, wenn es die Segeltechnik erfordert. So halten manche Konstrukteu-re, deren Ruf hauptsächlich vom Entwurf schneller Seekreuzer abhängt, ein Roll-großsegel auch für eine »aerodynamische Sünde«. Und sie führen dazu noch die größeren Induktionswiderstände an, die das lose Unterliek im Vergleich mit einem üblichen Baumliek verursacht. Aber die leichte Bedienung und die damit verbundene größere Sicherheit sind es doch für immer mehr Eigner und Besat-zungen wert, die vielleicht größere Schnelligkeit, die man mit einem her-kömmlichen Großsegel ersegeln könnte, hintenan zu stellen. Übrigens macht das schnell mögliche stufenlose Reffen des Großsegels bei wechselnden Wind-

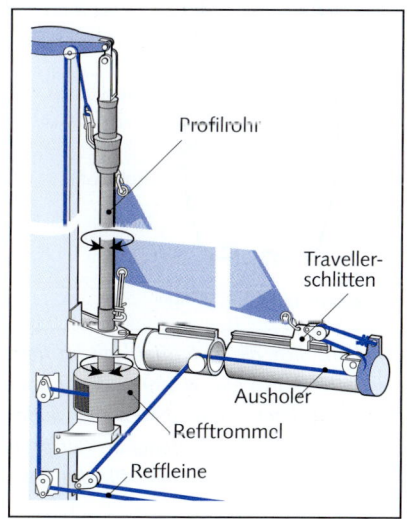

Profilrohr

Traveller-schlitten

Ausholer

Refftrommel

Reffleine

Abb. 111b Bei frühen Mastrollgroßse-gelanlagen befand sich das Reffrohr noch frei hinter der Achterkante des Mastes. Der gesamte Reffvorgang spielte sich dabei unter den Augen der Crew ab. Ich finde dies nach wie vor praktisch und fahre eine solche Anlage mit einem selbsttragenden Profilrohr seit ihrer Einführung 1975 noch heute (2004) auf meinem 12-m-Seekreuzer CORMORAN, nach weltweit gut 80 000 Seemeilen – und ohne eine einzige Havarie.

Abb. 111a *Die erste prinzipielle Reff-*
methode bei Rahseglern kürzte die Se-
gelfläche nach oben (a). Bei der Be-
nutzung von Schratsegeln wurde die
Segelfläche bislang nur zum Unterliek
hin verkleinert (b). Seit der Einführung
von Rollsegeln wickelt man ein Groß-
oder Vorsegel sowohl beim Reffen wie
beim Bergen zum Vorliek hin ein (c).

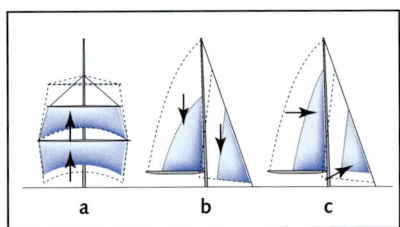

stärken und auf unterschiedlichen Kursen zum Wind eine Mastrollanlage wirklich wertvoll und sogar überlegen.

Auch ein schwergewichtiges Großsegel hat in einer Mastkammer meistens genug Platz, und die Einlassöffnung, die entsprechend der Aufwickelrichtung

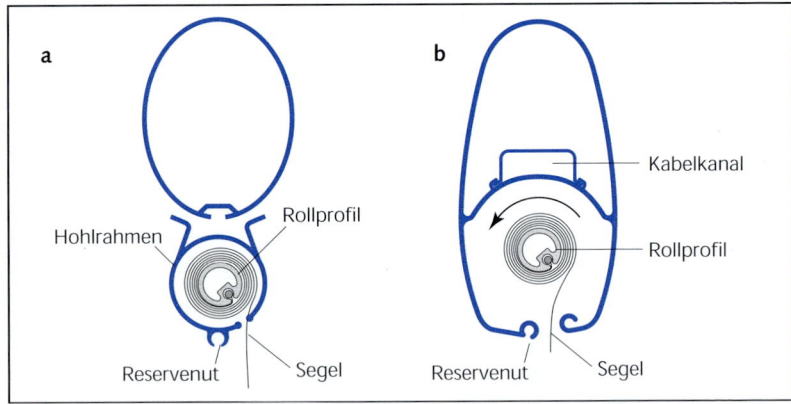

Abb. 112 *Bei einem Hohlkammermast (b) dreht sich die Rollreffanlage im Inneren des Mastes. Sie nimmt dabei nur die achtere Hälfte ein, während davor noch genügend Platz für Kabel und Fallen bleibt. – In einem Hohlrahmen, der außen auf den Mast genietet oder geschraubt ist (a), hat das sich drehende Reffprofil hingegen sehr viel weniger Platz. Auch liegt der enge Einlassschlitz für das Segel weit auf der Steuerbordseite.*

etwas nach Steuerbord versetzt sein muss, kann eine ausreichend große Öffnung behalten. Dennoch kann man das Großsegel unterwegs nur dann zuverlässig reffen oder bergen, wenn es dabei im Wind steht; schon bei einem kleinen Anstellwinkel scheuert das Tuch beim Einrollen an der (abgerundeten) Einlasskante entlang, und beim Reffen eines nassen Segels, das bei auch nur wenig aufgefierter Großschot nicht faltenfrei »um die Kante« kommt, sind Verklemmer möglich (und in schwerem Wetter auf halber Segellänge gefährlich).

Rollgroßsegel in Hohlkammerprofilen sind eine Marktidee um 1990, durch die zunehmende Nachfrage nach Mastrollanlagen für ein vorhandenes Rigg ein Hohlrahmenprofil von außen an der Achterkante des Mastes und über der Mastkeep durch Nieten oder Schrauben anzubringen (Abb. 112a). Damit sollte auch den Eignern ohne die Anschaffung eines (neuen) Hohlkammermastes die Möglichkeit gegeben werden, die Vorteile eines Mastrollgroßsegels an einem vorhandenen Rigg auszunutzen. Einige Nachteile einer solchen Anlage merkt man meistens erst nach mehreren Segelstunden: Es kann gelegentlich

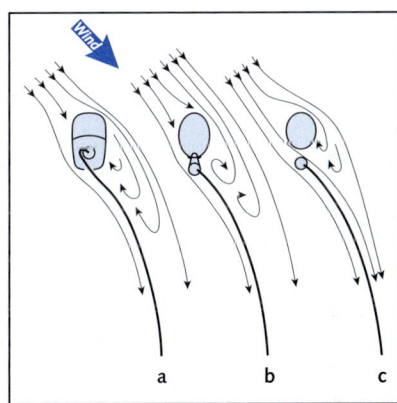

Abb. 113 Bei Benutzung sowohl eines Hohlkammermastes (a) wie eines Hohlkammerprofils an Achterkante Mast (b) vergrößern sich die Querschnitte für die Luftströmung des Segels, insbesondere an der Leeseite hinter dem Vorliek, auf allen Luvkursen. Segeltechnisch wird andererseits durch die Anordnung der Reffanlage im Abstand von der Mastkante (c) die Bedingung jener Göttinger Schlitzsegel-Profile erfüllt, deren überlegene aerodynamische Leistungen gegenüber Anordnungen wie a und b nachgewiesen sind. Wenn

serienmäßig dennoch der Hohlkammermast vorgezogen wird, mag es sein Vorteil sein, das Großsegel nach dem Gebrauch wieder, sicher vor Nässe und Schmutz, schnell einpacken zu können.

Probleme bereiten, das gesamte Segel (aus leichtem Tuch) in der (im Vergleich zum Hohlkammermast) recht engen Röhre unterzubringen. Da der Einlassschlitz (aus Gründen der Wickelrichtung) auf der Steuerbordseite liegt, lässt sich das Großsegel zuverlässig nur einholen oder reffen, wenn man auf Steuerbordbug liegt bzw. den Wind von Backbord hat (s. Abb. 112). Die Risiken dabei, auch bedingt durch die Scheuerkante am Einlassschlitz, sind größer als bei einem Hohlkammermast. Außerdem bietet ein Mast mit angenietetem Anhang mehr Windwiderstand bzw. einen ungünstigeren Strömungsverlauf insbesondere an der wichtigen Leeseite des Großsegels in Mastnähe (Abb. 113).

Mastrollgroßsegel bieten nur Trimmmöglichkeiten über den Ausholer (Abb. 114), um das Segel am Wind flach zu trimmen und ihm auf raumen Kursen die

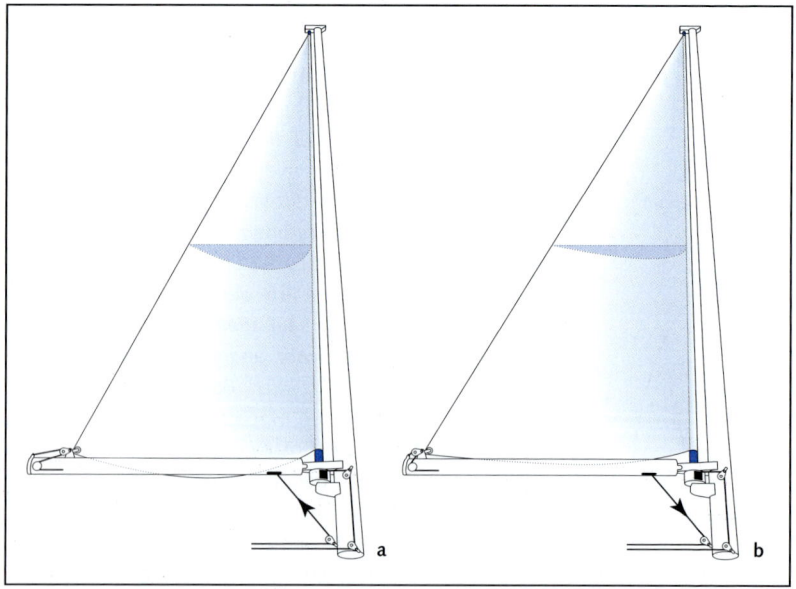

Abb. 114 Extrem bauchiger Trimm eines Rollgroßsegels über die Ausholerleine bei wenig Wind (a) und sehr flacher Trimm bei viel Wind (b).

Abb. 115 *Flacher Trimm eines auf etwa 50 % gerefften Rollgroßsegels zum sicheren Aufkreuzen bei viel Wind (a) und bauchiger Trimm des gleichen Segels bei Starkwind auf raumen Kursen (b).*

gewünschte größere Wölbung zu geben. Sie sind jedoch (wie bei keinem anderen Segel sonst) durch das lose Unterliek auch bei einer durch Reffen verkleinerten Segelfläche (Abb. 115) gegeben. Dafür muss ein Rollgroßsegel mit einem geraden, gegebenenfalls sogar einem geringfügig einfallenden Achterliek geschnitten sein. Ein Schnellsegler führt diese Flächenminderung gern als Argument für die Ablehnung einer Rollgroßsegelanlage an. Diesem Argument konnte man bisher nur begegnen, indem man ihn bat, dann einfach Mast und Großbaum um jenes Meter- oder Halbmeterstück zu verlängern, das den Segelverlust durch Rigggewinn an anderer Stelle wieder ausgleicht (Abb. 116).

Findige Segelmacher sind jetzt jedoch auch dazu übergegangen, ein Rollgroßsegel entweder mit kurzen (Abb. 117) oder sogar langen Segellatten (Abb. 118)

131

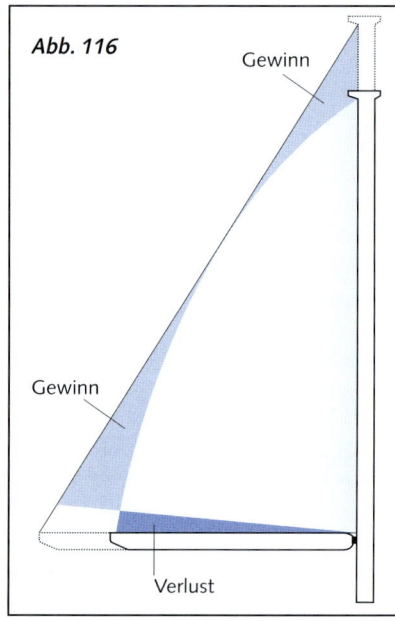

Abb. 116

Gewinn

Gewinn

Verlust

Abb. 116 Der mögliche Flächenverlust eines Rollgroßsegels gegenüber einem herkömmlichen Großsegel und die Möglichkeit, die verlorene Fläche durch Verlängerung von Mast und/ oder Baum wiederzugewinnen.

Abb. 117 Am einfachsten lässt sich ein beträchtlicher Flächengewinn in einem Rollgroßsegel erreichen, wenn man die erweiterte Achterlieksrundung durch drei oder vier senkrechte Segellatten ausreichender Länge und spezieller Verstärkungen an Kopf und Schothorn stützt.

auszurüsten. Damit kann ein Rollgroßsegel einem normalen Großsegel segeltechnisch nicht nur ebenbürtig werden. Es gibt insbesondere einer zahlenmäßig kleinen Crew die Möglichkeit, bei leichter seemännischen Handhabung die Überlegenheit einer Großsegelrollanlage voll auszunutzen.

Ich segle seit fast 30 Jahren mit einem ganz »normalen« Rollgroßsegel, mit dem ich übrigens noch keinen »Versager« erleben musste. Bei leichten Winden und auf raumen Kursen lässt sich der mögliche Flächenverlust durch den Einsatz asymmetrischer Beisegel gut ausgleichen. Und bei allen größeren Windstärken lassen die Vorteile des schnellen Ein- und Ausreffens aus der Plicht (auf längeren Seetörns) mögliche Nachteile geringerer Schnelligkeit (beim Wochenendsegeln »vor dem Loch«) schnell vergessen.

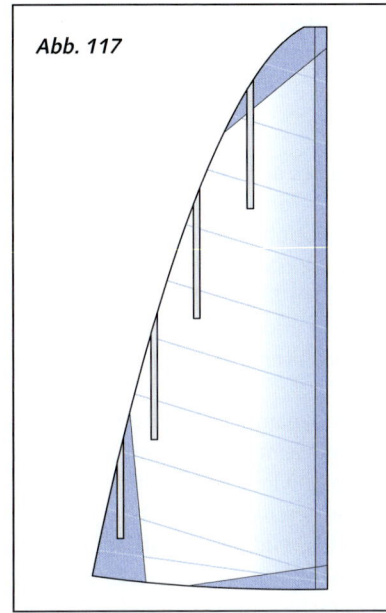

Abb. 117

Abb. 118 Mithilfe einer Kombination von sehr dünnen Segellatten aus Glasfasern und Kohlefasern, die in das Segel eingearbeitet sind und in gleichen Abständen vom Achter- zum Unterliek senkrecht durchlaufen, lässt sich bei einem Mastrollgroßsegel sogar eine positive Achterlieksrundung wie bei einem herkömmlichen Großsegel erreichen. Eine Mastverlängerung zum Flächenausgleich erübrigt sich dadurch. Die Öffnung des Achterlieks lässt sich jetzt genauer einstellen. Das Einwickeln des Segels in einen Hohlkammermast muss jedoch in den von den Segellatten vorgegebenen Reffstufen erfolgen. Wenn eine Latte im Schlitzeingang stehen bleibt, behält das Segel auch in dem betreffenden Reffzustand immer ein strammes Vorliek.

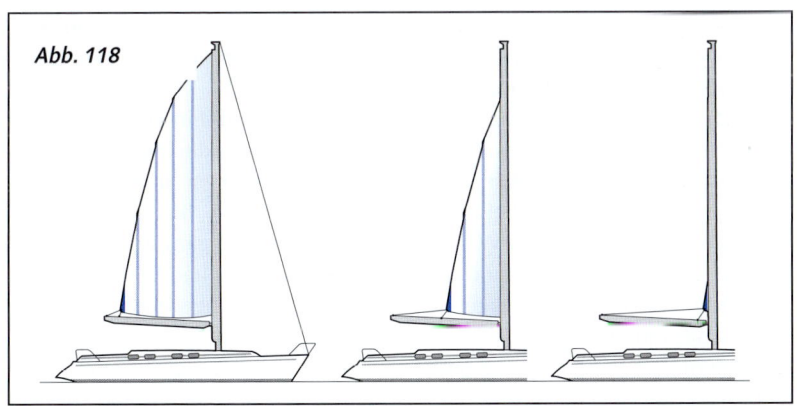

Abb. 118

6. Die Partnerschaft von Großsegel und Vorsegeln

Das Vorsegel ist zuerst einmal ein eigenständiges aerodynamisches Profil, das mit seinem optimalen Anstellwinkel im Windstrom arbeiten muss, um eine große Segelkraft zu erzeugen. Bei richtiger Schotführung kann es jedoch auch den Strömungsverlauf in Lee des Großsegels wirksam beeinflussen, durch die Aktivierung des Luftstroms zwischen den beiden Segeln die aerodynamische Wirksamkeit der gesamen Segelfläche erhöhen und dem Boot mit mehr Vorschub eine schnellere Fahrt geben. Bei dieser Zusammenarbeit ist das Vorsegel ein wichtiger Partner.

Wir hatten gesehen, dass ein Segel seine aerodynamische Kraft durch die Differenz des Luftdrucks zwischen seiner Luv- und seiner Leeseite erhält und diese Segelkraft mit dem Quadrat der Windgeschwindigkeit wächst. Bei einer geringfügig überlappenden Fock arbeitet schon deren Luvseite mit der beschleunigten Leeströmung des Großsegels (Abb. 119), und da die Luft auf der Leeseite der Fock (analog zum Großsegel) einen längeren Weg zurückzulegen hat, muss sie natürlich schneller als die (bereits beschleunigte) Luft auf der Luvseite fließen. Es entstehen also drei unterschiedliche Strömungsgeschwindigkeiten: eine langsame an der Luvseite des Großsegels, eine beschleunigte im Spalt zwischen der Leeseite des Großsegels und der Luvseite der Fock und eine schnelle an der Leeseite des Vorsegels.

Der Abstand der beiden Tragflächen voneinander sowohl in vertikaler wie in horizontaler Richtung ist von der Luftmenge abhängig, die hindurchströmen soll. Er muss veränderlich sein, weil unser Segel ja mit sehr unterschiedlichen Windgeschwindigkeiten arbeitet – von 2 kn bei Bft 1 bis 18 kn bei Bft 5 beispielsweise, oder noch mehr Wind. Dabei bleibt dieses Eingangstor für die Luftmenge, das durch den Abstand an Deck zwischen Mast und Vorstag (a) und die Höhe des Vorstagbeschlages entlang der Mastkante gegeben ist, weitgehend unverändert.

Verändern lässt sich jedoch die Ausgangsöffnung für die im Spalt zwischen Vor- und Großsegel eingefangene Luftmenge: zum einen durch den Abstand der Vor-

segelfläche vom Mast bzw. der Großsegelfläche (b), der zwar durch die Bootsbreite gegeben, aber durch den Vorschotholepunkt (geringfügig) veränderlich
ist, und zum anderen durch die Vorsegelform, die wir hier nur mit der Unterliekslänge (c) und dem Grad der Überlappung einzeichnen wollen.

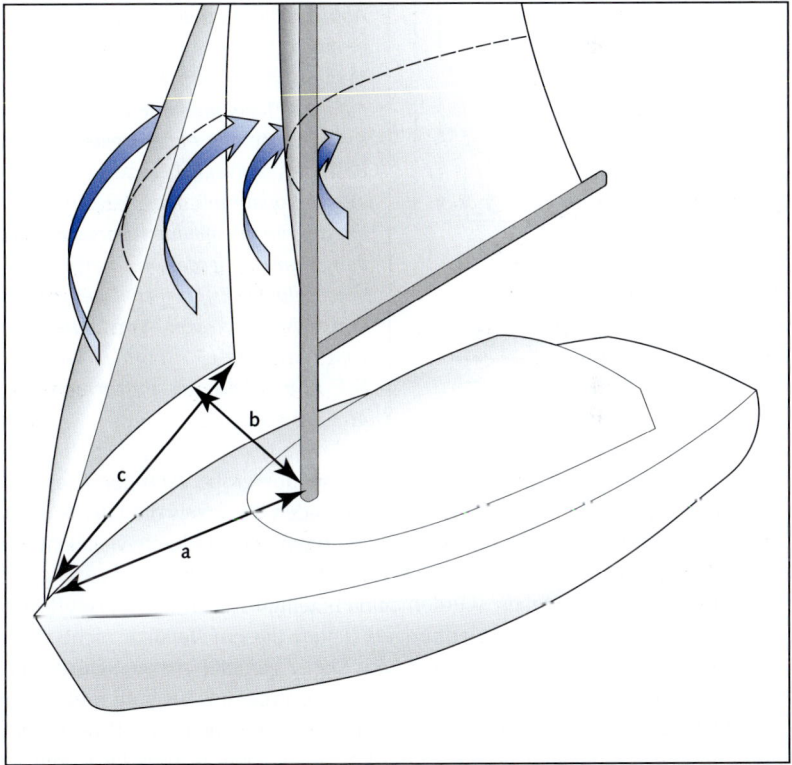

Abb. 119 *Eine richtig zum Großsegel getrimmte Vorsegelfläche kann mehr Segelkraft erzeugen, weil bereits an der Luvseite des Vorsegels die schnellere Leeströmung des Großsegels herrscht. Die Luftdruckdifferenz am Vorsegel ist also größer
als am Großsegel.*

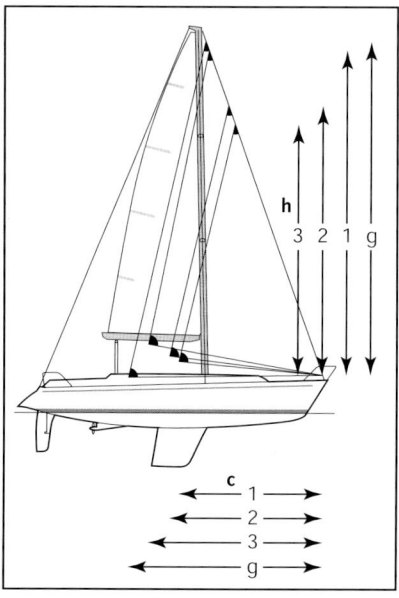

Abb. 120 *So wird die Vorsegelgarderobe in einem Segelriss dargestellt, mit den Maßen für die Vorliekslänge in Verbindung zur Takelungshöhe h und der Unterliekslänge c in Abhängigkeit von der Basis des Vorsegeldreiecks. Die heute international üblichen Bezeichnungen für die entsprechenden Vorsegel nach den Vermessungsdaten I = Höhe des Vorsegeldreiecks, J = an Deck gemessener Abstand von Vorstagbeschlag zum Mast und LP = Lotmaß vom Vorliek zum Schothorn sind in den Abb. 46 – 52 erklärt.*

Wenn man den Versuch machte, durch bewusste übergroße Verengung des Strömungsquerschnittes im Spalt eines überlappenden Vorsegels die Luft zu einer größeren Strömungsgeschwindigkeit zu zwingen, um dadurch vielleicht die Druckdifferenzen zwischen der Luvseite des Großsegels und der Leeseite des Vorsegels noch zu verstärken, würden beide beteiligten Tuchsegel dieses Bestreben vereiteln: Die Segeltuchwandungen halten diesem Versuch nicht stand (Abb. 121), und die Luft, die sich hier (was Segler gemeinhin auch »Düse« nennen) nicht verdichten lässt, verbreitert sich den Weg am Ausgang und klappt entweder das Achterliek des Vorsegels nach Lee oder (da die straff gespannte und zusätzlich eingeliekte Achterkante des Segels eine größere Festigkeit als die weichere Großsegelfläche hat) weht in die Leeseite des Großsegels hinein, drückt den Bauch nach Luv und schafft sich dadurch den notwendigen Freiraum zum Abströmen. Der Effekt zeigt sich oft zuerst an den oberen Teilen des Großsegels, weil sich hier der Schlitz in zwei Ebenen verengen muss.

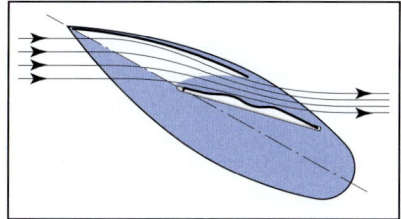

Abb. 121 *Versucht man, den Luftstrom durch Verengung des Abstandes zwischen den Flächen von Groß- und Vorsegel wie in einer »Düse« zu komprimieren, drückt die Luft von der Leeseite ins Großsegel und vergrößert von sich aus den zu klein gewordenen Luftausgang.*

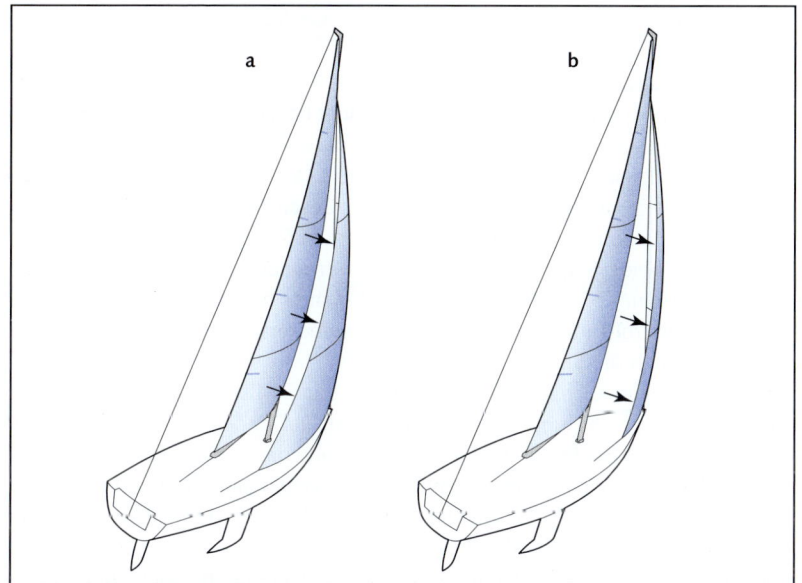

Abb. 122 Bei wenig Wind: enger Schlitz und geringer Abstand zwischen Vorsegelachterliek und Großsegelfläche, z. B. mit einer überlappenden Genua (a). – Bei viel Wind: größerer Abstand zwischen den Segelflächen, der gegebenenfalls nur durch kürzere Unterliekslänge des Vorsegels zu erreichen ist, z. B. mit einer nicht überlappenden Fock I (b).

Es kommt also darauf an, die jeweilige Flächengröße eines Vorsegels, die Länge seines Unterlieks und den Segelschnitt im Kopfbereich so zu wählen, dass unter allen wechselnden Bedingungen des Bordwindes immer eine optimale Luftmenge zwischen diesen beiden aerodynamischen Profilen hindurchfließen kann und beide Segel vereint die maximal erreichbare Segelkraft liefern können. Dies ist zuerst eine Sache der Segelwahl bzw. der (Verkleinerung der) Segelfläche, die hier im Prinzip gezeigt werden soll: bei wenig Wind enger Schlitz (a in Abb. 122), bei viel Wind größerer Abstand zwischen den Segelflächen (b). Mit den Tipps für den entsprechenden Trimm befassen wir uns noch.

Unabhängig davon, dass manche Experten meinen, die Windströmung im Spalt zwischen Groß- und Vorsegel würde statt leicht beschleunigt auf etwa die Hälfte der Windgeschwindigkeit abgebremst, wirken Groß- und Vorsegel auf einer Slup immer als eine aerodynamische Einheit: Man kann den Trimm eines von beiden nicht verändern, ohne damit die Gesamtleistung zu beeinflussen (Abb. 123). Gehen wir vom optimalen Trimm auf einem Amwindkurs aus (a), zu dem wir beide Segel geschotet haben: Vermindern wir den Anstellwinkel des Vorsegels um 5°, indem wir die Schot dichter holen (b), dann reduzieren wir den Luftstrom im Kanal dieses »Doppeldeckers« um 50 % und dementsprechend auch die Segelleistung.

Analog kann man auch feststellen: Fieren wir das Großsegel gegenüber der Ausgangslage (a) um 5° und verengen den Spalt auf andere Weise, vermindern wir die Tiefe und die Breite des Gesamtprofils und damit die Segelleistung unserer Slup um den gleichen Betrag. Holen wir hingegen das Großsegel gegenüber dem Ausgangstrimm um 5° dichter (c), vergrößern wir den Luftdurchlass um 30 % und vergrößern die Segelleistung.

Für die Praxis der Schotführung auf einem Amwindkurs bei viel Wind erinnere ich meine Crew immer daran: Der Schotwinkel der Genua hat wenig Einfluss auf die Krängungskraft, verursacht aber eine beträchtliche Abnahme der Vortriebskraft, wenn die Genua zu dicht geholt ist. Und: Der Schotwinkel des Großsegels hat wenig Einfluss auf die Vortriebskraft, erhöht aber die Krängungskraft, wenn die Großschot zu dicht (und der Traveller zu weit nach innen) geholt ist. Ergo: nach der optimal getrimmten Genua steuern und die Großschot auf einen möglichst breiten Spalt zwischen den Segeln trimmen.

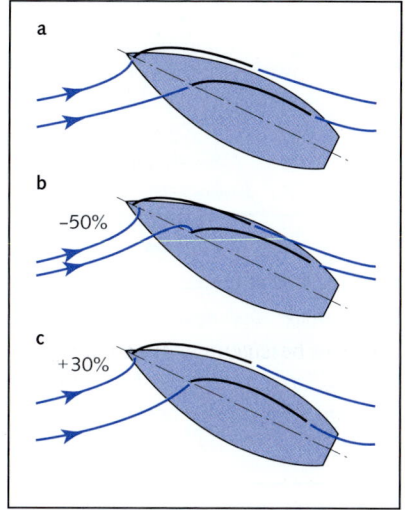

Abb. 123 *Weil Großsegel und Fock beim Anströmen durch den Bordwind nicht als zwei getrennte Segel, sondern als eine aerodynamische Einheit (sfläche) empfunden werden, muss man bei der Trimmänderung eines Segels auch deren Auswirkungen auf das andere Segel bedenken. In a sind Großsegel und Fock (hier als Synonym für alle Vorsegel) richtig geschotet. Es ist ein optimaler Windkanal (»Düse«) zwischen beiden mit den entsprechenden Staulinien zu den Vorlieken hergestellt. – Verändern wir diesen Zustand einseitig und trimmen die Fock (bei unveränderter Großsegelstellung) um 5° dichter (b), dann reduziert man den Luftstrom im Kanal um etwa 50 % und dementsprechend in gewisser Weise auch die Segelleistung. Auswirkungen: Die Staulinien führen schon auf die Rückseite des Großsegels, und wo hinter dem Vorliek auf der wichtigen Leeseite sonst am meisten Auftrieb durch Unterdruck entsteht, kommt es hier zu luvseitenähnlichem (Über-)Druck. Anzeichen: Das Segel beult ein oder versucht sogar back zu schlagen. – Holen wir hingegen das Großsegel gegenüber dem Ausgangstrimm um 5° dichter (c) und vergrößern damit den Windkanal in der Überlappung um etwa 30 %, dann wächst durch die größere Windgeschwindigkeit um die »Nase« auch der Auftrieb und damit die Segelleistung des Bootes. Auswirkungen: Auch an einem hart (am Wind) getrimmten Großsegel entsteht keine Ablösung, und die Abströmung der Fock wird beschleunigt. Anzeichen: Das Boot kann kurzzeitig höher an den Wind gehen, ohne dass das Achterliek der Fock vibriert oder killt.*

139

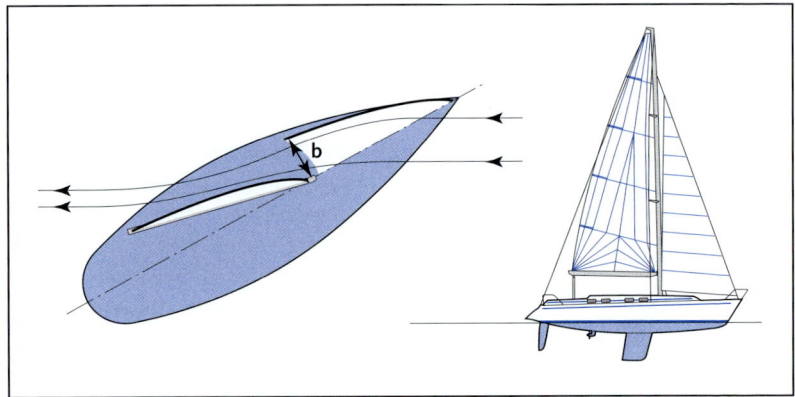

Abb. 124 *Leichtwetterbedingungen mit Arbeitsfock: Der Abstand b wird durch Verlegung des Fockschotholepunktes nach innen verkleinert, damit die Luftströmung am Vorsegel die Leeströmung am Großsegel aktivieren kann. Eine Verengung des Strömungsquerschnittes ist auch bei leichtem Segelmaterial noch möglich.*

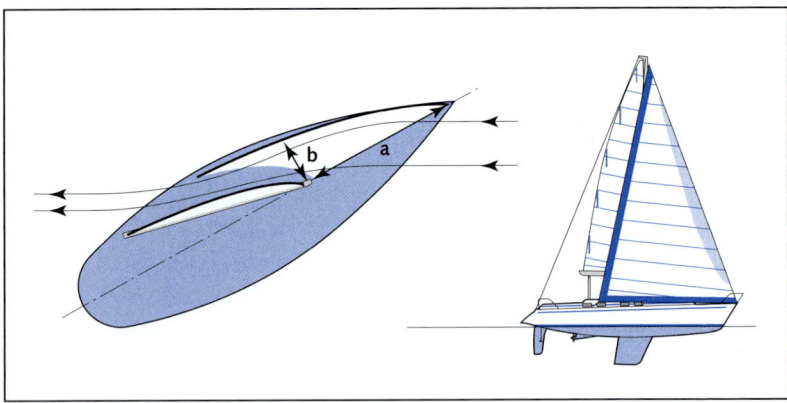

Abb. 125 *Leichtwetterbedingungen mit Genua I: Wenn auf der Basislänge a nur wenig Luft in den Kanal zwischen Groß- und Vorsegel strömt und die Breite b durch Verschieben des Holepunktes nach innen nicht verkürzt werden kann, vergrößert man die Unterliekslänge und nutzt die Höhe des Vorsegeldreiecks voll aus.*

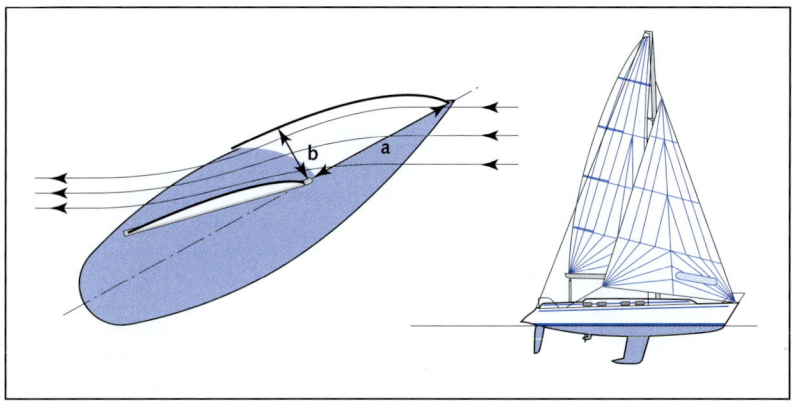

Abb. 126 *Mittelwetterbedingungen: Durch den gleichen Eingang a fließt mehr Luft. Dafür müssen wir auch den Ausgang b weiter öffnen. Das bedeutet nicht nur, den Vorschotholepunkt weiter nach außen zu verlegen, sondern auch, den Spalt zwischen Groß- und Vorsegel über die ganze Höhe weiter zu öffnen.*

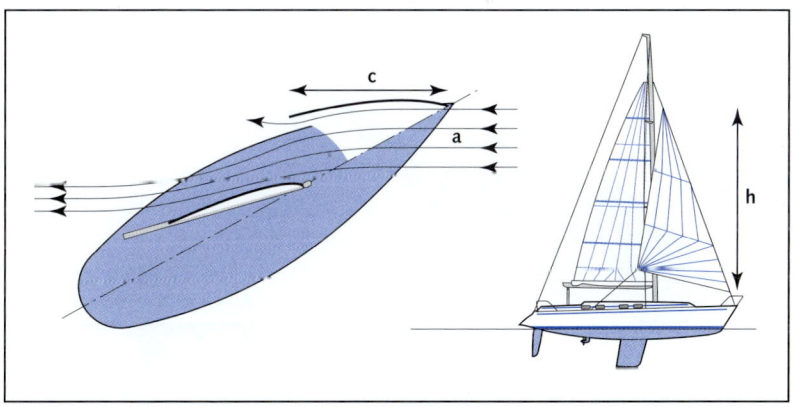

Abb. 127 *Starkwindbedingungen: Die Luft fließt noch schneller und drückt in der unveränderten Basisöffnung a noch mehr Masse zwischen beide Segelprofile. Die begrenzte Bootsbreite erlaubt es nicht, das Segel weiter nach außen zu schoten. Daher muss man die Vorsegelbreite c auf der gesamten Höhe h verkürzen.*

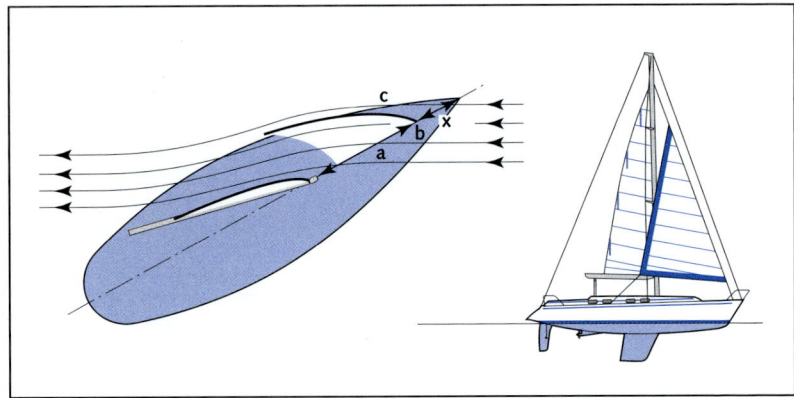

Abb. 128 Starkwindbedingungen, Alternative: Für die größere Windgeschwindigkeit vermindert man die Eingangsöffnung a durch Verkürzen der Basis b und lässt
dadurch nur einen Teil der Luftmenge zur Arbeit zu, während der andere (x) arbeitslos am Segel vorbeiströmt. Man nutzt die unveränderte Segelbreite c aus.

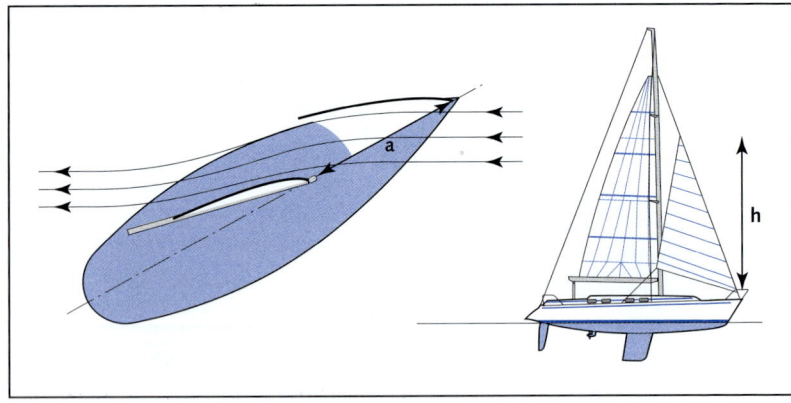

Abb. 129 Bei einem 3/4- oder 7/8-Rigg bleibt auch bei Starkwind der größere Teil
der Segelfläche im gerefften Großsegel konzentriert. Das Vorsegeldreieck wird
durch die Sturmfock weder horizontal (a) noch vertikal (h) ausgenutzt. So kann
das kleinere Vorsegel das Großsegel nicht mehr beeinflussen – und umgekehrt.

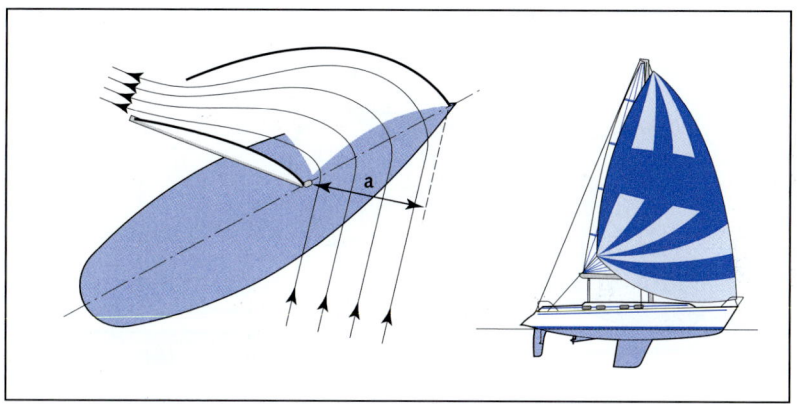

Abb. 130 *Auf allen raum-achterlichen Kursen verkürzt sich die dem Wind angebotene Grundfläche a beträchtlich. Weil weniger Windenergie als bisher in das Vorsegeldreieck einfließt, kann man ein größeres Vorsegel setzen und doch den Luftausgang eng halten. Eine Schotführung über die Großbaumnock ist möglich.*

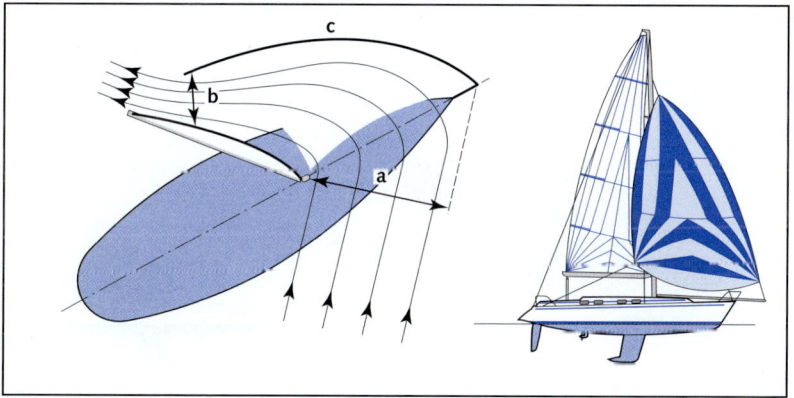

Abb. 131 *Bei Benutzung eines Bugspriets (oder eines Gennakerbaumes) verbreitert man die Eingangsöffnung a beträchtlich, lenkt mehr Windenergie in den Vorsegelbereich und kann sie durch die große Fläche eines asymmetrischen Vorsegels (c) für dessen Vortrieb wie zur Aktivierung der Großsegelströmung (b) verwerten.*

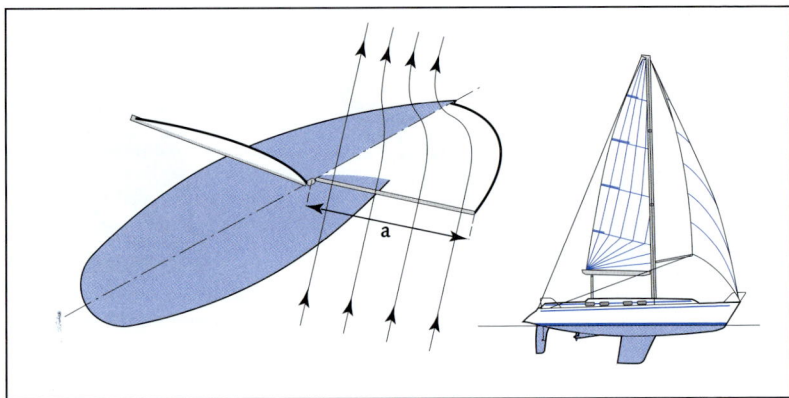

Abb. 132 Mithilfe des Spinnakerbaums bleibt die Vorsegelbasis a erhalten. Aber auch mit einer ausgebaumten größeren Genua nutzt man nur den äußeren Bereich des Lufteingangs aus. Ein Teil der Windenergie streicht am Vorsegel vorbei. Auch das Großsegel arbeitet auf diesem (fast) Vorwindkurs nur als Windfang.

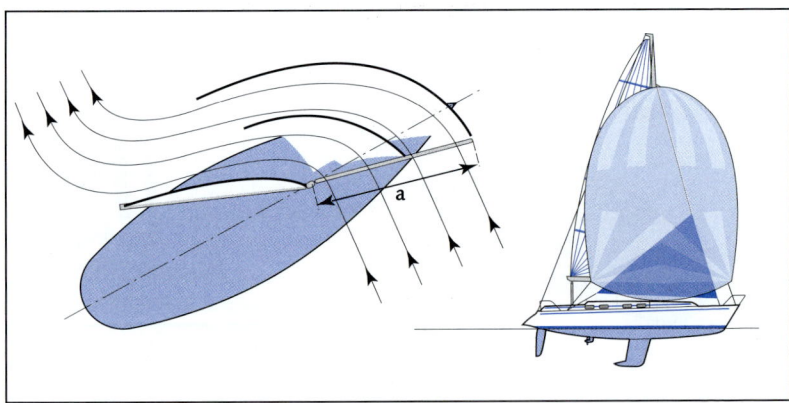

Abb. 133 Auf raum-seitlichen Kursen bleibt durch den Spi-Baum die Basislänge a immer erhalten, doch lässt die Spiere das bauchige Segel außerhalb des Vorsegeldreiecks arbeiten. Spinnaker und Großsegel wirken dadurch getrennt. Ein Untersegel im geteilten Luftkanal mit Doppeldeckereffekt kann nützlich sein.

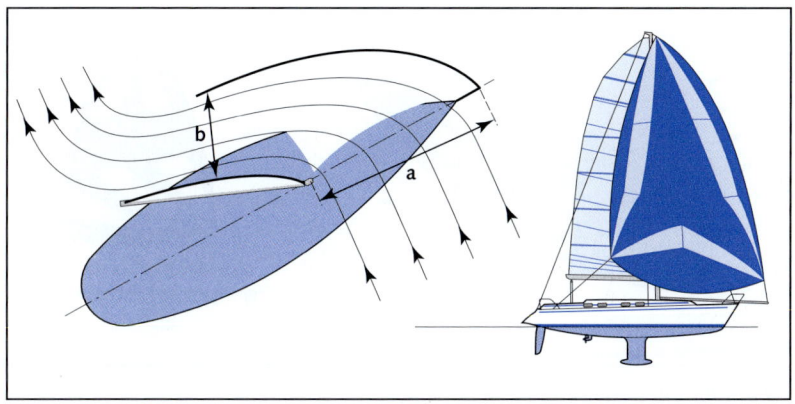

Abb. 134 *Das ist der Kurs für ein asymmetrisches Vorsegel, das an einem Bugspriet angeschlagen ist: Die Basislänge a des Vorsegeldreiecks wird dadurch um ca. 20 % vergrößert. Ein flach geschnittener Gennaker oder ein etwas völliger Blister können für die richtige Ausgangsöffnung b auch mit Beiholer geschotet werden.*

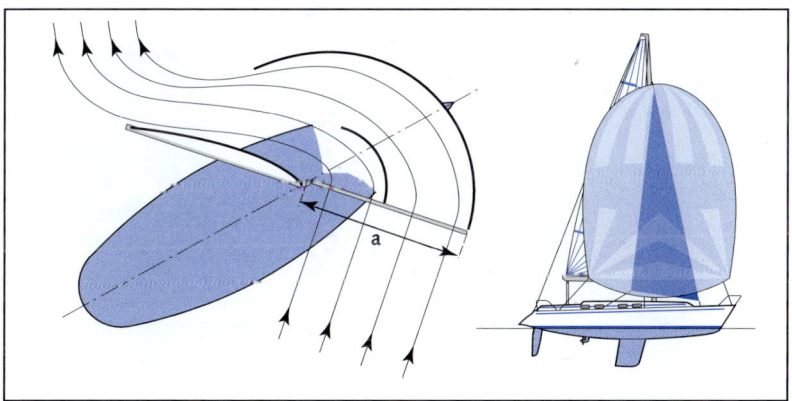

Abb. 135 *Ein vom Spi-Baum in die Windströmung angestellter Spinnaker dreht die Basis a auf raum-achterlichen Kursen optimal in die Richtung des (schwachen) Bordwindes. Das bauchige Segel kann (noch) mit einem günstigen Anstellwinkel arbeiten. Der Tallboy zwischen beiden Segeln erhöht deren Vortriebskräfte.*

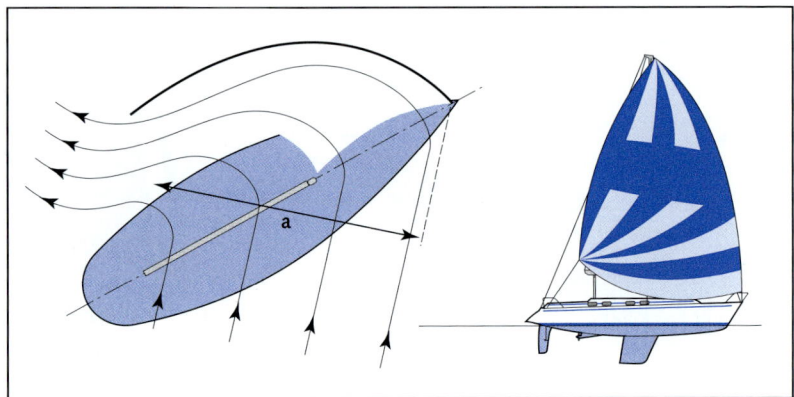

Abb. 136 *Setzt man anstelle der Genua I (LP-Maß 150 %) ein asymmetrisches Vorsegel, z. B. den bauchigeren Blister (LP-Maß 180 %), kann man mit doppelter Vorsegelfläche arbeiten. Da die Segel auf diesem Kurs ohnehin als Windfang arbeiten, berge man das Großsegel und nutze die ganze Bootsbreite als Basis a aus.*

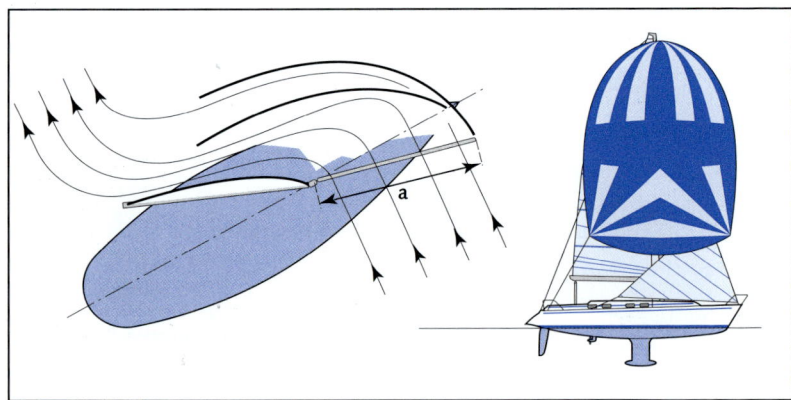

Abb. 137 *Wenn Boote mit einem verkürzten Vorsegeldreieck ihren flachen oder bauchigen symmetrischen Spinnaker an einem vorhandenen Masttoppfall setzen können, bleibt unter ihm die Luftströmung ungenutzt. Ein spezielles Untersegel füllt diese Lücke aus. Eine halb vorgeheißte Genua leistet den gleichen Dienst.*

7. Geometrische Vorsegel

Während ein Boot auf allen Kursen zum Wind und bei allen Windstärken bis hin zum Starkwindbereich mit nur einem Großsegel auskommen kann, muss es unter den gleichen Bedingungen meistens mehrere Vorsegel benutzen. Die-

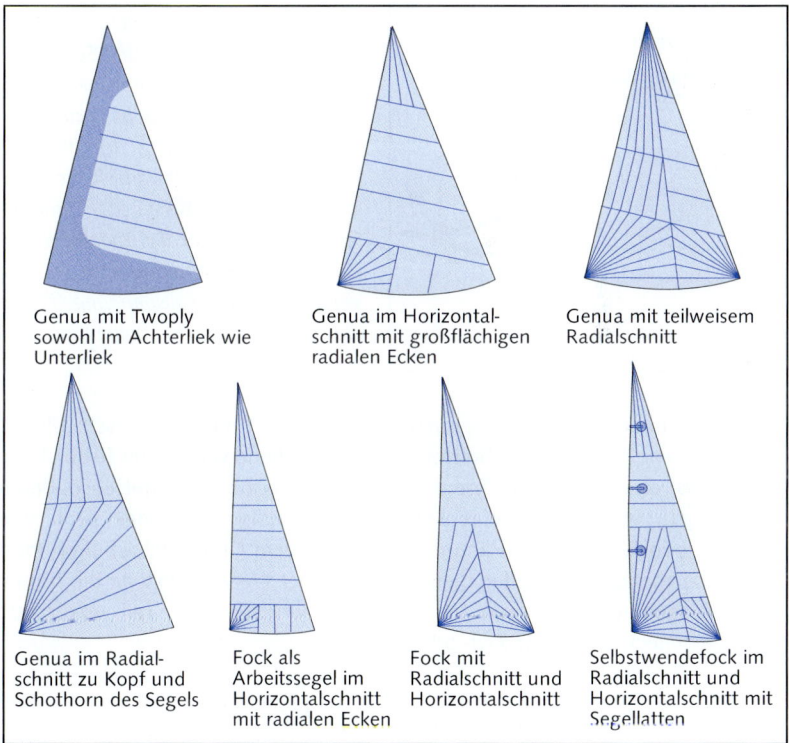

Genua mit Twoply sowohl im Achterliek wie Unterliek

Genua im Horizontal-schnitt mit großflächigen radialen Ecken

Genua mit teilweisem Radialschnitt

Genua im Radial-schnitt zu Kopf und Schothorn des Segels

Fock als Arbeitssegel im Horizontalschnitt mit radialen Ecken

Fock mit Radialschnitt und Horizontalschnitt

Selbstwendefock im Radialschnitt und Horizontalschnitt mit Segellatten

Abb. 138 *Verschiedene Macharten von Vorsegeln, deren Herstellung am Anfang des Kapitels »Das Großsegel« (in Abb. 71) erläutert wurde.*

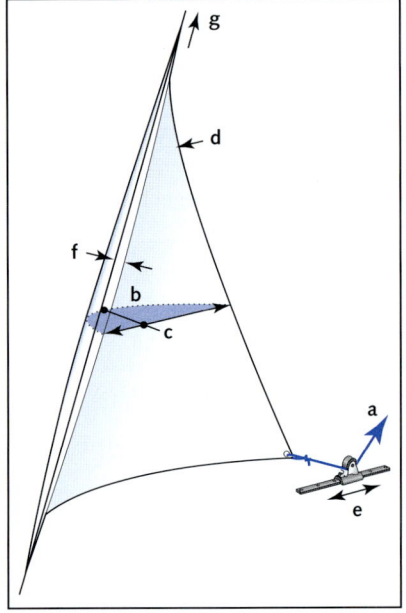

Abb. 139 *Trimmmöglichkeiten für ein Vorsegel: Die Vorschot ist die wichtigste Trimmhilfe (a). Mit ihrem Dichtholen und Fieren verändert man aber nicht nur die Stellung des Segels zur Mittschiffslinie, sondern beeinflusst auch die Segelform selbst, zum Beispiel die Segelwölbung (b), die Position der größten Profiltiefe (c) und die Verwindung (Twist) (d). Trimmhilfen sind außerdem das mögliche Verstellen des Schotholepunktes (e), die Veränderung der Fallspannung (f) und die unterschiedliche Spannung des Vorstags (g).*

se sind für ihren jeweiligen begrenzten Einsatz nicht nur in unterschiedlicher Größe gefertigt, speziell geschnitten und entsprechend verarbeitet (Abb. 138). Für sie gibt es verschiedene Trimmmöglichkeiten (Abb. 139) mit besonderen Trimmregeln, weil sie zum einen selbst eigenständige (Vor-)Segel sind, zum anderen jedoch auch im Zusammenwirken mit dem Großsegel arbeiten müssen. Diese Vorsegeltipps gelten meistens in gleicher Weise sowohl für die Trimmvorrichtungen von toppgetakelten Booten als auch für solche mit verkürztem Vorsegeldreieck, das heißt 7/8- oder 5/6-Riggs.

Die richtige Fallspannung als wichtige Trimmhilfe

Das Genuafall dient nicht nur zum Setzen eines Vorsegels. Es wird auch als Trimmhilfe benutzt, um über die Luvliekspannung die Segelleistung zu ver-

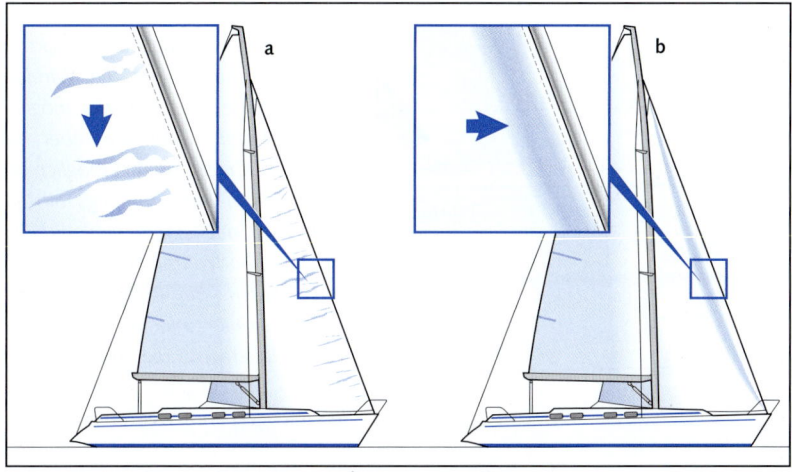

Abb. 140 *Senkrecht vom Vorliek und ins Segel hinein gebildete Falten (a) sind ein Zeichen dafür, dass das Fall nicht genügend durchgesetzt ist. Die Profiltiefe im Segelbauch liegt dann zu weit achtern. Dies ist nur bei wenig (Bord-)Wind günstig. – Bei entlang des Vorlieks gebildeten Falten ist das Vorsegelfall (zu) straff durchgeholt (b). Die größte Tiefe des Segelbauches hat sich jetzt nach vorn verlagert. Gute Einstellung für raue See, wechselnde Windgeschwindigkeit und leichtes Steuern.*

bessern: Bei größeren Windgeschwindigkeiten muss es mehr durchgesetzt werden, damit sich entlang des Vorlieks keine Wirbel erzeugenden horizontalen Falten bilden (Abb. 140a). Bei weniger Bordwind ist eine geringere Spannung, die für mehr Wölbung sorgt, vorteilhafter. Ebenso muss das Fall auf Kursen nach Luv so stark wie möglich durchgesetzt werden, damit das Vorsegel eine ungestörte Windanschnittskante erhält. Auf Kursen nach Lee kann man dem Fall wieder etwas Lose geben, sodass das Segel bauchiger wird.

Wenn eine Genua oder ein kleineres Vorsegel mit normaler Fallspannung gesetzt ist, schotet man es zur Standardposition der Leitöse für den entsprechenden Kurs zum Wind und prüft dann seinen Stand. Unter gegebener Windbelastung sollte die Vorliekspannung jetzt alle waagerechten bzw. senkrecht

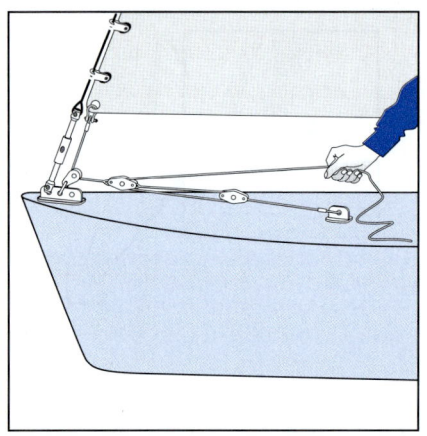

Abb. 141 Vorliekstrecker werden zwischen Vorsegelhals und Decksbeschlag geschoren, um die Windanschnittskante so straff wie möglich durchzusetzen, wenn dies über das Vorsegelfall nicht (mehr) möglich ist. Sie arbeiten am wirkungsvollsten, wenn sie (mit einem Umlenkblock am Bug) horizontal längs Deck geholt werden. Bei Rollvorsegeln benutzt man hierzu kleine vertikal wirkende Taljereeps, die mit eingerollt werden und gegebenenfalls im Hafen nachgespannt werden müssen.

zum Vorliek aufgetretene Falten im luvwärtigen Bereich des Segels beseitigt haben. Nur in sehr leichtem Wetter kann man einige von ihnen stehen lassen. Nimmt der Bordwind zu, werden sich die Falten wieder bemerkbar machen. Das bedeutet dann, dass man das Fall nachstrecken muss, ohne das Vorliek dabei extrem zu spannen. Längsfalten, die sich entlang des Vorlieks bilden oder sogar im Tuch wie in einer Wölbung parallel zu ihm entstehen, sind ein Zeichen dafür, dass das Vorsegelfall unter zu großem Druck steht (Abb. 140b). Die Falten vermindern auch den Vortrieb und sind gleichzeitig Anzeichen für ein mögliches Ausrecken des Segels in diesem Bereich.

Wenn die Vorsegelfallen auf einem langen Leinenweg aus der Plicht bedient werden, laufen sie dabei über mehrere zusätzliche Umlenkrollen, die viel Widerstand erzeugen, wenn man sie durchsetzen muss. Auch bleibt dann trotz Kraftanstrengung an der Winsch immer noch etwas Lose in der Verbindung bis zum Segelkopf. Sie kann nur mit einem Vorliekstrecker beseitigt werden (Abb. 141).

Will man das Vorsegelfall unterwegs stärker durchsetzen, muss man gleichzeitig die Schot etwas schricken. Es macht sonst Mühe, gegen den Winddruck im Segel zu arbeiten. Beim Durchsetzen des Luvlieks muss man auch das Leeliek des Vorsegels beachten. Es darf dabei nicht zum Rigg hin nach innen schwenken, das Achterliek schließen, die Luftströmung zwischen Großsegel und Vorsegel behindern oder gar abbremsen. Das Vorsegel darf sich bei der Trimmarbeit mit dem Fall auch nicht an die Salingnock anlehnen.

Durch die Fallspannung verändert man auch das Profil des Vorsegels und insbesondere die Lage der größten Profiltiefe zwischen Luv- und Leeliek. Bei starker Fallspannung verlagert sich die Profiltiefe (der Bauch oder die Segelwölbung) nach vorn, ca. 35 % der Sehnenlänge vom Luvliek entfernt (Abb. 142). Es ent-

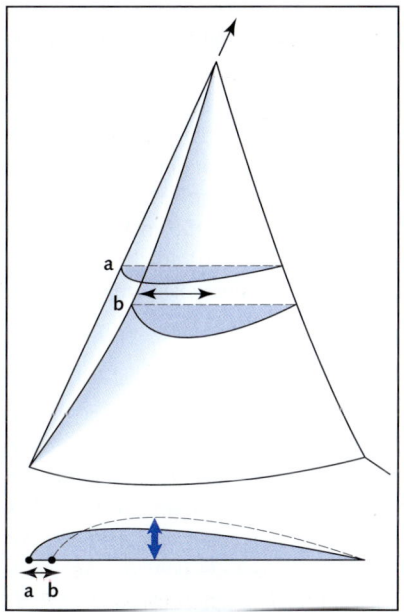

Abb. 142 *Über die Spannung des Vorsegelfalls verändert man die Lage der größten Profiltiefe zwischen Vor- und Achterliek und damit die Form des Segelprofils bzw. die Eignung des Segels für viel und wenig Wind: Mit großer Spannung verlagert man bei zunehmender Stärke des Bordwindes und auf Kursen nach Luv die Profiltiefe nach vorn (a). Wird das Fall in leichtem Wind nicht so stark durchgesetzt, wandert der tiefste Punkt des Profils und mit ihm der Bauch des Segels nach achtern (b). – Der gleiche Effekt wirkt sich auch durch die entsprechende Spannung des Vorstags aus: Ist es maximal gespannt, ist das Vorsegel im vorderen Bereich flach getrimmt und besitzt eine optimale Windanschnittskante (a). (Dies ist auch die übliche Festeinstellung bei einem richtig getrimmten (7/8-)Rigg, die man meistens nicht einseitig mechanisch verändern kann, ohne dabei auch gleichzeitig den Mastfall oder den Masttrimm zu beeinflussen.) Sackt das Vorstag jedoch unter Winddruck ab (hängt durch; b), dann nimmt der Bauch im vorderen Teil des Segels zu, und es entsteht eine Rundung an seiner Vorderkante, durch die man nicht mehr hoch genug an den Wind gehen kann.*

151

steht ein rund geformter günstiger Bereich hinter der Windanschnittskante. Das Segel wird dabei zum Leeliek hin abgeflacht. Dies ist die Einstellung für viel Wind. Dabei vermindert sich auch eine mögliche Krängung des Bootes, und das Vorsegel kann keine Luft mehr von Lee aus ins Großsegel drücken. Auch beim Segeln im Seegang ist eine starke Fallspannung wünschenswert.

Weniger Liekspannung, die durch leichte horizontale Querfalten erkennbar ist, verschiebt die Profiltiefe auf etwa 45 % der Segelsehne von vorn, flacht das Segel hinter dem Luvliek ab und lässt den Bauch mit dem Bereich der größten Segelkraft nach achtern wandern. Dies ist der richtige Trimm für leichtes Wetter. Wenn man den entstehenden Abwind ins Großsegel in Kauf nimmt und eine Krängung nicht ins Gewicht fällt, kann man immer noch hoch am Wind anliegen. Das Segel kann dann natürlich nur bedingt auf einen optimalen Anstellwinkel mit gleichmäßig auswehenden Windfäden geschotet werden.

Wer schnell segeln will, sollte Markierungen auf dem Fall vor dem Leinenstopper anbringen, zum Beispiel aus farbigem Takelgarn oder Isolierband, damit er genau ablesen kann, wie weit das Fall unter vorher geprüften Bedingungen gestreckt ist oder wieder gelöst werden muss (s. Abb. 156). In ähnlicher Form muss dann natürlich auch die holende Part der Halstalje gekennzeichnet sein.

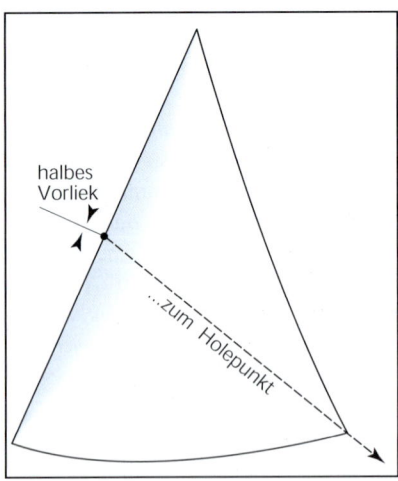

Abb. 143 So erhält man die Standardposition des Vorschotleitblockes für ein Segel: Man bestimmt die Mitte des Vorlieks und zieht von dort aus eine Gerade über das Schothorn zum Deck. Diese Festlegung ist in der Praxis einfach. Den Schotenzug stattdessen (als davon stark abweichende Richtung) als Winkelhalbierende zwischen Achter- und Unterliek zu ermitteln, ist an Bord schwieriger und ungenau.

Die Position des Vorschotholepunktes bzw. des verschiebbaren Leitblocks bestimmt die Spannung auf dem Achterliek des Segels und die Segelwölbung im Fußliekbereich. Generell gilt die Regel, dass die Schot in Richtung der Winkelhalbierenden des Schothorns wirken soll, sodass das Achterliek und das Unterliek gleich stark gespannt sind (Abb. 145). Als optimale Zugrichtung kann man sich auch die Linie denken, die in Verlängerung der Schotrichtung das Vorliek (quasi als Seitenhalbierende) auf halber Höhe zwischen Hals und Kopf trifft. Bei gesetztem Vorsegel lässt sich diese Richtung schnell und zuverlässig ermitteln (Abb. 143).

Bei einer überlappenden Genua, deren Unterliek fast die Wantenspanner berührt, sollten die Segelteile nahe der oberen Saling dann etwa eine Handbreit von der Salingnock entfernt bleiben. Steht das Unterliek unverändert, aber der obere Segelteil liegt an der Salingnock an, liegt die Leitöse zu weit vorn (Abb. 146): Man zieht sie dann nach achtern, damit sich der untere Segelteil streckt. Der Fußliekbereich des Segels flacht sich dann ab und öffnet gleichzeitig das Achterliek.

Berührt hingegen das Unterliek die Wantenspanner und der Toppbereich des Segels steht weit von der Salingnock entfernt, muss die Leitöse nach vorn rutschen (Abb. 144). Dadurch kommt mehr Zug auf das Achterliek, der Toppbereich rückt wieder näher an das Rigg heran und das Segel wird am Fußliek runder. Auf Amwindkursen und Kursen nach Luv ist es oft besser, die Leitöse etwas zu weit achtern zu fahren.

Eine andere Möglichkeit, die richtige Leitösenposition herauszufinden, besteht auf einem Amwindkurs darin

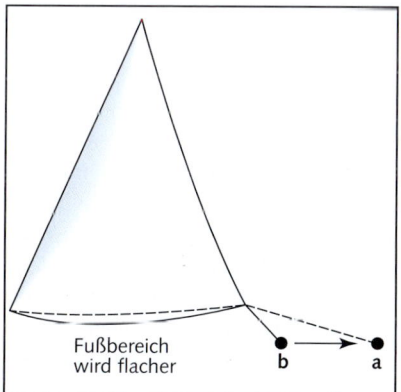

Fußbereich
wird flacher b a

Abb. 144 Zieht man den Vorschotleitblock nach achtern, wird der Fußbereich des Vorsegels flacher getrimmt (a). Verschiebt man ihn hingegen nach vorn, gibt man ihm dort eine größere Profiltiefe (b).

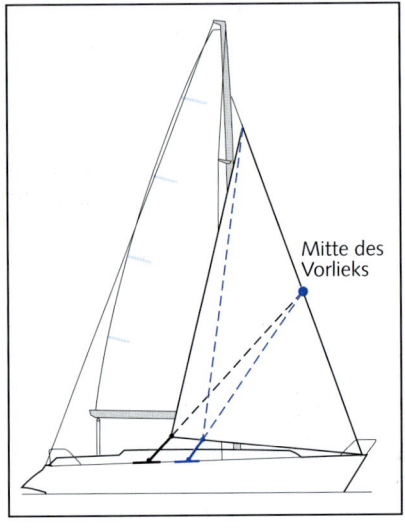

Mitte des
Vorlieks

Abb. 145 Wer (beim Rennsegeln) meh-rere unterschiedlich große Vorsegel benutzt, kann sich den entsprechen-den Schotwinkel auch am Schothorn jedes Segels mit einem Farbstrich oder einem auffälligen Klebeband in Richtung der Winkelhalbierenden markieren, um die Standardposition des Holepunktes schnell einstellen zu können.

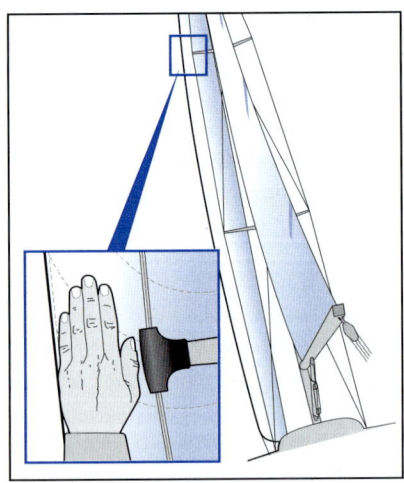

Abb. 146 Wenn man bei Mittelwet-ter einen optimalen Kurs hoch am Wind steuern will, sollte das Achter-liek der Genua eine Handbreit von der (oberen) Salingnock entfernt ste-hen. Bei viel Wind oder wenn man mehr Fahrt als Höhe laufen will, ver-größere man den Liekenabstand auf zwei Handbreit.

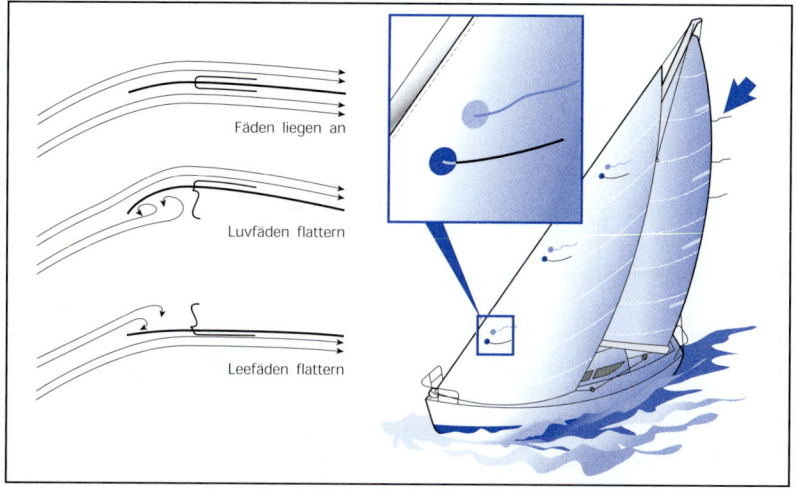

Abb. 147 Windfäden, Strömungsfäden, Fadensonden (oder engl. telltales) aus schmalen Nylon-Tuchstreifen, Wollfäden oder Garnresten, die unterwegs die Luftströmung entlang der Segelfläche anzeigen, sind etwa 10 cm lang und gut zwei Handbreit (20 – 30 cm) hinter dem Vorliek auf je 25 % seiner Länge angebracht. Meistens wehen sie vor einem winzigen Segelfenster, damit man ihr Verhalten auch auf der Gegenseite erkennen kann, und oft sind sie aus rotem Stoff für die Backbordseite des Segels und grünem für die Steuerbordseite gefertigt. Trimmfäden am Großsegel sind nur im oberen Bereich des Segels und an seinem Achterliek befestigt und sollen hier auch eine Verwindung anzeigen.

zu prüfen, wie gleichmäßig das Vorsegel zu flattern beginnt, wenn das Boot in den Wind dreht oder anluvt. Wenn es die Spannung auf dem Achterliek erlaubt, dass die oberen, mit relativ mehr Wölbung gefertigten und etwas mehr achterlich zum Bordwind angestellten Segelteile beim Wenden rechtzeitig kippen, wird das Segel auch über die gesamte Windanschnittskante gleichäßig von oben nach unten zu luven beginnen. Die Leitösenposition ist dann richtig. Windfäden (Abb. 147) sind die besten Trimmhilfen, um die richtige Leitösen-

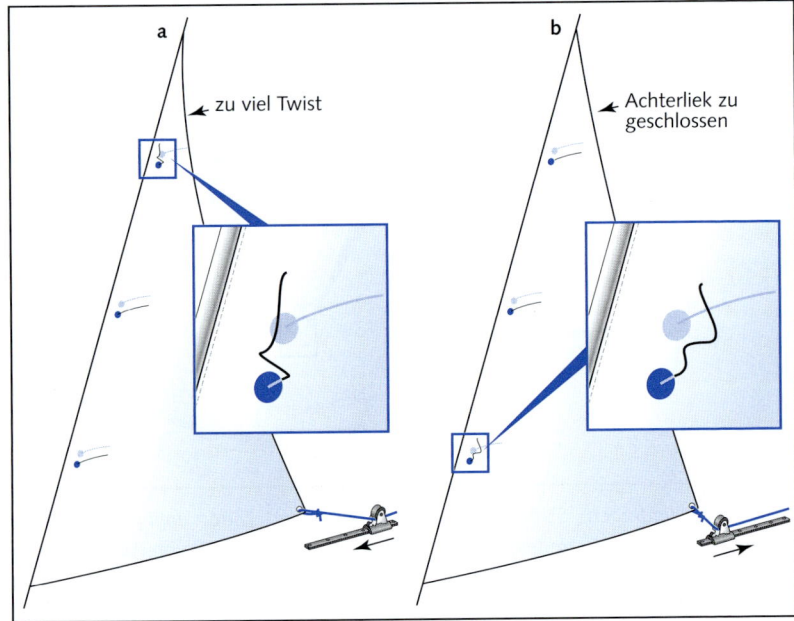

Abb. 148 *Wenn der obere Luvfaden zuerst zu flattern beginnt (a), ist die Verwindung in den oberen Segelteilen zu groß (= zu viel Twist), weil das Segel dort zuerst einfällt. Der Schotholepunkt muss dann weiter nach vorn geschoben werden, um die Spannung auf dem Achterliek zu vergrößern. – Wenn der unterste Luvfaden zuerst einfällt (b), hat das Segel nicht genug Twist. Der Holepunkt muss nach achtern verlegt werden. Dadurch verringert sich auch die Segelwölbung im Fußliekbereich, und die Spannung im Achterliek nach unten nimmt ab.*

position festzustellen: Wenn die oberen Luvfäden einen Augenblick eher zu flattern beginnen als die unteren nahe dem Fußliek, steht die Leitöse zu weit achtern. Denn der Toppbereich des Vorsegels sollte nur Sekundenbruchteile vor dem Unterlieksbereich Wind von beiden Seiten erhalten. Man schiebe die Leitöse dann nach vorn, damit das Schothorn niedergeholt wird (Abb. 148a), sich

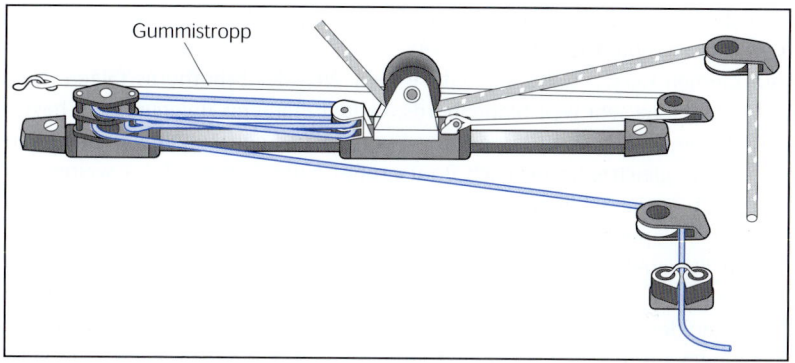

Gummistropp

Abb. 149 *Weil jedes Vorsegel auf diese Weise einen anderen Holepunkt erhält, gleitet der längsschiffs verstellbare Leitblock auf einer auf dem Seitendeck verankerten Schotschiene. Damit der Holepunkt auch für die wechselnde Windgeschwindigkeit und die verschiedenen Kurse zum Wind unterwegs jederzeit nach vorn oder nach achtern verschoben werden kann, ist der Leitblock mit leichten Taljen als Trimmleinen verbunden, die aus der Plicht bedient werden. Das neueste Modell benutzt einen umgelenkten Gummistropp als Rückholtalje, sodass nur eine einzige holende Part sowohl zum Nachvornholen des Vorschotschlittens als auch zum schnellen Achterausgleiten bedient werden muss.*

die Achterliekspannung erhöht und der Anstellwinkel des Segels korrigiert wird. Wenn die unteren Luvfäden jedoch zuerst flattern und die unteren Segelteile demgegenüber zuerst anzuluven beginnen, ziehe man die Leitöse nach achtern (b). Dadurch vermindert man die Spannung auf dem Achterliek, hebt das Schothorn an und sorgt für mehr Verwindung (Twist).

Kurz gesagt: Verschieben der Leitöse nach vorn sorgt für mehr Segelkraft durch größere Wölbung im Fußliekbereich und weniger Verwindung im Segel. Verschieben der Leitöse nach achtern vermindert die Segelkraft, flacht den Fußliekbereich ab und verstärkt die Verwindung.

Als Daumenregel kann auch gelten: Verschiebe den Leitblock von seiner normalen Position um 10 bis 20 cm nach achtern, wenn die Schot bei auffrischendem Wind dichtgeholt wird. Verschiebe den Holepunkt um etwa 5 cm von der Normalstellung nach vorn, wenn man in leichtem Wetter mit geschrickten Schoten segelt (Abb. 149).

Auf raumen Kursen sollte die Leitöse dem Weg des Schothorns folgen. Liegt die Leitschiene sehr weit binnenbords, verlegt man den Holepunkt am besten mithilfe eines Beiholers (Barberholers) von dort an den Außenrand des Schandecks und gleichzeitig (je nach Bootsgröße) einen halben Meter weiter zum Vorschiff. In die Schot wird hierzu ein (ständig gefahrener oder) schnell einsetzbarer Klappblock gehängt (Abb. 151), von dem aus die holende Part zu einem Umlenkblock führt, der in eine der Öffnungen der Fußreling eingeschäkelt wird. Von hier aus führt die Beiholerleine zum Feintrimm in die Plicht. Holt man den Beiholer bei entsprechend entlasteter Vorschot dicht, kann man mit einem zusätzlichen Holepunkt arbeiten. Gut ist es auch, wenn man stattdessen eine zweite Schot zu einem Block an der Fußreling anschlagen und diese direkt aus der Plicht bedienen kann.

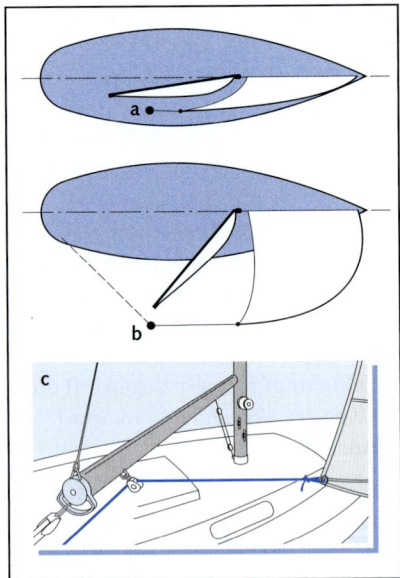

Abb. 150 *Auf Kursen nach Luv liegt der richtige Vorschotholepunkt immer auf dem Seitendeck (a). Auf Kursen nach Lee (von raum-achterlich bis vor dem Wind) möchte man ihn über die Bordwand hinaus weit nach außenbords verlagern (b).*
Dies ist legal nur über einen Beiholer möglich, der gleichzeitig bis nahe zum Heck geführt wird. Nach der IOR-Formel war jedoch auch der Großbaum ein zugelassener Genuaschot-Ausholer (c), um ein Vorsegel auf bestimmten Kursen optimal zu trimmen. Beim Fahrtensegeln kann man diese Schotführung natürlich auch anstelle eines Beiholers benutzen.

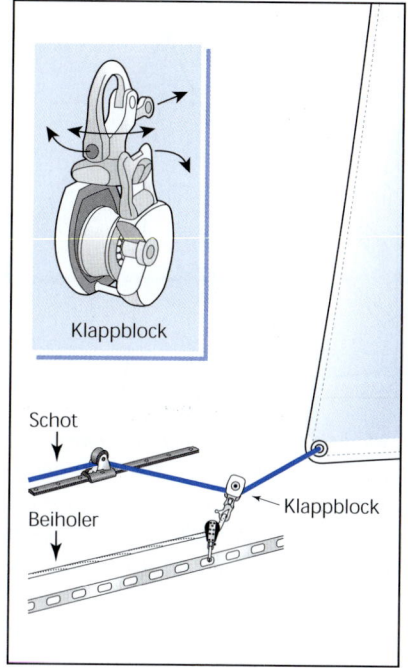

Klappblock

Schot

Beiholer

Klappblock

Abb. 151 Mit einem Beiholer, der in vielen Positionen an der Fußreling angeschlagen werden kann, lässt sich der Schotholepunkt (für alle Vorsegel!) sowohl nach außen und innen als auch nach vorn verändern. Man klinkt ihn mit einem Klappblock in die Schot ein und bedient ihn in Ergänzung zu ihr ebenfalls aus der Plicht.

Bei einem abgeflauten Bordwind wird das Vorsegel auf raumen Kursen weniger belastet. Bei richtiger Schotführung werden dann die oberen Segelteile zuerst zu killen beginnen, und die Windfäden im unteren Bereich werden ohnehin die meiste Zeit schlapp nach unten hängen. Für die Position der Leitöse orientiere man sich dann an den Windfäden im mittleren Segelteil. Sie sollten auch raumschots immer korrekt auswehen.

Mit der Spannung des Vorstags verändert man die Form des Vorsegelprofils und bestimmt gleichzeitig seine Rundung hinter dem Vorliek. Damit das Vorsegel seine optimale Form behält, die der Segelmacher hineingearbeitet hat, muss das Vorstag immer straff gespannt sein. Das Segel ist dann in seinem vorderen Bereich flach getrimmt (Abb. 152), die größte Profiltiefe liegt am Ende des ersten Drittels, und das Segel kann auf Amwindkursen mit einem kleinen Windanstellwinkel arbeiten.
Ein durchhängendes oder zu lose gespanntes Vorstag wirkt sich nachteilig auf die Segelwölbung bzw. Profiltiefe des Vorsegels aus. Mehr Durchhang vergrößert die Wölbung, bewirkt eine rundere Windanschnittskante, vergrößert die Profiltiefe, macht das Segel bauchiger und sorgt für mehr Segelkraft. Die-

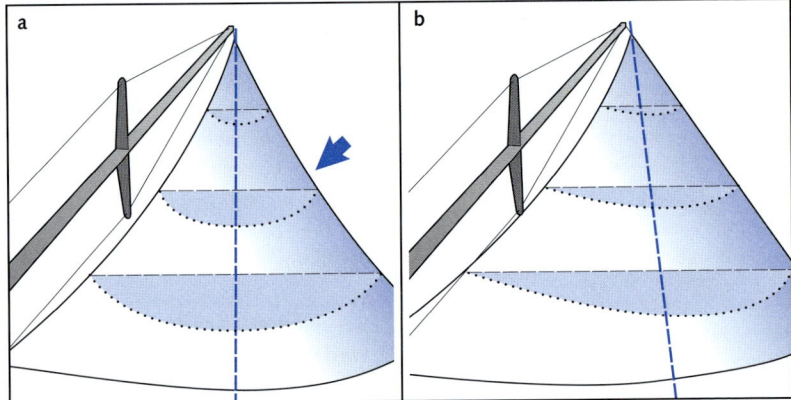

Abb. 152 Das Durchsacken des Vorstags merkt und erkennt man unterwegs, ins-besondere auf einem Amwindkurs bei einer Vollzeugbrise (a): Das Vorsegel ist bauchiger geworden, seine Profiltiefe hat sich zum Achterliek verlagert. Bei einem Boot mit Topptakelung stellt man sich dann an den Bug, prüft das Durchsacken, geht kurzzeitig auf einen Vorwindkurs, zieht die Spannschraube am Pütting ent-sprechend weiter an, kehrt zur Prüfung auf den Amwindkurs zurück und wieder-holt diese Arbeit schrittweise, bis der Durchhang beseitigt ist (b) und sich die Segelwölbung abgeflacht hat.

Abb. 153 Die wichtige Achterstagspannung, die bei toppgetakelten Booten die Vorstagspannung reguliert, wird bei den verschiedenen Streckvorrichtungen un-terschiedlich markiert: Bei Taljen, die Hahnepotläufer in Decksrichtung ziehen, genügen Klebebänder um die holende Part in unterschiedlichen Farben, die dabei ohnehin weite Abstände voneinander haben. Ähnliche Markierungen auf dem Draht des Achterstags, bis zu denen man die Taljenblöcke holen kann, halten die entsprechende Spannposition nicht so genau fest. Bei einfachen Spannschrauben (a) und den verschiedenen Handradspannern (b, c) kann man sich nur die maxi-male (erlaubte) Strecklast mit Klebebändern um das Gewinde bzw. die Drehhülse markieren, bis zu der man drehen und spannen kann. Der Trimmbereich liegt

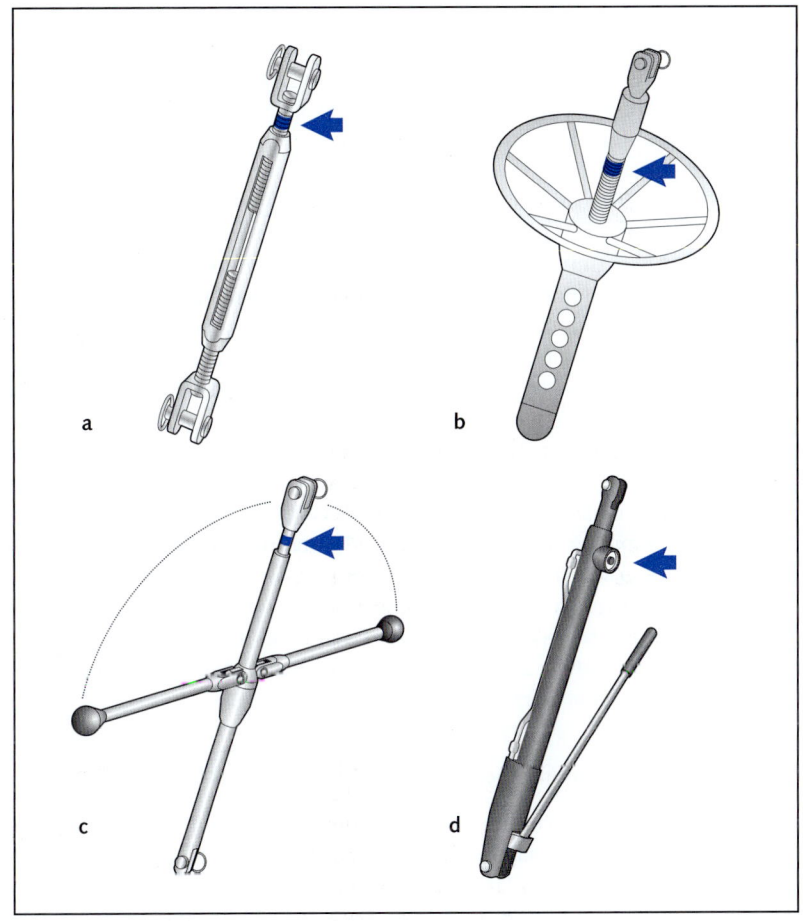

dann darunter. Überzieht man diese (meist werftseitig angegebene) Position, könnte es zu Deformierungen des Rumpfes bzw. Schäden am Rigg kommen. Bequem sind hydraulische Strecker (auf größeren Yachten, d) mit eingebautem Manometer, auf dem sich die gewünschte Achterstagspannung genau ablesen lässt.

se Entwicklung ist zwar in leichtem Wind bis zu mittlerem Wetter wünschenswert, wenn das Boot auch ruhig etwas überliegen kann und man mehr Fahrt zu gewinnen sucht. Sobald das schnell segelnde Boot aber in zunehmendem Wind stark zu krängen beginnt und seinen Amwindkurs nicht mehr hoch genug anliegen kann, muss man gegen den Durchhang arbeiten und ihn zu reduzieren versuchen.

Auf toppgetakelten Booten kann man die Vorstagspannung in begrenzten Maßen über die Achterstagspannung vergrößern. Hierzu gibt es viele seemännische Hilfsmittel (s. Abb. 85), die ich bereits im Kapitel »Das Großsegel« zeigte. Zur Feinabstimmung kann man Markierungen benutzen, bis zu denen das Achterstag gespannt werden muss, um den gewünschten Spannungseffekt für das Vorstag zu erhalten. Bei Hahnepot-Achterstagen markiert man sich am besten die Strecke, die die Rollen auf dem Drahttauwerk Richtung Deck oder Heckkorb niedergeholt werden sollen. Bei einem Drehspanner merkt man sich die entsprechenden Raddrehungen für den gewünschten Spanneffekt (Abb. 153).

Auf Booten mit Siebenachtel- oder Fünfsechstel-Rigg mit geraden Salingen kann die richtige Spannung der Oberwanten und insbesondere die Benutzung von Backstagen den Durchhang vermindern. Bei einem Siebenachtel-Rigg oder Fünfsechstel-Rigg mit geschweiften Salingen ist die Vorstagspannung durch die Wanten gegeben. Man kann dann kaum auf sie einwirken. Auch auf toppgetakelten Booten ohne Spannvorrichtung am Achterstag lässt sich die Vorstagspannung unterwegs nicht verändern.

Der Schotenzug beeinflusst jede mögliche Arbeitsstellung des Vorsegels

Als wichtige Trimmeinrichtung ändert sich die Schotführung nicht nur mit der Zu- und Abnahme der Windgeschwindigkeit und der Art und Änderung des Seegangs. Raumschots gilt als Hauptregel: Im Zweifelsfalle fiere die Vorschot so weit wie möglich auf. Stecke sie aus, bis das Segel gerade zu flappen beginnt, und belege sie an der Grenze des Killens. Gebe Schotlänge vorsichtig Hand über Hand aus, bis die Windfäden im Mittelteil der Genua geradlinig nach achtern auswehen (Abb. 158). Hängen die Windfäden schlapp nach unten oder flattern sie auf der Leeseite, ist das Segel vertrimmt.

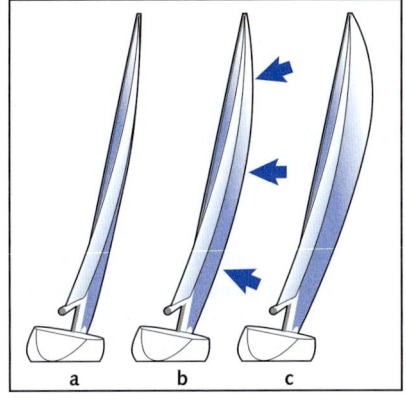

a   b   c

Abb. 154 *Im Kapitel »Das Großsegel« wurden in Abb. 94 die Begriffe »offenes« und »geschlossenes Achterliek« erklärt. Bei einem Vorsegel wird das Achterliek im Allgemeinen zu sehr geschlossen (a), wenn der Vorschotholepunkt zu weit vorn liegt. Andererseits sorgt eine zu weit nach achtern gerückte Holepunktposition, dass sich das Achterliek zu weit öffnen kann (c). Auch hier kann man am besten von einem Platz am Heck aus (auf heutigen Serienyachten ist es ohnehin die Rudergänger-Position) erkennen, ob das Achterliek des Vorsegels in einer harmonischen Kurve zur Wölbung des Großsegels verläuft (b) und das Vorsegel mit richtigem Holepunkt optimal getrimmt ist.*

Zum optimalen Trimmen gehört es, raumschots in böigem Wetter die Vorschot aus der Hand zu fahren, damit man in jedem Böenstoß die Schot schricken kann. Im Gegensatz dazu muss die Schot in jeder kurzen Böenpause wieder entsprechend angeholt werden. Führt das Boot in einer Bö zu viel Segelfläche und krängt es dementsprechend stark, kann man auch die Schot kurz schricken, bis das Segel killt, und somit die überschüssige Windkraft sicher ausschütteln.
Auf Kursen nach Luv und beim Aufkreuzen gegen den Wind heißt die Grundregel: Das Vorsegel so dicht wie möglich zum Rigg schoten, ohne dass das Boot dabei zu viel Fahrt verliert. Je dichter die Schot geholt ist, desto höher kann das Boot am Wind anliegen, aber es wird dabei nicht seine größte Luvgeschwindigkeit erreichen. Wie weit man das Segel nach innen trimmen kann, hängt von der Windgeschwindigkeit ab und der Fahrt selbst, die das Boot dabei noch läuft. Und davon, ob man der Höhe oder der Geschwindigkeit den Vorzug geben will.
Bei viel Wind kann ein Vorsegel dichter getrimmt werden, ohne dass das Boot Fahrt verliert, und es wird seine Höhe halten. Bei wenig Wind kann dies schon

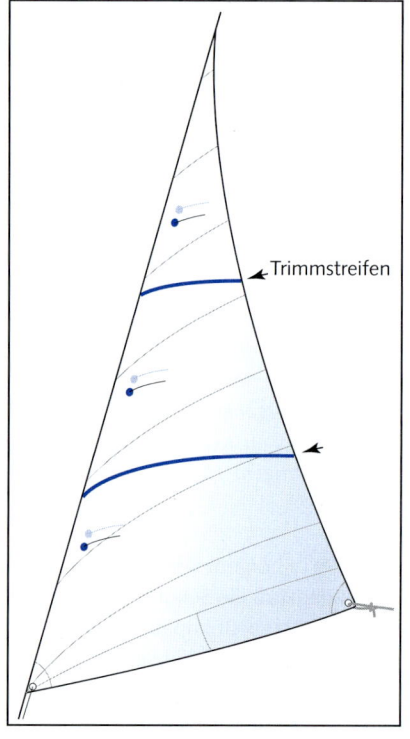

Trimmstreifen

Abb. 155 Schmale Trimmstreifen aus farbigem Tuch, die vom Vorliek zum Achterliek und meistens parallel zum Unterliek verlaufen, helfen das einge- arbeitete Segelprofil deutlicher zu markieren. Den Verlauf der Luftströ- mung zeigen Trimmfäden an.

ein Vertrimmen des Segels sein, und das Boot wird es durch weniger Fahrt anzeigen. Man beherzige immer die Grundregel auf einem Amwindkurs: Zuerst Geschwindig- keit erreichen und dann erst Höhe zum Wind laufen. Also erst noch ohne voll durchgesetzte Schot an den Wind gehen, und wenn das Boot dann anspringt, die Schot nach und nach mehr dicht holen, bis die optimale Fahrt bei entsprechender Höhe zum Wind erreicht ist.

Bei überlappenden Vorsegeln ist ihr Abstand von der oberen Saling ein guter Orientierungspunkt. Wie groß er bei den entsprechenden Wind- und Seegangsbedingungen sein darf, muss eine Crew mit ihrem Boot bei Trimmfahrten ermitteln. Bei nicht über- lappenden Vorsegeln sollte man Trimmstreifen auf verschiedenen Segelhöhen ungefähr waagerecht vom Vorliek zum Achterliek anbringen. Wenn dann das Segel innerhalb der Salingnock geschotet ist, kann man das senkrechte Ach- terliek und die farbigen waagerechten Streifen (Abb. 155) als Trimmhilfen be- nutzen.

Natürlich bestimmen Länge und Position der Salinge, die Lage der Genuaschot- schienen an Deck, die Bootsbreite und auch die Form des Unterwasserschiffes, wie man ein Vorsegel optimal unter allen Bedingungen schoten sollte. Auf extre-

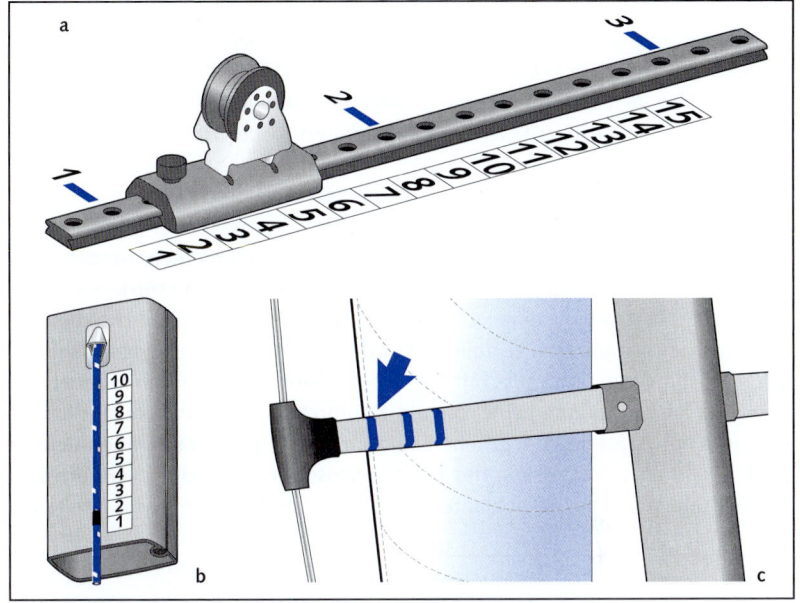

Abb. 156 *Für die Stellung des Vorschotwagens legt man am besten neben der Schiene Markierungen an (a), zum Beispiel innen mit einfachen Farbstrichen und Ziffern zum Trimmen der kleineren Segel und außen mit einer Zahlenskala für die größere Genua. Man geht dann von der Standardposition, zum Beispiel 9 auf dieser Latte, aus und nummeriert die Löcher zum Einrasten des Schotwagens nach achteraus bis 1 und nach voraus bis 15. Die Markierungen können mit Leuchtfarbe direkt auf dem Deck oder dort mit Klebeskalen angebracht werden. – Die Spannung der Fallen markiert man am besten an jenen Stellen, wo sie den Mastfuß verlassen bzw. in die Stopperbatterie einlaufen (b). Farbiges Klebeband um die holende Part reicht für die Kennzeichnung der maximal drei unterschiedlichen Trimmpositionen aus. Eine detailliertere Zahlenskala an von Deck schlecht einsehbarer Position am Masttopp können sich nur Rennsegler leisten. – Wie dicht eine nicht überlappende Fock I mit ihrem Achterliek geholt werden soll, kann man durch (unterschiedliche) Farbstreifen an der (oberen) Saling, die jeweils gut einen*

Finger breit auseinander liegen, auch von Deck erkennbar gut kennzeichnen (c). –
Beim Großsegel kann man sich die Position des Unterliekstreckers entweder mit
einfachen Farbstrichen (Klebeband) oder mit einer Zahlenskala an der Baumnock
merken. Man geht dann z. B. vom gestreckten Achterliek = 1 aus und markiert
die Lose für ein bauchiges Segel in Zentimetern bis 5 oder 10.

men Rennyachten kann man erfahrungsgemäß die Vorschot dichter trimmen
als auf bequemen Fahrtenbooten. Für beide Besatzungen aber gilt: Was man
auf Trimmfahrten ermittelt hat, sollte man sich nicht nur merken, sondern auch
am stehenden oder laufenden Gut deutlich markieren (Abb. 156).
Wenn das Vorsegel an seiner Achterkante zu lebendig ist, das Achterliek killt
oder das Liek sogar nach Lee umknickt und sich damit das aerodynamische Profil ungünstig verändert, muss mit der Regulierleine (Abb. 157) gearbeitet werden. Das ist eine dünne Leine, die am Kopfbrett des Segels befestigt ist und
im Saum des Achterlieks ungesehen bis zum Schothorn verläuft. Hier dient sie
gegebenenfalls zur Straffung des Lieks, insbesondere bei alten, ausgereckten
Segeln, und stützt die Ablasskante des Segels. Zum Verstellen wird ihre holen-

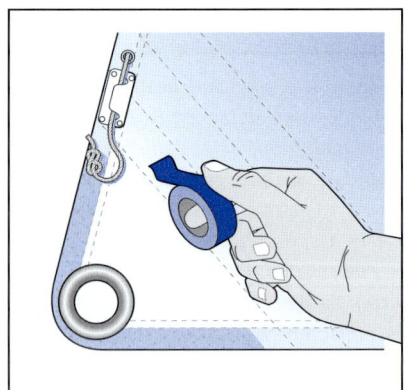

Abb. 157 *Ständiges und starkes Killen,*
das man nicht nur sehen, sondern auch
hören kann, führt dazu, dass das Ach-
terliek des Segels leicht nach Luv
gedreht wird und somit ein (ständig)
»geschlossenes Achterliek« mit seinen
Negativauswirkungen entsteht, wenn
man nichts dagegen tut. Dafür ist in
das Achterliek eine Regulierleine ein-
gezogen, die mit ihrer holenden Part
am Schothorn austritt und die man in
solchen Fällen einfach vorsichtig span-
nen kann, bis das Killen aufhört. Die
kleine Liekklemme überdeckt man mit wasserfestem Klebeband, damit sich ein Vor-
segel I hier nicht verhaken kann, wenn es beim Übergehen während des Wendens
an den Wanten schamfilt.

de Part in einer winzigen Tauklemme über der Schothornöse gehalten. Ihr Tampen ist dort am besten abgeklebt.

Windfäden können die richtige Position des Vorschotholepunktes (des Leitblocks) insbesondere auf einem Amwindkurs zu bestimmen helfen. Sie sind aber

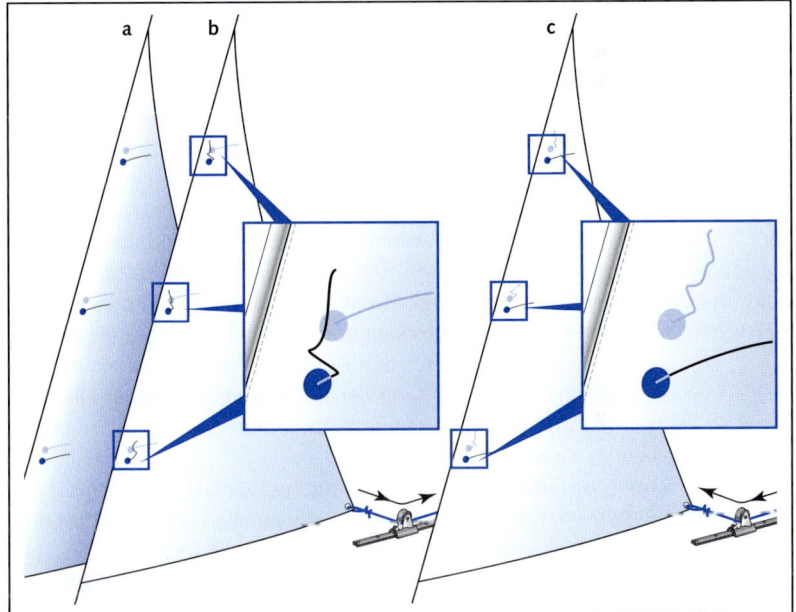

Abb. 158 *Windfäden helfen, das richtig getrimmte Vorsegel hoch am Wind (beim Kreuzen) auf einem optimalen Anstellwinkel zu halten: Alle Windfäden wehen dann stramm nach achtern aus (a). Wenn die Luvfäden steigen bzw. flattern: Der Rudergänger steuert zu hoch; er muss etwas abfallen (b). Wenn die Fäden an der Leeseite des Vorlieks steigen bzw. flattern: Der Rudergänger hält zu voll; er muss etwas anluven. Auf einem raumen Kurs korrigiert man die Anzeigen der Windfäden mit der Vorschot: die Schot dichter holen (oder etwas abfallen), wenn die Luvfäden steigen bzw. flattern (b), die Schot fieren (oder etwas anluven), wenn die Leefäden steigen bzw. flattern (c).*

auch nützlich, um auf raumen Kursen zu erkennen, wie weit man die Schot fieren muss und wie straff man sie durchsetzen kann (Abb. 158). Auf einem optimalen Amwindkurs ist das Vorsegel zur maximalen Kraftentfaltung richtig getrimmt und die beste Leitösenposition hergestellt, wenn die Fäden beidseitig glatt am Segel anliegen und waagerecht nach achtern auswehen. Wenn die Fäden an der Leeseite flattern oder herunterhängen, ist das Boot zu weit abgefallen, und der Rudergänger muss leicht anluven, um auf den optimalen Kurs zurückzukehren. Heben die inneren Fäden (an der Luvseite) ab und flattern, muss der Rudergänger etwas abfallen, außer die unerwünschte Krängung wird dabei zu groß.

Bis zu einer Vollzeugbrise sollten sich die Fäden auf der Luvseite des Segels immer bewegen, etwas vom Segel abheben und um etwa 45° zur Waagerechten nach oben und achtern auswehen. Das ist ein Zeichen dafür, dass man so hoch wie möglich am Wind segelt. Bei mehr Wind, wenn das Boot überliegt und der Rudergänger Luvgierigkeit mit Fahrt hemmender Ruderlage korrigieren muss, zeigen die Fäden nach oben und bleiben hier, wie eine Feder zitternd, stehen. Das ist ein Zeichen für den Rudergänger, so hart wie möglich an den Wind zu gehen, ohne Beachtung der flatternden Windfäden die Krängung zu vermindern und den Ruderdruck aufzuheben. Jetzt ist nur noch das Abwettern das erste Gebot.

Am besten schreibt sich der Moses, wenn er Rudergänger ist, hinter die Ohren:
• Wenn die Luvfäden flattern, muss man entweder abfallen oder die Schot dichter holen oder den Vorschotholepunkt nach achtern verschieben.
• Wenn die Leefäden flattern, muss man entweder anluven oder die Schot fieren oder den Vorschotholepunkt nach vorn verschieben.

Aus der Baumfock wurde die Selbstwendefock

Eine Baumfock gehörte schon vor nahezu einhundert Jahren zur Segelgarderobe, denn sie war auf den ausnahmslos motorlosen kleinen Seekreuzern das ideale Vorsegel zum Aufkreuzen enger Fahrrinnen (Abb. 159). Der Rudergänger allein konnte ohne Bedienen der Schoten (und ohne Vorschotmann) stundenlang aufkreuzen, wo schnelle Wenden am laufenden Band nötig waren, um nicht unmittelbar hinter den Pricken aufzubrummen. Das Prinzip hat sich bis

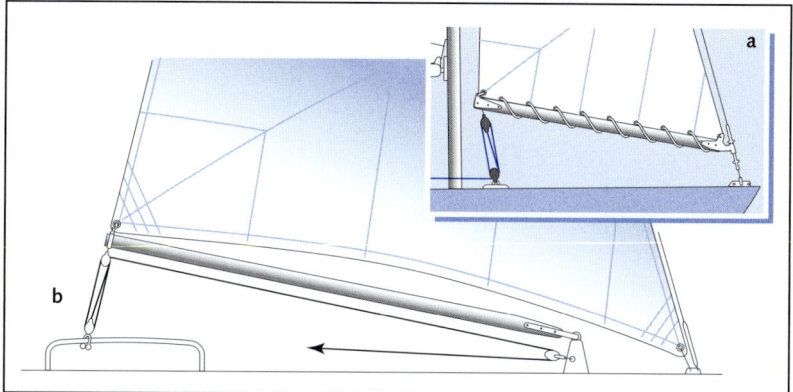

Abb. 159 *Die ursprüngliche Baumfock war an einer Spiere angereiht, die drehbar am Vorstag in Spannschraubennähe befestigt war (a). Später wurde der verkürzte Fockbaum zum Ausbaumen des losen Unterlieks drehbar an einem Lagerbock angeschlagen (b), an dem auch der Umlenkblock für die mit einer Talje über einen Leuwagen geführte Fockschot befestigt war. Der Leuwagen wird auch heute noch für die Schotführung einer Selbstwendefock benutzt.*

heute erhalten – nur der Name hat sich gewandelt, weil durch den heutigen Einsatz von Segelmaterialien wie Dacron, Spectra oder sogar Kevlar die Kräfte der Vorschot direkt über eine Metallplatte am Schothorn auf die Schotschiene übertragen werden können (Abb. 160). Und anstelle des früher üblichen Leuwagens (Abb. 161) benutzt man vor dem Mast auch eine Travellerschiene, auf der die Selbstwendefock, ihrem neuen Namen gemäß, beim Wenden automatisch und reibungslos von einer Seite zur anderen wechseln kann.

Die Selbstwendefock hat mit 95 % des I P-Maßes nahezu die Normgröße einer Fock I und eine Fläche von ca. 65 % der größten Genua. In ihrer aerodynamischen Leistung entspricht sie der viel größeren Genua III. Sie kann als Rollfock gearbeitet sein oder als herkömmliches Vorsegel mit einer durchgehenden Segellatte im Toppbereich, um mehr Profil und damit eine größere Segelleistung zu erhalten. Am Schothorn ist eine nahezu gerade oder im leichten Winkel zum Unterliek angestellte Lochschiene mit mehreren Ausnehmungen zum Einpicken

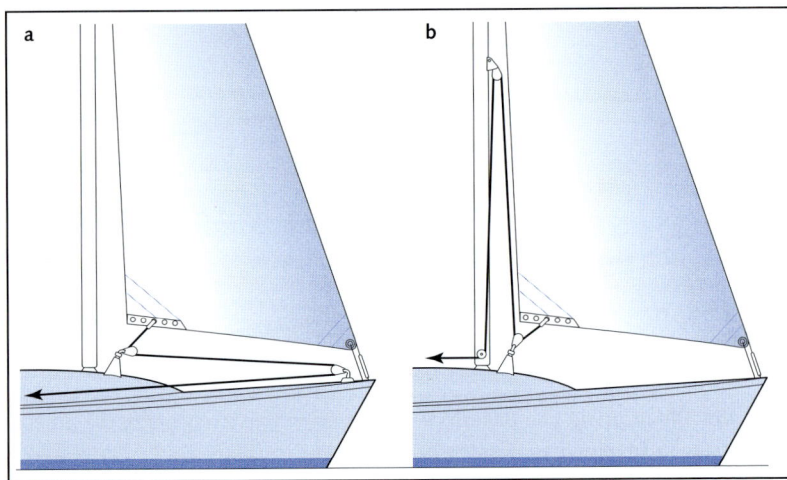

Abb. 160 Die Entwicklung neuartiger und besonders formstabiler Segeltuche machte bei der Selbstwendefock, die im Verhältnis zu ihrer Segelfläche durch ihre schlanke Form sehr großen Vortrieb erzeugen kann, den Fockbaum überflüssig. Die Schot kann entweder wie bisher über einen Leuwagen bzw. eine Travellerschiene zu einem Bugbeschlag (a) und von dort in die Plicht geleitet werden. Oder: Steht der Platz auf dem Vordeck (durch Luk, Ankerwinsch oder andere Beschläge) nicht zur Verfügung, kann die Vorschot auch zu einem Umlenkblock am Mast mannshoch über Deck (b) und einen zweiten Umlenkblock zurück zum Mastfuß geführt werden.

Abb. 161 Bei modernen Selbstwendefocks konnte der seemännische Umgang erheblich erleichtert werden: Anstelle der Travellerschiene feierte der Leuwagen eine Wiedergeburt. Wenn auf ihm ein Doppelblock gleitet, der die Schot von einer festgemachten Part auf einer Bootsseite über eine Lochplatte am Schothorn zur anderen Seite und die holende Part dann über Deck zur Plicht leitet (a), verändert sich die eingestellte Schotlänge nicht. – Bei einer Bogenschiene wird der Travellerschlitten mit zwei Einzelblöcken nebeneinander bestückt, um den gleichen Effekt zu erzielen (b). – Eine zusätzliche Trimmmöglichkeit bietet die Lochplatte am Schot-

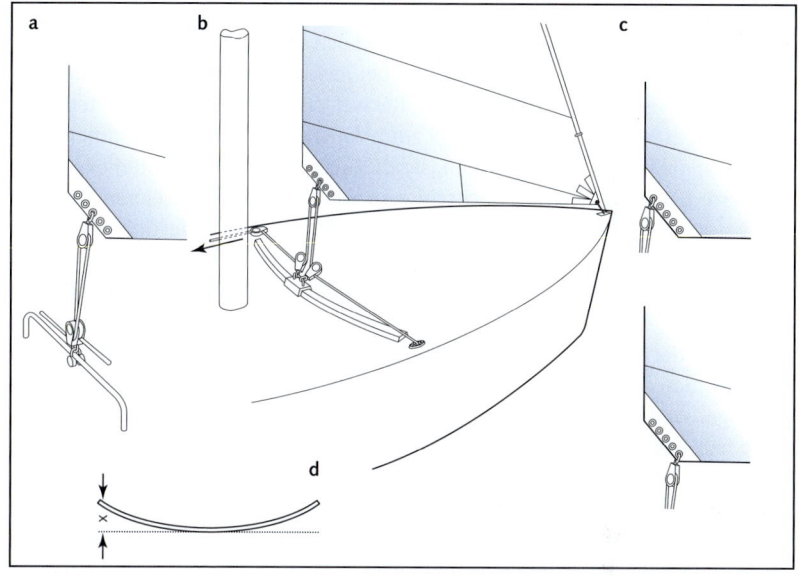

horn, an der die Fockschot angreift: Sie ist üblicherweise in der Mitte der Lochplatte angeschäkelt. Bei leichtem Wind erhält sie ihren Platz im oberen Loch (c).
Dann ist das Segel etwas bauchiger getrimmt und das Achterliek gestrafft und geschlossen. Bei viel Wind befestigt man sie im unteren Loch, um das Segel flach zu
trimmen, das Achterliek zu öffnen und gleichzeitig Windkraft zu verschenken. –
Während bei einer gebogenen Schiene das Schothorn mit immer gleichmäßigem
starkem Zug niedergeholt wird (d) (und der Schlitten beim Übergehen während
des Wendens leicht klemmen kann), erhält die Selbstwendeschot an einem Leuwagen (a) während des Bugwechsels etwas Lose. Der Schotblock rutscht dadurch
schlagartig zur anderen Seite und die Fock zuverlässig in die ursprünglich getrimmte Position wieder hinein. Der messbare Abstandsunterschied x an den Enden von Leuwagen und Schiene (von ca. 5 – 10 cm, Abb. d), der das Übergehen
des Schotringes bei einem Leuwagen durch kurzzeitiges Nachgeben erleichtert,
kann gegebenenfalls auch (ganz oder teilweise) dem entsprechend verlängerten
Unterliek (und damit der gesamten Segelfläche) zugute kommen.

der Vorschot befestigt. Sie ist auch gleichzeitig die Trimmplatte für das Segel: Bei leichtem Wind wird die Schot im oberen Loch angeschäkelt (Abb. 161), damit sie mehr Zug nach unten ausüben und bei geschlossenem Achterliek des Vorsegels mehr Segelkraft erzeugen kann. Bei viel Wind wählt man das untere Loch zur Schotbefestigung, um das Segel zum Vorliek hin flacher zu trimmen, aber gleichzeitig eine mögliche Krängungskraft durch Öffnen des Achterlieks zu vermindern. Bei waagerechten Lochschienen wird die Schot auf einem Amwindkurs im vorderen Loch, auf Raumgängen im achteren Loch befestigt (Abb. 160). Früher rutschte der an einem Ring angeschlagene Vorschotblock auf einem simplen Leuwagen seitwärts, während die holende Part der Vorschot über einen Umlenkblock am Bug über das Seitendeck nach achtern in die Plicht geführt wurde. Wenn der entsprechende Platz auf dem Vordeck fehlte, war auch ein Umlenken über den Mast möglich. Heutzutage benutzt man hierfür zum Teil sehr aufwändige, winklig zum Schotenzug nach vorn angestellte und sogar zusätzlich noch halbkreisförmig gebogene Travellerschienen über oft komplizierten Bockkonstruktionen, auf denen teure Rollwagen laufen (Abb. 162).

Man könnte darauf verzichten. Denn eine einfache gerade Travellerschiene (ähnlich wie der alte Leuwagen und einfach auf das – sogar schräge – Vordeck montiert) tut es auch. Denn wenn die über eine Bootsseite geschotete und auf einen bestimmten Wind getrimmte Fock beim Wenden selbst übergeht, erhält dabei die Schot durch das flappende Segel ohnehin kurzzeitig etwas Lose, die das Übergehen im Mittschiffsbereich erleichtert. Und die Schlitten mit Laufrädern oder einer Kugelumlaufführung rutschen mit dem Segeldruck von der neuen Seite ohnehin problemlos zur neuen Seite.

Bewährt hat sich dafür auch die Benutzung einer kleinen Talje aus Dyneemaoder Kevlar-Tauwerk mit leichtgewichtigen und leicht laufenden Blöcken zwischen Schothorn und Traveller, um ein Übergehen des Segels ohne Änderung der Schotlänge zu erleichtern. Das teurere reckfreie Tauwerk in Verbindung mit der Taljenkonstruktion fängt die starken Schotkräfte auch besser auf und macht ein auf einem längeren Törn oft nötiges Durchsetzen der Vorschot überflüssig.

Rollsegel, die in Richtung zum Vorliek gerefft und geborgen werden, gehören heutzutage nicht nur zur Standardausrüstung von Fahrtenyachten. Auch Segler von Rennyachten wickeln ihre knickempfindlichen Foliensegel um ein Vor-

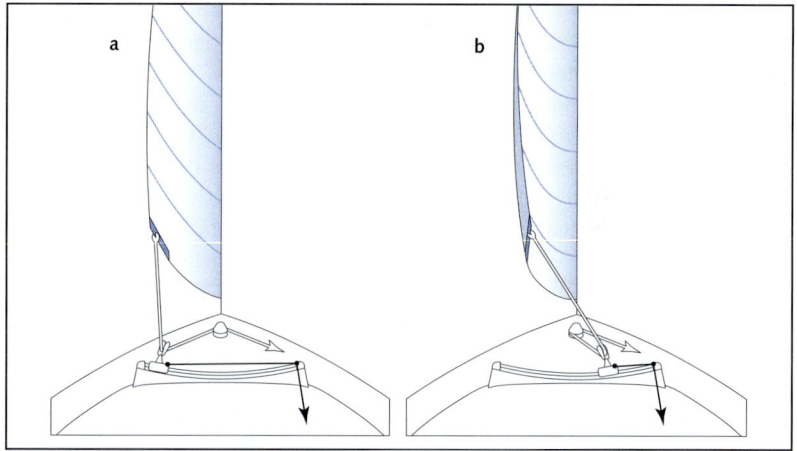

Abb. 162 *Wird für die Schotführung eine aufwändige Travellerschiene mit einem (fern)verstellbaren Schlitten benutzt, lässt sich die Selbstwendefock wie jedes andere Segel für viel Wind flach (a) und für wenig Wind und raume Kurse bauchig (b) trimmen. Bei weitgehend waagerechten Lochplatten kann man dazu noch die Schot unterschiedlich einpicken: bei viel Wind mehr vorn, raumschots mehr achtern.*

stag, von wo aus sie sicher gesetzt und nach Gebrauch auch schnell und unverletzlicher wieder eingeholt werden können. Sie bevorzugen auch Doppelkeep-Profilstagen, weil sie dann auch während einer Wettfahrt Segel verschiedener Abmessungen und unterschiedlicher Tuchgewichte (sogar oft mehrmals) wechseln können.

Rollreffanlagen für Vorsegel sind auf fast allen Yachten geriggt: Auf Seekreuzern, die nur zum Fahrtensegeln dienen, wird meistens eine bevorzugt kräftige Genua II in einem Vorstagprofil mit einer Einzelnut gesetzt und dort, oft die ganze Saison über, auf allen Kursen gefahren (Abb. 163). Mit Tuchdopplungen im Vorliekbereich ausgestattet (Abb. 164), lässt sich die Rollgenua stufenlos reffen und behält dabei unter allen Windbedingungen einen segeltechnisch befriedigenden Stand, wenn man gleichzeitig den Vorschotholepunkt auf die in den Reffzuständen veränderten Positionen des Schothorns einstellen kann. Weltweit hat sich auch, insbesondere auf Langfahrtyachten, die Führung von hintereinander geriggten Doppelstagen durchgesetzt (Abb. 165). Man kann diese Takelungsart, bei der das zweite Vorstag etwa 5–8 % der Mastlänge unter dem Topp angreift (wo es noch sicher vom Achterstag gehalten wird) und bis ca. 10 % der Länge des Vorsegeldreiecks an Deck hinter dem ersten Vorstag führt, auch treffend als »Doppelslup« bezeichnen. Am vorderen Stag wird dann eine etwas leichtgewichtigere Genua I bis ca. Bft 4–5 gefahren bzw. eine doppellagige Doppelfock (auch als »Allrounder« oder Passatsegel bezeichnet) zum Auseinanderklappen für raum-achterliche Kurse (s. Abb. 68). Am inneren Vorstag ist dann ein robusteres Vorsegel in der Größe einer Genua II oder III in ein eigenes Profil eingezogen, das bei Windstärken ab ca. 5–6 Bft auf allen raum-vorlichen und Amwindkursen gefahren und ebenfalls stufenlos gerefft wird.

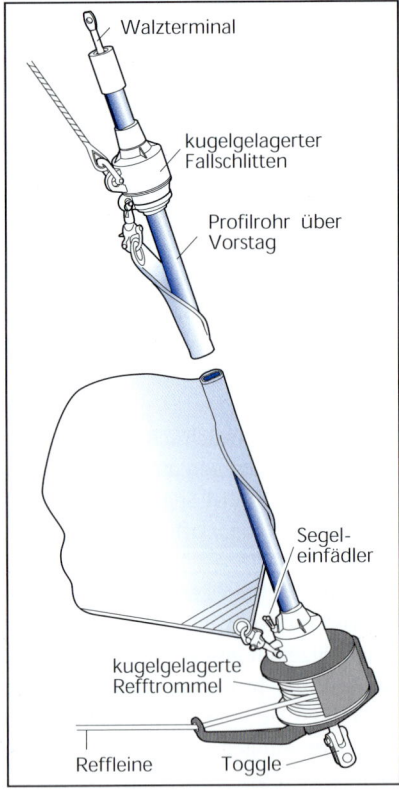

Walzterminal

kugelgelagerter Fallschlitten

Profilrohr über Vorstag

Segel-einfädler

kugelgelagerte Refftrommel

Reffleine   Toggle

Abb. 163 Ein Rollvorsegel wird an einem Fallschlitten in der Keep eines Profilstages gesetzt, das über ein flexibles Drahtvorstag oder ein Stabstag (Rod) geschoben ist. Sind diese Innenteile nicht extrem straff gespannt, kann ein zu großer Durchhang des Vorstags, das ja durch die aufgeschobenen Profilrohre, den Fallschlitten am Kopf und die Refftrommel am Hals noch schwergewichtiger geworden ist, zu schädlichen Vibrationen und (auf Dauer) zu unsympathischem Materialverschleiß führen.

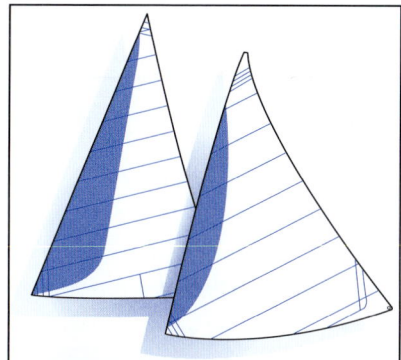

Abb. 164 *Anstelle mechanischer Nach-laufbeschläge zum Abflachen der ein-gearbeiteten Segelwölbung beim Ein-wickeln eines Rollsegels werden auch Tuchdopplungen für den gleichen Zweck benutzt. Ihre Form und Lage hängt sowohl vom Segelprofil wie vom Querschnitt des Reffrohres ab. Wegen dieses oft diffizilen Bezugs sollten Se-gel und Reffanlage vom gleichen Her-steller stammen.*

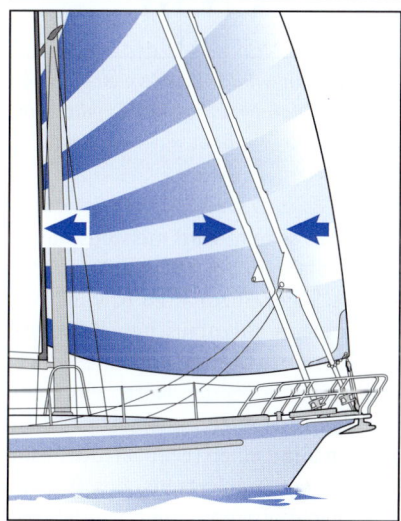

Abb. 165 *Das erste Vorsegelrigg einer Doppelslup mit zwei Rollreffanlagen im Abstand von ca. 70 cm hintereinan-der wurde 1981 auf meinem* CORMO-RAN *an einem 13 m hohen Rollreffmast errichtet. Am vorderen Stag ist ein von 40 auf 80 m² ausklappbares rollbares Passatsegel (»Allrounder«) geriggt, das auf allen Kursen, aber auch als ein-schichtige Genua benutzt werden kann. Am achteren Vorstag der Dop-pelslup fahre ich eine einschichtige Rollgenua von 35 m². Die Halstalje des hier gesetzten asymmetrischen Vorse-gels ist an einem kurzen Bugspriet an-geschlagen, der gleichzeitig für zwei Anker als Halterung dient.*

Der Vorteil dieser Anordnung bei starkem Wind: Der Segeldruckpunkt des Vor-segels wandert nach achtern und näher an den Druckpunkt des ebenfalls ent-sprechend eingerollten Großsegels heran (s. Abb. 54) und verbessert die Schwer-wettereigenschaften deutlich.

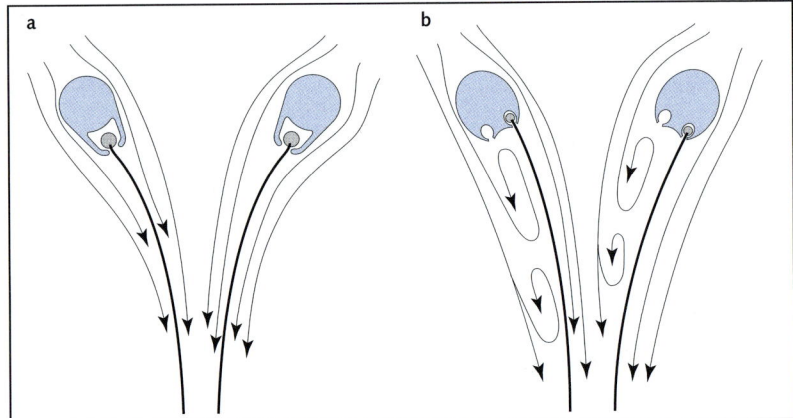

Abb. 166 *Ein Profilstag mit einer einzigen Mittelnut wird auf jedem Bug optimal angeströmt (a). Jedes Doppelkeep-Profilstag hat aerodynamisch eine »gute« und eine »schlechte« Seite (b). Dementsprechend könnte ein Boot auf einem Bug besser (höher) laufen als auf dem anderen.*

Auf Seekreuzern, die auch erfolgreich Regatten segeln, wird meistens nur ein einzelnes Doppelkeep-Profilstag (Abb. 166) gefahren, um das jeweilige für die Windgeschwindigkeit des Tages ausgewählte Segel einzuführen bzw. ein Vorsegel, das noch arbeitet, schnell gegen ein anderes auszutauschen. Auch zwei einzelne identische Vorsegel, zum Beispiel eine Leichtwetter- und eine Schwerwetter-Genua I, lassen sich in die nebeneinander liegenden Nuten einziehen, um auseinander klappende Passatsegel setzen zu können.

Rollvorsegel gewähren vor allem einer zahlenmäßig kleinen (Ehepaar- oder Familien-)Crew mehr Sicherheit, weil alle Arbeiten des Segelsetzens, des stufenlosen Reffens und des Segelbergens aus der Plicht vorgenommen werden können. Sie haben auch den unschätzbaren Vorteil, dass die Segelfläche sofort und einfach einer veränderten Wind- oder Wetterlage angepasst werden kann. Nicht unwichtig ist auch der ständige Freiraum auf dem Vordeck sowohl bei Manövern am Ankerplatz als auch im Hafen. Und nicht zuletzt kann der früher durch (mehrere) Vorsegel im Vorschiff oder in den Backskisten verlorene Stauraum für

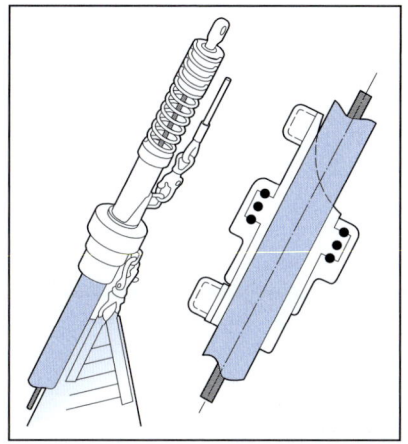

Abb. 167 *Der Kopf einer Vorsegelroll-anlage, deren Profile statt auf das vor-handene flexible Drahtstag auf ein ei-gens dafür geriggtes Stabstag (Rod) aufgeschoben sind. Der Fallschlitten ist zur Leichtgängigkeit dreifach kugelgela-gert.*

andere (Wohn-)Zwecke unter Deck genutzt werden. Das geringe zusätzliche (Topp-)Gewicht einer Vorsegelrollanlage kann daher wohl vernachlässigt wer-den. Um den Durchhang des durch das Profilrohr und seine Beschläge gefes-selten Vorstags zu vermeiden und bei einer nicht nur windbelasteten, sondern auch durch die Seegangsbewegungen schwingenden Anlage (Abb. 168) die Vor-teile der profilierten Windanschnittskante zu erhalten, muss das vom Reffpro-filrohr eingeschlossene Drahtvorstag in Bezug auf das gesamte Rigg so straff wie möglich gespannt bleiben. In einigen Rollfockanlagen ist hierzu als Innen-teil der Refftrommel eine Spannschraube eingebaut, um unterwegs entstande-nen Reck des Drahtstags auszugleichen. Bei einem 7/8-Rigg (mit nur einer Saling) wird man dennoch meistens nicht auf Backstagen verzichten können, um den Durchhang zu beherrschen. Stabstagen (Rod) als tragendes Innenteil für die auf-geschobenen Profile sollen den Reck des Tauwerks ganz ausschließen.

Bei der Auswahl einer (neuen) Rollreffanlage für das Vorsegel kommt es (aus Gründen des Schnellersegelns) nicht unbedingt auf den kleinsten Durchmesser des Profils und das geringste Gewicht an. Wichtiger sind ein leichtgängiger Fall-schlitten (Abb. 167), der sich auch bei einem stark durchgesetzten Fall noch mühelos drehen lässt, und ein zugfester Toggle am Bugbeschlag, der den Bewe-gungen des Gestänges standhält. Und insbesondere kommt es auf den prob-

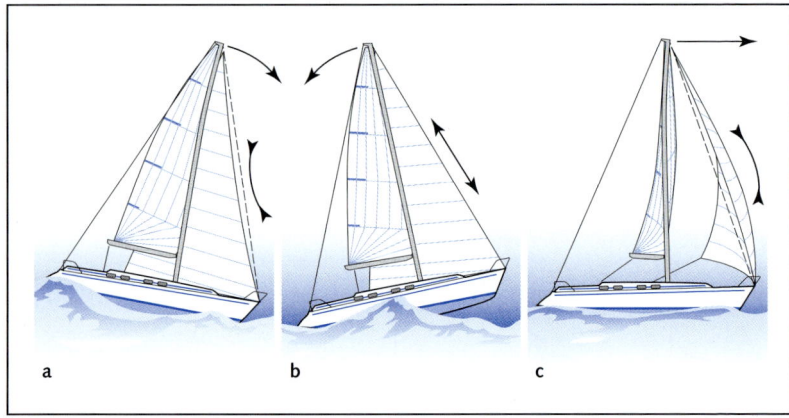

a　　　　　　　　b　　　　　　　　c

Abb. 168 *Das Durchsacken eines Vorstags wird nicht nur durch den Winddruck verursacht, sondern auch durch die Bewegungen des Bootes im Seegang: Dabei folgt auf einem Amwindkurs im Seegang dem Durchsacken im Wellental (a) ein extremes Straffen des Vorstags auf dem Wellenberg (b). Ähnliche Verhältnisse des Durchhangs entstehen auch auf einem Vorwindkurs (c), doch wirken sie sich hier nicht so nachteilig aus wie auf einem Kurs nach Luv.*

lemlosen Ein- und Auslauf der Reffleine in die Trommel an, der auch von der richtigen Position der ersten Führungsrolle am nächsten Seerelingsfuß abhängt. Während früher nur Dopplungen entlang des Vorlieks (s. Abb. 164) benutzt wurden, um beim Einwickeln des Segels das Profil abzuflachen und den Bauch zu glätten, sind heutzutage auch mechanische Nachlaufvorrichtungen am Kopf des Segels unter dem Fallschlitten und am Hals über der Refftrommel in Gebrauch, die für den gleichen Effekt sorgen. Man kann sie auch kombinert einsetzen.

Bei der Benutzung von Rollvorsegeln müssen die unterschiedlichen Holepunkte für die Reffstufen (Abb. 169) möglichst aus der Plicht verstellt werden können. So muss der Schotschlitten bei einer verkleinerten Segelfläche kontinuierlich nach vorn geschoben werden, um den optimalen Zugwinkel an der Schot auch für das dabei angehobene Schothorn zu erhalten.

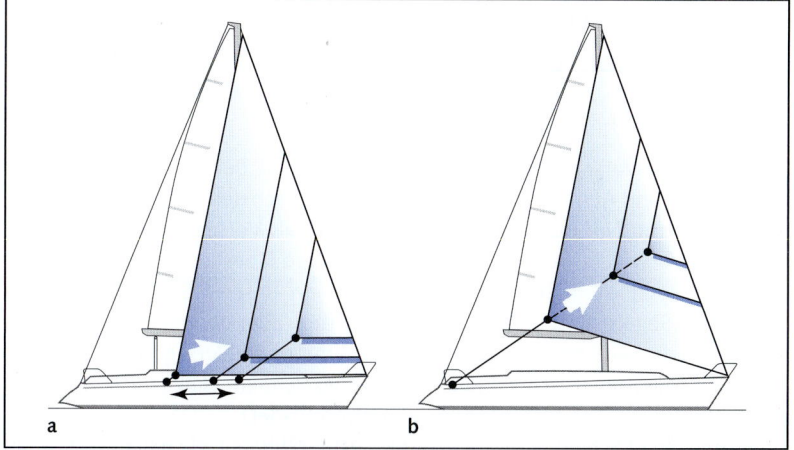

a   b

Abb. 169 *Rollreffgenuas werden allgemein mit tiefem Schothorn (a) gefertigt. Dadurch ist die Sicht nach vorn eingeschränkt, und der Vorschotholepunkt muss mit jedem Reffzustand weiter nach vorn verschoben werden. Wenn das Segel aber voll eingerollt ist, bleibt das Schothorn noch in erreichbarer Kopfhöhe, und die Schot kann im Hafen bei voll eingerolltem Segel abgesteckt werden, um den Vordecksraum zum Durchgang frei zu machen. – Ist das größtmögliche Rollsegel hingegen mit hohem Schothorn gefertigt (b), hat der Rudergänger immer freie Sicht nach vorn, und ein einziger Vorschotholepunkt reicht für alle Reffstufen aus. Er liegt jedoch extrem weit auf dem Achterschiff, und die Vorschot kann nur, mit den Händen erreichbar, abgesteckt werden, wenn das Segel erst halb eingewickelt ist. – In beiden Fällen ist hier der Schotenzug richtig auf das ganze Vorsegel verteilt.*

Rollvorsegel erhalten am Achterliek einen farbigen Schutzstreifen aus UV-unempfindlichen Tuchen, um das eingewickelte Segel sowohl gegen Sonnenstrahlen als auch gegen Schmutz zu schützen. Empfehlenswert ist es auch, bei längerer Liegezeit einen bis zum Topp reichenden Strumpf überzuziehen, der von einem Fall vorgeheißt und mit einem Reißverschluss verschlossen wird. Empfindliche Regattavorsegel werden natürlich aus der Keep gezogen und an Deck eingewickelt oder im Segelsack verpackt, wenn die Wettfahrt zu Ende ist.

8. Asymmetrische Vorsegel: Code Zero, Gennaker, Blister

Die üblichen Vorsegel wie Fock oder Genua sind bekanntlich geometrisch geschnitten und Abmessungen bzw. die Flächen nach den Gesetzen der Mathematik geformt. Nur der Spinnaker nahm bisher als Vorsegel für raum-achterliche bzw. Vorwindkurse durch seine kugelförmige Oberfläche eine Sonderstellung ein. Jetzt ist diesen beiden Grundformen unserer Segelgarderobe ein neuartiger Segelschnitt ungleichmäßiger Hälften, aber dennoch regelgerechter Gestalt an die Seite gestellt worden: das asymmetrische Vorsegel (es widerstrebt mir, es als »asymmetrischen Spinnaker« zu bezeichnen, weil es sich von einem Spinnaker durch eindeutige Merkmale unterscheidet).

Während ein üblicher Spinnaker gleiche, austauschbare Lieken hat (Vorliek und Achterliek), unterscheiden sich bei einem asymmetrischen Vorsegel beide Lieken voneinander: Das Luvliek ist immer das Luvliek; es ist das längere Liek, das am Bug angeschlagen wird. Und das kürzere Leeliek ist ständig mit zwei Schoten verbunden, die am Schothorn angesteckt sind – ähnlich wie bei einer Genua. Die Form des Segelprofils ist nicht gleichbleibend halbrund, wie bei einem Spinnaker, sondern asymmetrisch. Das Luvliek ist runder geschnitten, das Leeliek mehr gerade gehalten, und die größte Profiltiefe des Segels liegt in der luvwärtigen Hälfte, während sich der Bauch zum Achterliek hin deutlich abflacht (Abb. 170).

Form und Fläche eines asymmetrischen Vorsegels werden zwar durch die Vermessungsmaße für z. B. Genua I (s. Abb. 47) und Spinnaker begrenzt, doch können sie in diesem weiten Bereich frei gestaltet werden (Abb. 171). Maßgebend sind die Länge der Seitenlieken, des Fußlieks und der Mittelbreite nach einer Spinnaker-Vermessung (s. Abb. 196) sowie das LP-Maß in Abhängigkeit vom J-Maß, der Basislänge des Vorsegeldreiecks (s. Abb. 46). So hat zum Beispiel ein echter Code Zero ein LP-Maß von 140–160 % des J-Maßes; er ist also kleiner als erlaubt. Auch besitzt er eine Mittelbreite von nur 55 % (Distanz zwischen Mittelpunkt Vorliek und Mittelpunkt Achterliek, relativ zum Fußliek) und ist für einen raum-vorlichen Kurs optimal als 3DL-Segel gefertigt. Mit einer

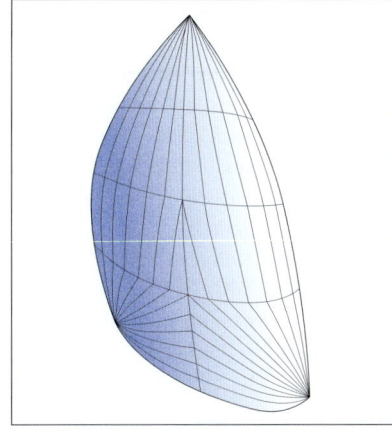

Abb. 170 *Bei einem asymmetrischen Vorsegel ist das Achterliek kürzer als das Vorliek, und beide Lieken unterscheiden sich auch in ihren Aufgaben voneinander: Das Luvliek ist immer die Windanschnittskante und bleibt somit das Luvliek, und das Leeliek ist immer die Ablasskante und bleibt das Leeliek. Asymmetrische Vorsegel werden auch als Gennaker, Blister oder Code Zero bzw. Code One bezeichnet. Der Einsatz für die entsprechende Windgeschwindigkeit und den Anstellwinkel zum Bordwind hängt vom Entwurf des Segels, der Segelwölbung und dem verarbeiteten Segeltuch ab. Rennyachten fahren daher eine Vielzahl von Code-Zero-Segeln für wechselnde Kurse und Windbedingungen als frei fliegende Rollvorsegel mit unterschiedlichen Mittelbreiten, die schnell eingesetzt und wieder geborgen werden können.*

Fahrtensegler begnügen sich meistens mit einem einzigen asymmetrischen Vorsegel, dem bauchigen Blister, der auf raum-achterlichen Kursen anstelle des Spinnakers gefahren und wie dieser mit einem Spinnakerstrumpf oder Bergeschlauch gesetzt wird. Immer mehr Besatzungen benutzen aber auch den flacher geschnittenen Gennaker, der bei ausreichender Festigkeit des Materials und bei straff durchgesetztem Vorliek auch auf raum-vorlichen Kursen bis zu einem scheinbaren Windwinkel von 25° und einem wahren Wind von bis zu Bft 4 oder 13 kn eingesetzt werden kann.

Mittelbreite von 65 % kann ein Code Zero bei einem Winkel von 40° – 90° (auf raum-seitlichen Kursen) zum Bordwind eingesetzt werden, während eine Mittelbreite von 75 % zu sehr tiefen Profilen führt, mit denen man zwar nicht höher als 45° zum Bordwind segeln, aber am günstigsten dafür auch noch mit einem Windwinkel von 120° schnell segeln kann.

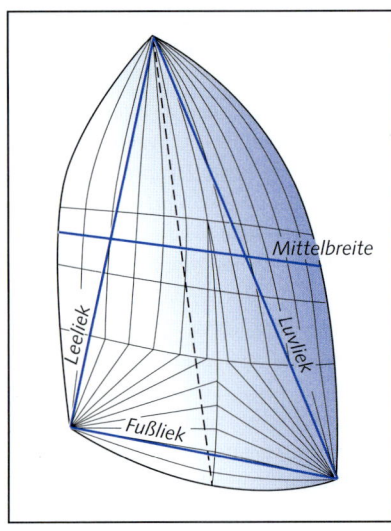

Abb. 171 Die erlaubten Abmessungen eines asymmetrischen Vorsegels sind durch die entsprechenden Maße der Spinnaker-Vermessung gegeben: die Vorlieklänge nach dem so genannten Spinnaker-Vorliek (SLU, »Spinnaker Luff«), die Achterlieklänge nach dem Spinnaker-Achterliek (SLE, »Spinnaker Leech«), das Unterliek nach dem Spinnaker-Fußliek (SF, »Spinnaker Foot«) und die Mittelbreite nach der Spinnakerbreite in der Mitte des Segels (SMG, »Spinnaker Mid Girth Length«). Asymmetrische Vorsegel nutzen die (beim Spi erlaubte) Mittelbreite im Allgemeinen nur zu ca. 55 % (für raum-vorliche Kurse) bis ca. 75 % (für raum-achterliche Kurse) aus.

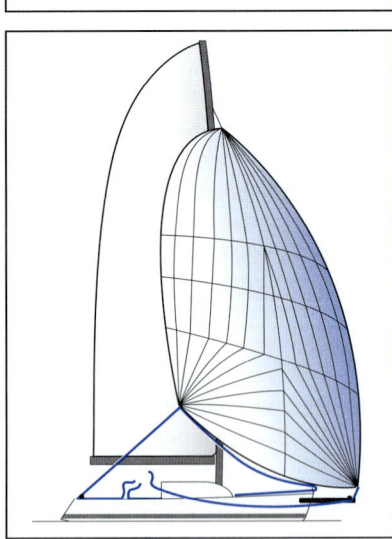

Abb. 172 Ein asymmetrisches Vorsegel wird mit seinem Luvliek, das nur etwa 95 % der Vorstaglänge hat, an einer Halstalje gesetzt, die an einem gut einen Meter langen Bugspriet befestigt ist. Der Hals des Segels ist in der Höhe verstellbar, um es für die verschiedenen Kurse zum Wind optimal trimmen zu können. Die Schot wird zu einer am weitesten achtern gelegenen Umlenkrolle geführt und aus der Plicht bedient.

Asymmetrische Vorsegel werden wie Spinnaker vermessen

Sie sind den herkömmlichen Spinnakern – durch ihre leichte Handhabung – hauptsächlich auf raum-achterlichen Kursen überlegen, doch können sie (mit der entsprechenden Formgebung) auch auf raum-seitlichen, ja sogar auf raum-vorlichen Kursen eingesetzt werden. Ihr Vorteil dort: Sie werden nach den Grundmaßen eines Spinnakers vermessen und können eine größere Segelfläche einsetzen, als sie selbst die größtmögliche Genua besitzt.

Ich habe bisher die Bezeichnungen »Blister« und »Gennaker« bewusst wenig benutzt und in diesem Zusammenhang auch »Code Zero« selten erwähnt, weil sie nur als bestimmte asymmetrische Segeltypen gelten können, und werde neutral auch weierhin möglichst nur von »Asymmetrischen« sprechen: Denn »Gennaker«, zusammengesetzt aus »Genua« und »Spinnaker«, ist eigentlich und ursprünglich ein Markenname von North Sails; mit dem »Blister« verbinden sich hauptsächlich Gedanken an einen so genannten »Fahrtenspinnaker«, und unter »Code Zero« oder neuerdings »Code One« verstehen Rennsegler bereits spezielle Formen eines asymmetrischen Segels, wie ich sie oben erwähnt habe.

Abhängig vom Segelentwurf, dem Tuchmaterial und der Art der Verarbeitung sowie letztlich von der Windgeschwindigkeit lassen sich asymmetrische Vorsegel auf allen Kursen zum Wind einsetzen: ähnlich flach wie eine Genua gefertigt nahezu für einen Amwindkurs (»Gennaker«), mehr symmetrisch und bauchig wie ein Spinnaker geschnitten für raum-achterliche und Vorwindkurse (»Blister«). Wer nur ein Segel auf allen Kursen einsetzen will, muss sich einen Allzweck-Asymmetrischen schneidern lassen, den man allgemein als »Blister« bezeichnen würde. Mit zwei austauschbaren Tüchern kann man natürlich raum-vorliche und raum-achterliche Kurse optimaler segeln. Unabhängig vom Segelschnitt wird man bei leichtem Wetter mit allen asymmetrischen Segeln auch am Wind schneller segeln können.

Problematisch wird der Einsatz von asymmetrischen Segeln vielleicht nur auf Seekreuzern (üblichen Verdrängern), die bei einer Vollzeugbrise (10–14 kn) mit mehr als 135° zum scheinbaren Wind (raumschots) segeln, weil dann der auf der gleichen Seite wie das Großsegel gesetzte Asymmetrische bei der entsprechenden Fahrt des Bootes von diesem abgedeckt werden kann.

Ein asymmetrisches Vorsegel, dessen Hals mit einer Halstalje an einem Bug-

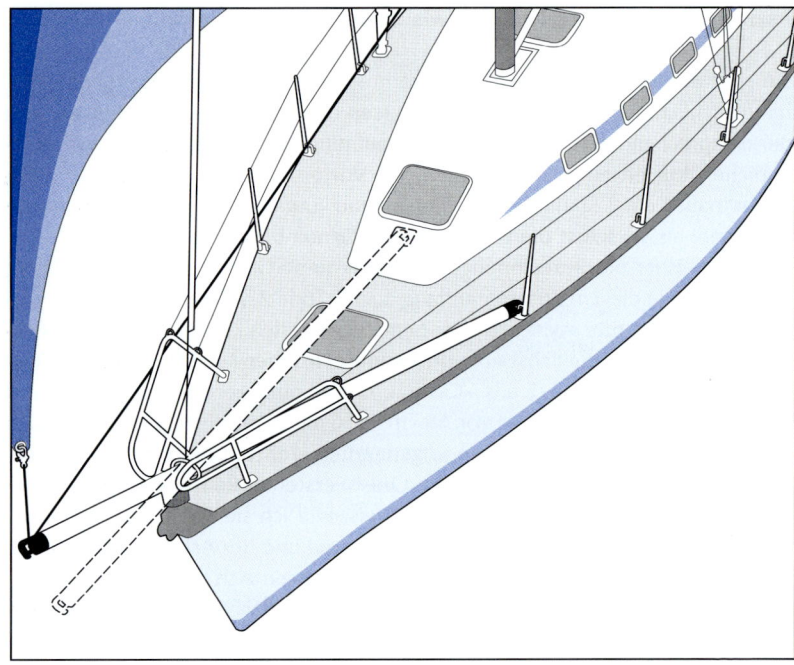

Abb. 173 *Damit das asymmetrische Vorsegel auf allen Kursen optimal ange-strömt und auch auf raum-achterlichen Kursen weit aus dem Windschatten des Großsegels befreit werden kann, lässt sich der Spinnakerbaum wie ein ausfahrba-rer Klüverbaum zum Anstecken des Halses einsetzen. Um ihn für die nicht gerin-gen Segelkräfte sicher zu fixieren, genügen ein Ringbeschlag aus Edelstahl, der an einer senkrechten Bugkorbstrebe angeschraubt oder angeschweißt wird, zum Durchstecken von einem knappen Meter Baumlänge, und ein entsprechendes festes oder längenverstellbares Widerlager für die andere Baumnock mit einer Arretierung auf dem Vorschiff. Auch ein seitliches Festlaschen des nicht ausgefah-renen Spi-Baumteiles entlang der Relingsstützen ist möglich.*

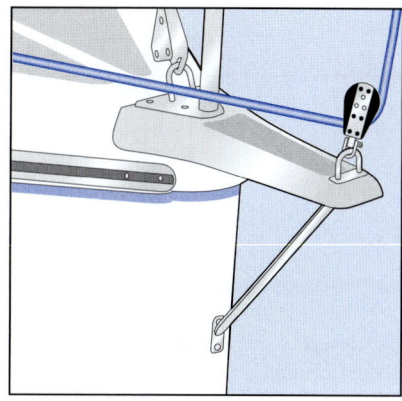

Abb. 174 *Viele Yachten sind schon seri-enmäßig mit speziellen Gennakerbäu-men ausgerüstet, die aus unter Deck eingebauten Röhren mit einfachem Tal-jenzug ausgefahren und ebenso schnell wieder eingeholt werden können. Auch kurze trittfeste Stufen, so genannte Blisternasen, die über den Bug nach vorn reichen und nach unten durch eine Edelstahlstrebe gestützt werden, sind geeignete Festpunkte für den Hals-beschlag eines außerhalb des Riggs ge-fahrenen Asymmetrischen.*

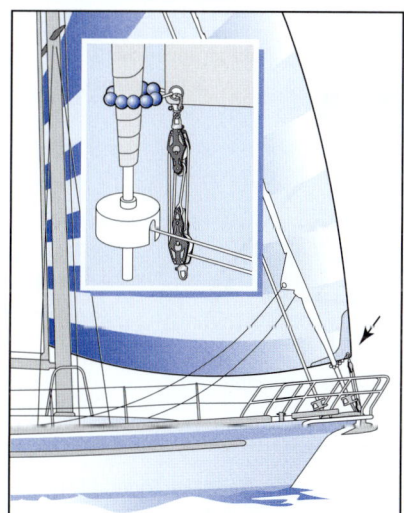

Abb. 175 *Ist das Boot mit einem (be-gehbaren) Bugspriet ausgerüstet, der bis zu einem Meter weit vor den Bug reichen kann, einen sicheren Landgang in der Box darstellt und meistens noch einen einsatzklaren Anker trägt, liegt an seiner Spitze der beste Festpunkt für die Halstalje. Sie kann sonst auch an der üblichen Bugrolle eines Ankers über dem Vorsteven angeschlagen wer-den, wenn sie dabei immer noch gut frei vor dem Vorstagbeschlag hängt. Eine Korallenkette am Hals um die auf-getuchte Rollgenua (oder eine weitma-schige Tuchmanschette um das gut durchgesetzte Vorstag) verteilt die Se-gelkräfte nicht nur günstiger auf das gesamte Rigg, sie verhindert auch das seitliche Auswehen des Vorlieks, das jetzt durch zwei Festpunkte fixiert ist.*

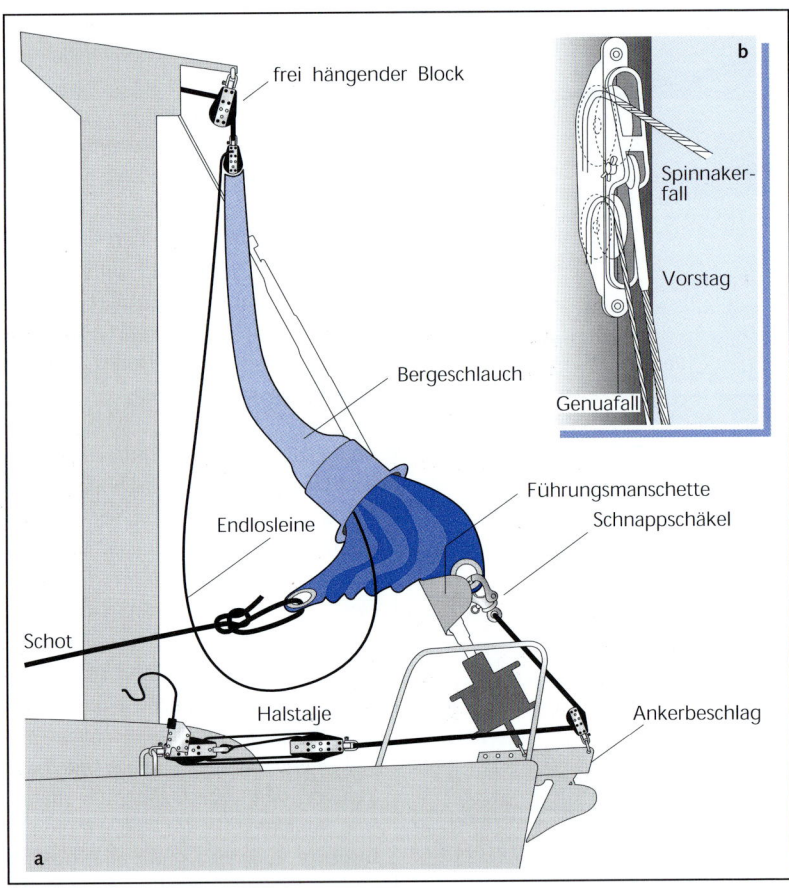

Abb. 176 *Jedes asymmetrische Vorsegel (wird es nun Gennaker oder Blister ge-*
nannt und – in Anlehnung an die Bezeichnung unterschiedlicher Spinnaker-Typen –
mit »Star«, »Classic«, »Cruiser«, »Racing« oder Zusätzen bezeichnet) wird am bes-
ten an einem Fall gefahren, das über einen frei hängenden Block am Masttopp
führt, der vor dem Vorstag an einem nach voraus reichenden Toppbeschlag befes-

tigt ist. Die holende Part verläuft dann wie bei einem üblichen Spinnakerfall zum Deck (a). Der Vorteil dieser beweglichen Anordnung: Bei den seitlichen Schwingungen des Segelkopfes kann das sonst in einem Scheibengatt (b) geführte Fall nicht schamfilen, und der Kopf des Segels kann beim Halsen nicht zwischen Mast und Vorstag eingeklemmt werden (oder unklar kommen, wenn er noch in einem Bergeschlauch steckt). Man sollte Gennaker und Blister immer vorlich vom Vorstag fahren (nicht im Vorsegeldreieck) und den Hals der Segel ebenfalls frei am Bug (oder an einem Bugspriet bzw. einem speziellen Gennakerbaum) anschlagen. – Der Hals eines asymmetrischen Segels hängt dann an der festen Part einer kräftigen Halstalje, die die großen Zugkräfte des Segels sicher aufnehmen kann und gleichzeitig leicht zu bedienen ist. Ihre laufenden Parten sollten so lang bemessen sein, dass der Segelhals bis zu einer Höhe von gut einem Meter über Deckshöhe gefiert werden kann und die holende Part dann noch bis in die Plicht reicht, wo sie zur Veränderung der Vorliekspannung jederzeit (gegebenenfalls über eine Schotwinsch) bedient werden kann. Gegebenenfalls muss die Talje auch nur bis zu einem Vordecksbeschlag (hinter einer gesonderten Vordeck- oder der Ankerwinsch) reichen, und die holende Part kann hier, an einem Mastbeschlag oder an einem Wantenpütting, belegt werden. – Zur Verbindung von Talje und Segel benutze man nur einen gut gängigen Patentschäkel (Schnappschäkel) mit einem Fingerstropp am Bolzen, damit man die Verbindung auch unter Winddruck schnell und sicher lösen kann.

spriet oder einem Gennakerbaum angeschlagen und das mit seinem frei fliegenden Luvliek vorlich vom Vorstag gesetzt ist (Abb. 172), lässt sich jedoch in einem solchen Fall von der Lee- auf die Luvseite schiften und dann, am Schothorn, mit dem Spinnakerbaum ausbaumen. Weil man gleichzeitig, von der Plicht aus, auch der Halsleine Lose geben oder sie entsprechend bedienen kann, wird ein asymmetrisches Vorsegel jetzt die gleiche Aufgabe wie ein konventioneller Spinnaker erfüllen.

Segelmacher fertigen ein asymmetrisches Vorsegel meistens in drei Grundformen an: mit kleiner Fläche, ähnlich einer Genua, für raum-vorliche Kurse und für Kurse fast am Wind bei leichtem Wind; in einer Allzweckversion mit voll ausgenutzter Segelfläche für raum-achterliche und Vorwindkurse; als Vielseitigkeitssegel, ähnlich der Allzweck-Version, aber kleiner dimensioniert und flacher geschnitten. Es kann dann optimal bis zu einer Vollzeugbrise auf raum-vorlichen Kursen eingesetzt werden, ist voll leistungsfähig auf raum-achterlichen Kursen und kann auf Kursen vor dem Wind unter allen Wetterbedingungen stehen bleiben. Den Nutzwert eines asymmetrischen Segels (Blister) und eines Spinnakers auf Vorwindkurs habe ich in Abb. 67 erläutert und verglichen.

Zum Geschirr eines asymmetrischen Vorsegels gehört das übliche Spinnakerfall, das über einen frei vor dem Toppbeschlag angeschlagenen Block läuft, eine Halstalje, die die beträchtliche Zugkraft auf dem Vorliek bei auffrischendem

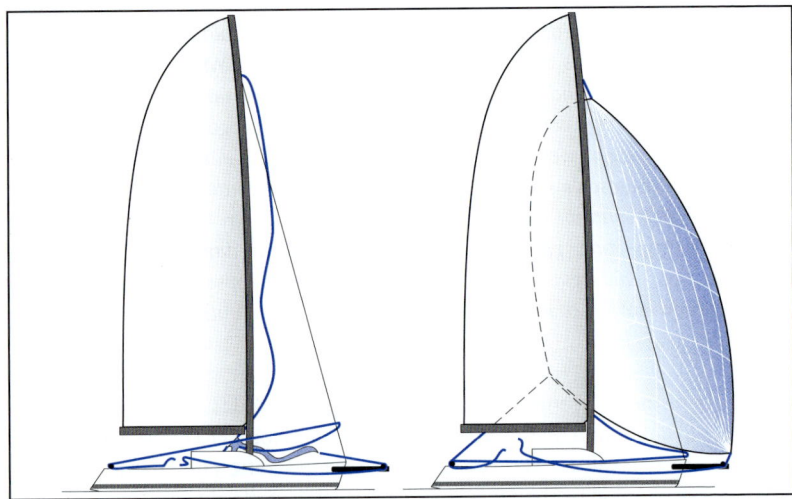

Abb. 177 *Man setzt das asymmetrische Vorsegel am besten auf einem raum-achterlichen Kurs im Schutze des Großsegels und stellt den Segelsack dazu auf dem Vorschiff an die Reling. Nachdem der Hals frei vom Vorstag am Bugspriet angesteckt ist, führt man beide Schoten außen um das Vorstag herum zu ihren achterlichen Umlenkblöcken auf Steuerbord- und Backbordseite und schlägt dann das vorlich vom Mast geriggte Fall an. Das Setzen des großflächigen Segels aus leichtem Tuch muss schnell erfolgen. Sicherer und bequemer ist dazu die Benutzung eines Strumpfes oder Bergeschlauches, wie er auch für den Spinnaker benutzt wird.*

Wind beherrschen muss und dessen holende Part über einen vorlich vom Vorstagbeschlag am Bug angeschlagenen Block nach achtern bis in Höhe der Plicht führt, wo sie auf einer normalen Klampe belegt werden kann, und zwei Schoten von mindestens je doppelter Bootslänge, die bis zu Umlenkblöcken auf jeder Bootsseite nahe am Spiegel geführt sind, von dort zurück nach vorn laufen und in Höhe der Plicht über eine übliche Schotwinsch bedient werden (Abb. 177).

Um die Segelleistungen des Bootes auf raum-achterlichen Kursen zu verbessern, kann auch ein Spinnakerbaum, der über den üblichen Spinnakerbaum-Achterholer getrimmt wird und über dessen Nock der Hals des Asymmetrischen auf Raumschotskursen ausgebaumt wird, vorteilhaft eingesetzt werden. Ein zusätzlicher Halsstrecker zum optimalen Fixieren des Vorsegelhalses kann dabei nützlich sein.

Ein asymmetrisches Vorsegel wird am besten auf einem raum-achterlichen Kurs gesetzt (Abb. 177), auf dem es bei den Vorarbeiten durch das Großsegel gut abgedeckt ist. Den Segelsack stellt man dazu auf das Vordeck und sichert ihn an der Reling. Dann schlägt man beide Schoten am Schothorn an und leitet die noch arbeitslose Luvschot außen um das Vorstag herum, ebenfalls außen an den Wanten vorbei, und am Schandeck entlang zur Plicht. Anschließend befestigt man den Hals über den gut einen Meter lang aufgefierten Halsstrecker am äußersten vorlichen Bugbeschlag bzw. an einem Bugspriet (Abb. 173 – 175), wie er oft schon durch eine Ankerhalterung gegeben ist. Dabei achte man darauf, dass die holende Part der Streckertalje, die ebenfalls bis in die Plicht geführt werden kann, mit der Schotenführung klar läuft.

Jetzt wird das auch für den Spinnaker vorgesehene Fall angeschlagen (Abb. 176), das außerhalb des Vorsegeldreiecks bleiben muss und möglichst nicht oberhalb des Vorstagbeschlages in den Mast hinein geriggt ist, wo es bei den Pendelbewegungen des arbeitenden Segels schamfilen kann, sondern zu einem frei hangenden Umlenkblock am Toppbeschlag führt. Der Halsstrecker wird dann in der vorgestreckten Länge sicher belegt. Die Leeschot wird an die Wanten herangeholt und an der Schotwinsch lose belegt, ehe man das asymmetrische Vorsegel schnell vorheißt. Erst wenn das Fall durchgesetzt und festgemacht ist, kann man die Leeschot trimmen.

Sicherer und bequemer verläuft das Setzen des großflächigen Segels, wenn man es aus einem Spinnakerstrumpf oder Bergeschlauch heraus entfalten kann

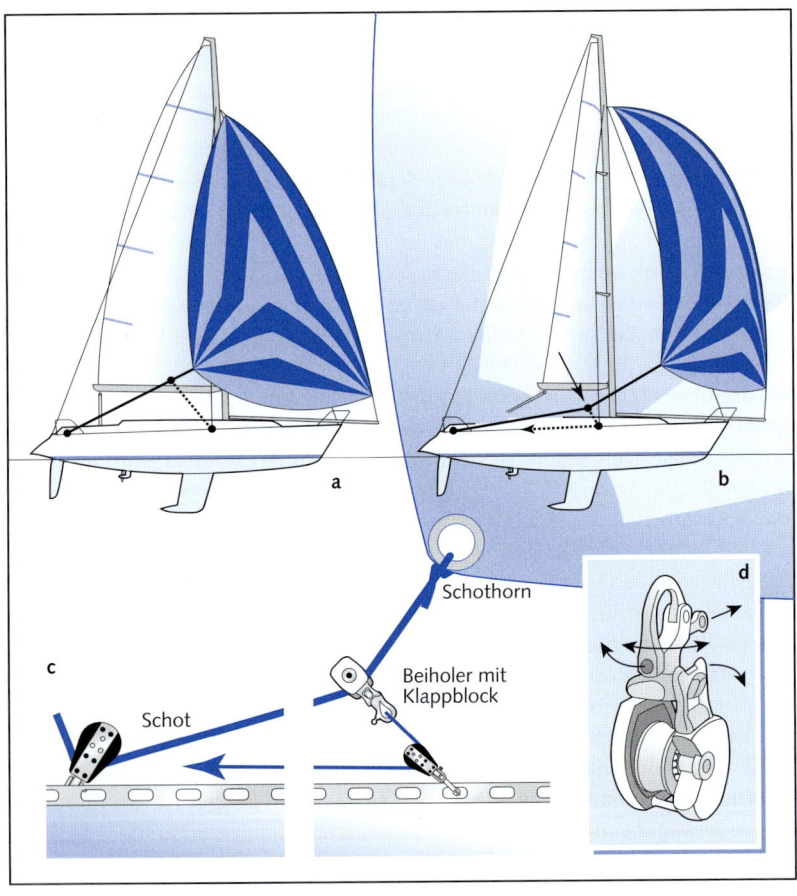

Abb. 178 *Ein Vorschot-Beiholer (engl. barber hauler) ist eine kräftige Trimmleine (b), die mit einem einscheibigen, kugelgelagerten Block mit großem Scheibendurchmesser (einem speziellen Klappblock, d) zwischen Schothorn und Vorschotleitblock auf die Vorsegelschot gesetzt ist (c) und zur Veränderung ihrer Zugrichtung dient. Sie wird über einen Leitblock, der in Höhe der Wanten an Deck an*

der Fußreling bzw. einem Pütting befestigt ist, in die Plicht gelenkt, dort bedient und am besten in einer zusätzlichen Schotklemme gehalten. Bei einem asymmetrischen Vorsegel wird der Beiholer auf raum-vorlichen und raum-seitlichen Kursen nicht benutzt, weil die weit bis zum Heck geführte Schot das Segel allein und wie gewünscht flach und gestreckt hält (a). Auf raum-achterlichen und Vorwindkursen setzt man den Beiholer aber kräftig durch, holt das Schothorn nach unten, schließt das Achterliek und gibt dem Segel mehr Kugelform (b, c).

(Abb. 179).Dessen Aufholeleine wird nach dem Setzen an einem Mastbeschlag belegt. Immer mehr werden stattdessen aber auch asymmetrische Rollsegel benutzt, die aufgewickelt an Deck kommen, mit dem Hals an einer tellerartigen Reffrolle (Abb. 180) angeschlagen und anschließend mit dem Fall gesetzt und sicher belegt werden, ehe man sie über die Schot (und das entsprechende Nachgeben der Reffleine) sekundenschnell entfaltet. Über den großen Durchmesser der Tellerrolle können auch die großflächigen und leichtgewichtigen Segel schneller als übliche Rollgenuas wieder geborgen und mit ihrem fliegenden Vorliek abgeschlagen werden. Auf den Einsatz einer Winsch kann man aber nicht verzichten, wenn man ein großflächiges Segel bei starkem Wind nicht nur kräftig einholen, sondern während des Aufwickelns auch (vor dem Wiederauswehen) sicher festhalten will (Abb. 181).

Liegt das Boot nach dem Setzen wieder auf dem beabsichtigten raum-vorlichen Kurs, dann fiert man die Schot, bis das Vorliek zu killen beginnt, und trimmt sie auf eine durchlaufend glatte und überall störungsfreie Windanschnittskante des Segels. Hin und wieder auftretende kleine Kräuselungen des Tuches hinter dem Vorliek sind ein Anzeichen dafür, dass das Segel optimal angestromt wird und wirkungsvoll zieht. Wie bei anderen Segeln auch ist es falsch, die Schoten zu dicht zu fahren. Im Zweifel ist es auch bei einem asymmetrischen Vorsegel besser, sie etwas aufzufieren.

Auf raumen Kursen gibt man dem Vorliekstrecker mehr Lose, verlängert die Halstalje bis etwa Oberkante Bugkorb und vermeidet dadurch, dass das frei fliegende Vorliek zu sehr durchsackt. Die Profiltiefe der Segelwölbung verschiebt sich dabei nach vorn, und gleichzeitig öffnet sich das Achterliek. Je mehr man den Halsstrecker durchsetzt und den Segelhals näher zum Deck bringt, desto mehr nimmt das asymmetrische Vorsegel die Form einer Genua an und desto

191

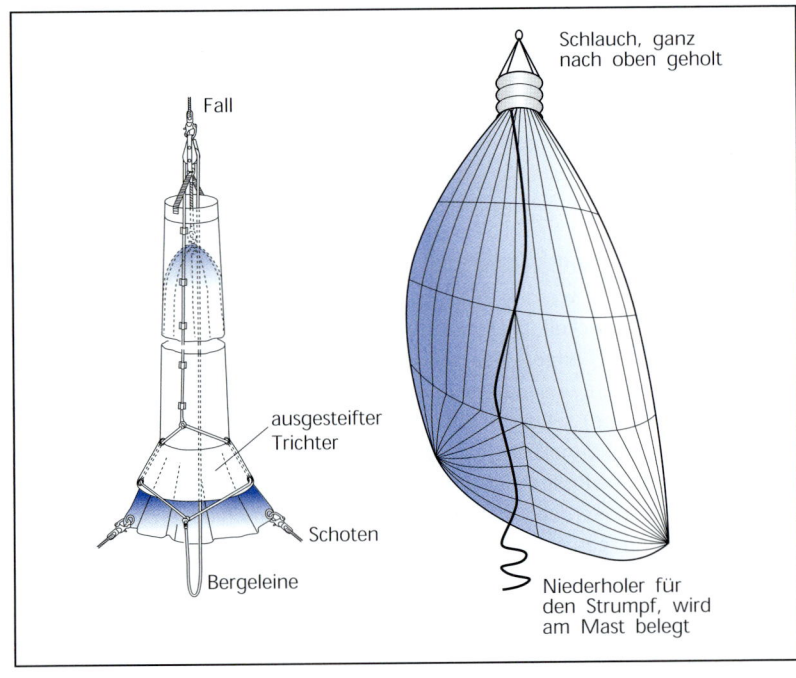

Abb. 179 *Ein Blister- oder Spinnakerbergeschlauch ist eine genau auf die Mast-bzw. Vorstaghöhe gefertigte luftdurchlässige Tuchröhre mit eingearbeiteten Abstandshaltern; im Toppbeschlag wird das Spinnakerfall eingepickt. An ihrem unteren Ende ist ein steifer Trichter eingearbeitet, der von zwei Leinen in einem Innenkanal des Schlauches hochgezogen wird, damit er sich über dem eingeschlossenen Segel nicht verkanten kann. Eine Endlosleine führt beim Setzen des im Strumpf geborgenen asymmetrischen Segels von dem ganz nach unten gezogenen Trichter durch die Röhre hindurch zum oberen Schlauchrand, von dort nach außen und frei am Mast entlang zurück zum Deck. Zum Enfalten des Segels holt man den Trichter zügig bis nahe an den Fallblock nach oben und belegt die Aufholerleine am besten in Handreichweite am Mast, wo sie jederzeit schnell gelöst werden kann, wenn man das Segel bergen will.*

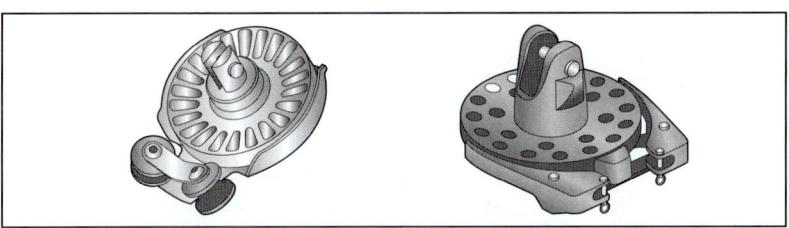

Abb. 180 *Tellerartige Vorsegelroller für fliegend gefahrene asymmetrische Vorsegel (»Gennakerroller«) haben den »Strumpf« oder Bergeschlauch zur Erleichterung des Umgangs mit ihnen vor allem auf Regattabooten abgelöst. Sie werden mit Endlosleinen bedient, erlauben das schnelle und leichte Einpicken des Segels mit dessen Halsbeschlag und verhindern auch das unerwartete Festklemmen der Reffleine, wie es auf üblichen Fockrollern mit ihren Trommelsystemen möglich ist. Der Segelkopf wird an einem hoch belastbaren Fallwirbel angesteckt. Die neuen Gennakerroller sind bislang für asymmetrische Segel von 20 bis zu 400 m² Fläche im Einsatz.*

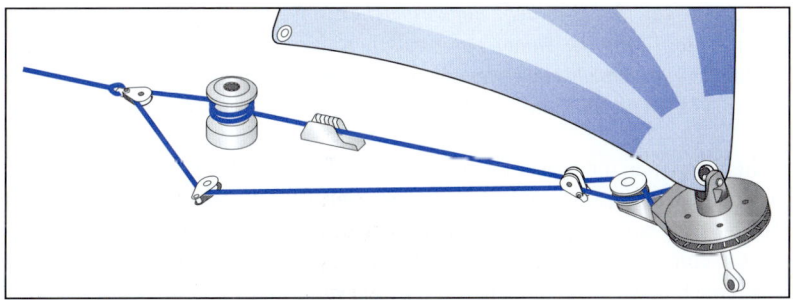

Abb. 181 *Die großen Segelflächen der asymmetrischen Vorsegel, die mit den tellerartigen Leinenringen aus- und eingerollt werden, sind nicht einfach nur von der Hand zu bedienen. Sie müssen über eine Winsch geführt und die holende Part der Endlosleine muss während des Betriebs in einer Schotklemme sicher festgehalten werden. Auch das Blockieren der zweiten Part ist notwendig, weil ja der gegenhaltende Schotzug entfällt, wenn (zum Bespiel beim Halsen) das asymmetrische Vorsegel wie eine große Flagge über den Bug hinaus nach vorn ausweht. Die Abbildung zeigt eine hierfür bewährte Leinenführung,*

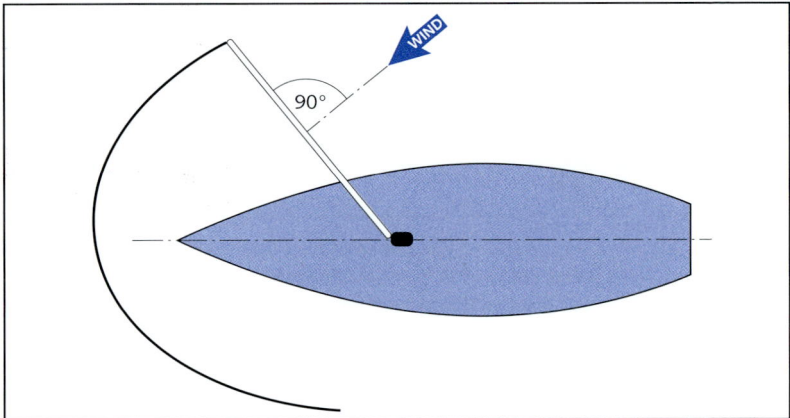

Abb. 182 *Natürlich kann man für ein asymmetrisches Segel auch einen Spinnakerbaum benutzen. Man schlägt den Hals an der Spinnakerbaumnock an, wenn die Spiere gut frei über dem Bugkorb hängt, holt den Spi-Baum dann langsam nach achtern (wie bei einem symmetrischen Segel) und trimmt ihn so, dass er senkrecht zum Einfallswinkel des scheinbaren Windes steht. Sein optimaler Stand ist erreicht, wenn Hals und Schothorn ungefähr auf gleicher Höhe hängen.*

höher kann man mit ihm auf raum-vorlichen Kursen nach Luv laufen (Abb. 184). Auf raum-achterlichen und Vorwindkursen fiert man die Streckertalje weiter auf, bis der Hals auf etwa Kopfhöhe einer Person steht. Das Segel kann sich dann besser von der Reling abheben und weiter entfernt vom abdeckenden Großsegel nach Luv schwingen. Hier nimmt das asymmetrische Vorsegel eine dem herkömmlichen Spinnaker ähnliche Form an. Gegebenenfalls kann man für das asymmetrische Vorsegel auch einen Spinnakerbaum benutzen, an dessen Nock der Hals angeschlagen wird (Abb. 182).

Auf raum-achterlichen Kursen und mit größerem Anstellwinkel zum scheinbaren Wind kann man den Schotholepunkt von extrem weit achtern auch weiter nach vorn verschieben, damit sich das Schothorn nicht so weit anheben und das Leeliek hochfliegen kann (Abb. 183). Das Segel wird dadurch symmetrischer getrimmt und zieht kräftiger. Wie weit man mit ihm einen tieferen raum-

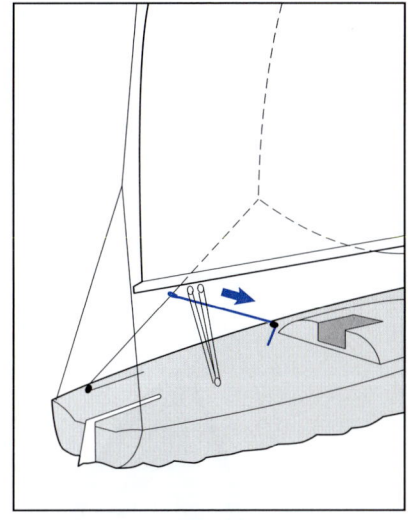

Abb. 183 *Prinzipskizze für den Beiholer, der zum Trimmen eines asymmetrischen Segels den Zugwinkel der arbeitenden Leeschot zu verändern hilft.*

achterlichen Kurs segeln kann, hängt letztlich von der Windstärke ab. Je leichter das Wetter, desto höher muss man auch auf raumen Kursen laufen, um ein asymmetrisches Vorsegel voll und zugkräftig zu halten. Sein Optimum für eine gegebene Windgeschwindigkeit findet man am besten, wenn man mit dem gut gefüllten Segel auf Kurs geht und langsam abfällt, bis sich das Schothorn zu senken beginnt und die Schot ihre Zugkraft einbüßt. Dann dreht man zurück, bis das Segel wieder voll steht und zieht. Diese magische Windanschnittskante verändert sich unterwegs ständig. In Böen wird man dabei tiefer segeln, beim Abflauen wieder höher herangehen können – das ewige Spiel um schnelleres Segeln.

Wechsel der Windseite nur durch Halsen

Ein asymmetrisches Vorsegel kann, wie ein herkömmlicher Spinnaker, nur durch Halsen auf den anderen Bug gebracht werden. Wenn das Segel voll steht, fällt man langsam ab und fiert die Schot dabei gleichmäßig und so schnell wie möglich auf, ohne dass das Tuch zusammenfallen kann. Der Trick dabei ist, so viel Schotendruck zu behalten, bis das Segel frei vom Vorstag mit dem Wind ausweht. Gibt man der Schot nicht genügend Lose, bevor es platt vor dem Wind läuft, wird es vorher zusammenfallen und sich im Vorstag vertörnen. Dreht das Boot (mit dem Segel vorlich vom Vorstag) beim Halsen durch den Wind, lässt man die alte Schot ganz frei und holt die neue Schot auf der anderen Seite an. Wenn der Segelhals am Bug angeschlagen ist, wird das auswehende Segel beim

Schotwechsel außerhalb des Vorstags auf die neue Seite gebracht (Abb. 186). Wird der Segelhals von einer langen Streckertalje und somit frei vom Deck gehalten, kann man das frei fliegende Vorliek auch innerhalb des Vorsegeldreiecks auf den neuen Bug bringen.

Welche Methode des Halsens man auch anwendet, man sollte das Boot in einer langsamen, aber gleichmäßigen Drehung vom raum-achterlichen Kurs auf der einen Seite zum gleichen Kurs zum Wind auf der anderen Seite bringen und die Bootsbewegung nicht auf halbem Wege abstoppen; denn dann könnte sich

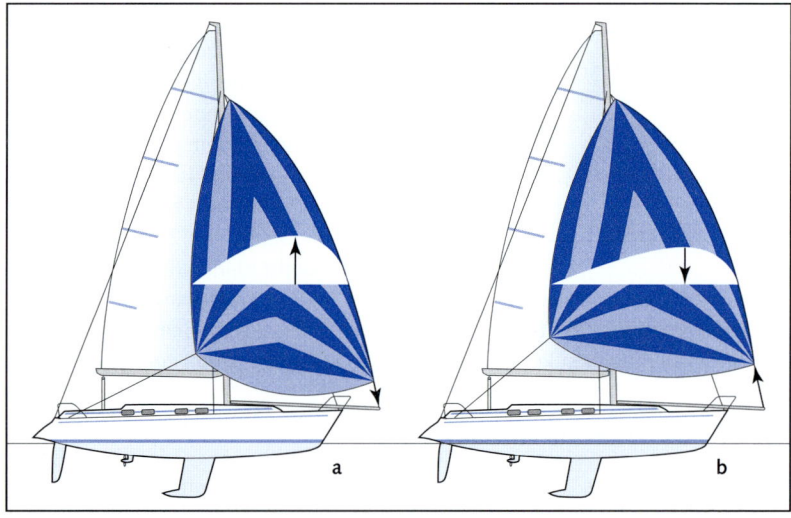

Abb. 184 *Da ein asymmetrisches Vorsegel mit einem frei fliegenden Vorliek gesetzt wird, kann die Segelwölbung über den Halsstrecker für die jeweiligen Segelbedingungen verändert werden: Ist der Strecker so weit wie möglich durchgeholt und steht der Hals dabei in Decksnähe, hat man das Vorliek dem Achterliek angenähert. Das Segel erhält sein tiefstes Profil bzw. wird bauchiger (a). Gibt man stattdessen dem Halsstrecker Lose, sodass der Hals hoch über Deckshöhe hängt, entfernen sich beide Lieken voneinander, und das Segel wird (bei gleichzeitigem Schotenzug) flacher getrimmt (b).*

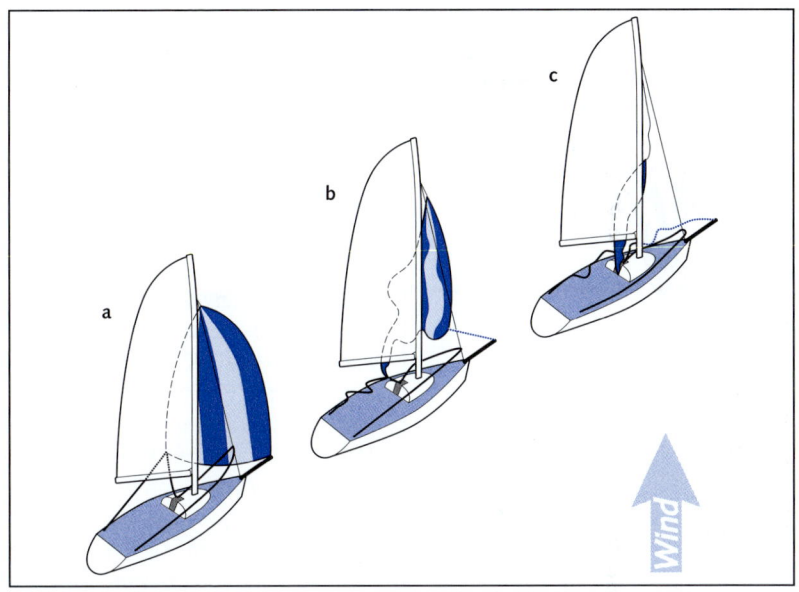

Abb. 185 *Zum Bergen eines asymmetrischen Vorsegels geht man auf einen raum-achterlichen Kurs und ergreift die arbeitslose Luvschot neben dem Großbaum (a). Dann streckt man die Halstalje, gibt der arbeitenden Leeschot alle Lose und erfasst über die arbeitslose Schot das Tuch des Vorsegels in Lee des Großsegels (b). Möglichst gleichzeitig fiert man das Fall so schnell, wie sich das unförmige niederfallende Segel mit Armen umfassen und mit Händen greifen lässt und stopft es in das Vorluk oder in den Kajütniedergang (c). Es später ordentlich in den Segelsack zu packen ist einfacher, als – besonders in einer frischen Brise – diese Arbeit noch an Deck zu erledigen*

das leichtgewichtige und großflächige Segel während des Manövers um das Vorstag wickeln.

Der kritische Punkt beim Seitenwechsel ist der Übergang des Schothorns über das Vorstag. In sehr leichtem Wind muss gegebenenfalls ein Crewmitglied auf dem Vorschiff beim Übergeben des Schothorns mit Hand anlegen.

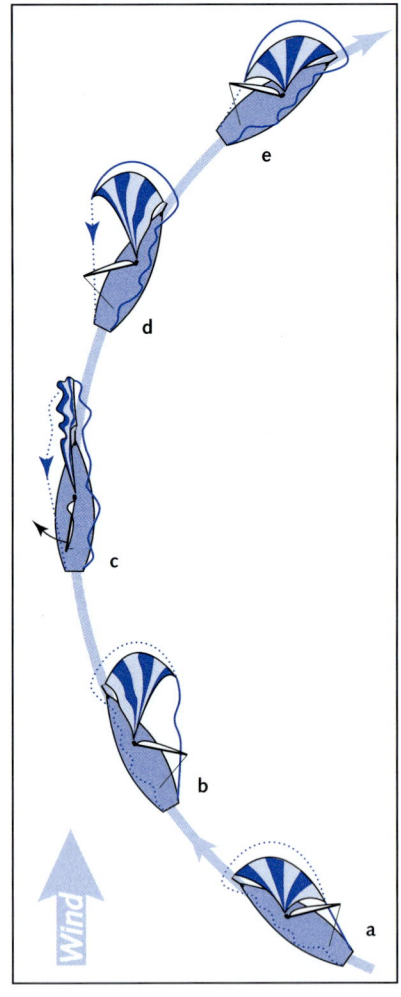

Abb. 186 *Halsen mit dem Blister: Mit einem asymmetrischen Vorsegel wie Gennaker oder Blister, die vor dem Vorstag gefahren werden, sollte man die Windseite nur durch Halsen wechseln. Das großflächige Segel aus leichtem Tuch kann dann am Rigg nicht hängen bleiben oder sogar einreißen. Dazu bringt man leichtgewichtige Schoten von etwa doppelter Bootslänge am Schothorn an, die vom Holepunkt am Heck bis zum vor dem Bug auswehenden Vorsegel reichen müssen und noch ausreichende Länge vor dem Umlenkblock am Heck behalten. Ich fahre sie bei mir in grüner und roter Farbe für die jeweilige Bootsseite. – Auf einem raumen Kurs reicht dann die rote Luvschot (a) vom Backbordheck bis zum an Steuerbord weit nach achtern geholten und von der grünen Schot gehaltenen Schothorn. – Bei Beginn des Halsens (b) fiert man die grüne Schot auf und lässt das Stb-Schothorn bis zum Bug nach vorn fliegen. Gleichzeitig bereitet man die Großschot für das Manöver vor. – Vor dem Wind angekommen, lässt man die grüne Schot schießen und holt gleichzeitg die vorhandene Lose in der roten Schot durch (c). Bei ausreichendem Bordwind weht jetzt das asymmetrische Segel wie eine Flagge in Fahrtrichtung vor dem Bug aus, und man kann ohne Hast das Großsegel schiften und den Baum von der Stb- auf die Bb-Seite bringen.*

– Auf dem neuen Bug (d) holt man die rote Schot langsam dichter und steckt dabei die nun arbeitslose grüne Schot nach. – Wenn das Segel auf dem neuen Bug richtig getrimmt ist (e), kann man die noch übrig gebliebene Länge aus der Luvschot nehmen und diese dort über das Seitendeck laufen lassen, wo sie nicht stört. – Für dieses Manöver ist etwas Schwung hilfreich, aber eine schnelle Fahrt keine Bedingung; im Gegenteil: denn der Bordwind (der scheinbare Wind), der das flaggenähnliche Auswehen des Segels bewirkt, ist ja unter den gleichen Windbedingungen bei einem langsamen Boot stärker als bei einem schnellen.

Zum Bergen des asymmetrischen Vorsegels ohne Bergeschlauch geht man auf einen raum-achterlichen Kurs und führt die in Abb. 185 gezeigten und beschriebenen Arbeiten am besten mit zwei Personen durch. Das Bergen mit einem Strumpf schafft auch eine Person allein: Der Spinnaker-Bergeschlauch kann dem Kopf des Segels schon übergezogen werden, wenn man es an Deck in den Arm nimmt; besonders bei viel Wind bleibt es dann besser unter Kontrolle. Man gibt dazu der Schot Lose und zieht den Strumpf über seine Trimmleine zügig nach unten.

In einer Wettfahrt kann das Bergen auch anders erfolgen: Beim Luvbergen führt man die arbeitslose Luvschot oder eine besondere Niederholerleine rund um das Vorstag, zieht das Segel schnell nach Luv, wenn die Leeschot freigegeben ist, und ergreift auf dem Luvdeck das niederfallende Tuch.

Bei Großsegeln mit losem Unterliek (zum Beispiel allen Rolleffgroßsegeln) kann man das asymmetrische Vorsegel noch auf andere Art sicher bergen: Man bringt die Luvschot in ihrer ganzen Länge um das Vorstag herum nach Lee und lässt sie vollständig zwischen Großbaum und Großsegelunterliek niederfallen. Wenn dann eine Person den Kopf des Vorsegels ebenso schnell fallen lässt, kann eine andere das Tuch aus dem Kajütniedergang ergreifen und zügig in die Kajüte stopfen. Insbesondere bei viel Wind ist dies (bei entsprechend gebauten und vor allem größeren Booten) die sicherste Bergemethode.

Asymmetrische Segel für einen optimalen Umwegkurs

Asymmetrische Raumschotssegel bilden heutzutage den Kern einer modernen Segelgarderobe auf größeren Yachten, und insbesondere Rennyachten ver-

zichten oft vollkommen auf Spinnaker aller Arten und Größen und segeln stattdessen nur mit Raumsegeln unterschiedlicher Flächen, verschiedener Tuchgewichte und voneinander abweichender Profilierung. So hatte z. B. die größte
deutsche Hochsee-Rennyacht UCA von Klaus Murmann auf ihrer Transatlantik-
regatta DCNAC 2003 fünf Gennaker von je ca. 600 m² Fläche an Bord und

dazu entsprechende Ergänzungssegel
wie Gennaker-Stagsegel, Reacher und
Reacher-Stagsegel – aber keinen Spinnaker.

Der Grund ist einleuchtend: Eine
Yacht ist auf einem direkten Vorwindkurs immer langsamer, als wenn
sie mit den neuen asymmetrischen
Vorsegeln einen Umwegkurs segelt,
auf dem sie einen beträchtlichen

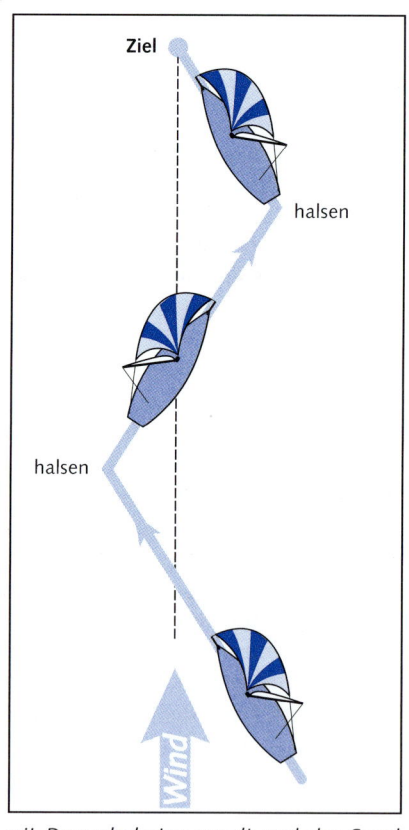

*Abb. 187 Mit einem asymmetrischen
Segel (auch in der klassischen Blister-
Form) segelt man keine Vorwindkurse
mehr, sondern kreuzt auf Vorwindstrecken mit ca. 30° zur Windachse
bzw. einem Kurs von 150° vor dem
Wind. Die dabei erzielte größere Geschwindigkeit hebt den Nachteil einer
geringfügig größeren Streckenlänge
nicht nur auf: Man kann auf den Spinnakerbaum verzichten; die Gefahr einer Patenthalse besteht nicht mehr;
das Boot rollt nicht bei einer achterlichen See, und es lässt sich ruhiger auf
Kurs halten. Die für einen solchen Umwegkurs notwendigen (wenigen) Hal-*
*sen sind einfach zu fahren, wenn man mit Doppelschoten segelt und das Segel
weit vor dem Vorstag frei fliegend auf den anderen Bug geholt werden kann.*

Geschwindigkeitsgewinn verbuchen kann. Einfach ausgedrückt: Der kürzere Weg ist nicht immer der schnellste!

Was man heute in komplizierten Leistungsdiagrammen für eine Yacht mit Computerhilfe ermittelt, ist eigentlich eine alte Rennseglermütze, die wir schon vor fast 50 Jahren trugen und die sich heutzutage auch noch jeder Fahrtenschipper aufsetzen kann, wenn er gelegentlich eine Wettfahrt segelt: Aus der Kurszeichnung zwischen dem kürzeren und längeren Weg zu zwei Bahnmarken zeichnet man zwei kongruente gleichschenklige Dreiecke, in denen der Abweichungswinkel Alpha gleich ist (Abb. 189). Der Kosinus für Alpha = 10° ist gleich dem kürzeren Weg K geteilt durch den längeren Weg L. Lösen wir die Gleichung nach L auf und nehmen als Distanz für den kürzeren Weg 1 sm an, so erhalten wir L = 1 : 0,9849 und den Wert 1,015 sm. Der zusätzliche Weg beträgt also nur 1,5 %. Dementsprechend ergibt sich bei 15° ein um 3,5 % und bei 20° ein um 6,4 % längerer Weg.

Bereits 1962 hatte ich eine Grafik veröffentlicht, aus der man den optimalen Abweichungswinkel beim Segeln eines Umwegkurses mit Bordmitteln entnehmen kann (Abb. 188). Bei einem Anluven um beispielsweise 25° zum Vorwindkurs muss das Boot nur um 10 % schneller laufen, um die entsprechend größere Distanz wettzumachen. Gelingt es ihm jedoch, anstelle von z. B. 5 kn unter Spinnaker und platt vor dem Laken jetzt 6 kn oder ca. 20 % schneller auf diesem raum-achterlichen Umwegkurs zu lau-

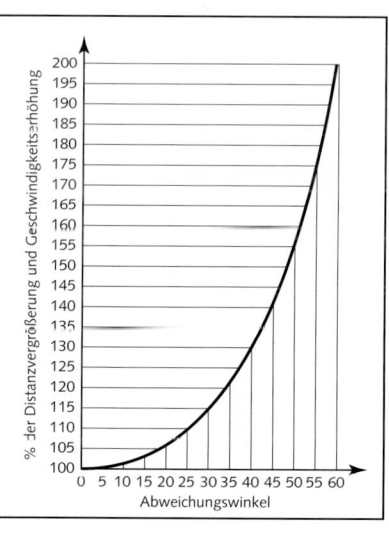

Abb. 188 Ohne Computerhilfe und elektronische Navigationsverfahren diente früher ein einfaches Diagramm an Bord dafür, den optimalen Abweichungswinkel beim Segeln eines Umwegkurses zu ermitteln. Es kann auch heute noch gute Dienste leisten.

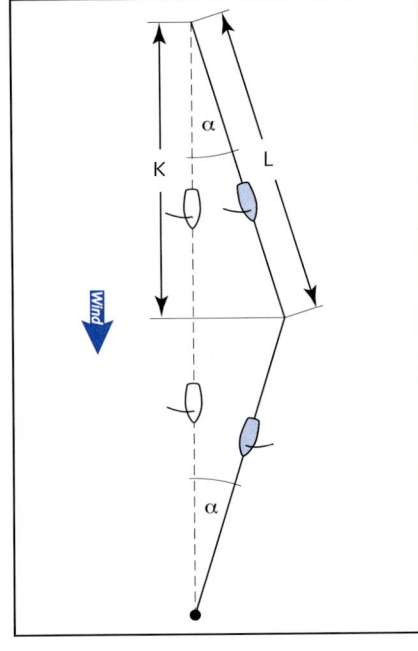

Abb. 189 *Bei einem Abweichungswinkel von 10° zum kürzeren direkten Vorwindkurs K muss man auf dem längeren Weg L zum Ziel nur eine um 1,5 % zusätzliche Distanz segeln, um gleichzeitig anzukommen. Bei 15° Abweichung ergibt sich ein um 3,5° längerer Weg. Ein entsprechender raumachterlicher Kurs mit den richtigen Beisegeln kann unter diesen Bedingungen der schnellere sein.*

fen, dann hat es 10 % Distanz des direkten Weges gewonnen.

In der Praxis sind die damit verbundene Änderung des Bordwindes in Richtung und Stärke (die scheinbare Windgeschwindigkeit), die damit einhergehende Verbesserung des Anstellwinkels eines Gennakers oder eines anderen speziellen asymmetrischen Raumschotssegels und die daraus wieder resultierende vergrößerte Segelkraft Faktoren einer Kettenreaktion, die eine überproportionale Zunahme der Bootsgeschwindigkeit auf solchen Umwegkursen bei allen Segelbrisen zulassen.

Untersuchen wir zum Schluss den Einsatz des asymmetrischen Vorsegels mit der größten Segelfläche und der größtmöglichen Wölbung, des Blisters, auf einem Vorwindkurs und die Möglichkeit, ihn dort ähnlich optimal einzusetzen wie ein symmetrisches Vorsegel, den Spinnaker (s. Abb. 67). Der mit einem üblichen Spinnakerbaum (in den Maßen der Vermessung) einseitig ausgebaumte Blister ist dem Spinnaker unterlegen. Mit dem Einsatz eines Teleskop-(Spi-)Baumes (Abb. 190) kann man dem Wind aber auch die volle Nutzfläche auf einer Bootsseite anbieten – und damit den Blister als »Fahrtenspinnaker« einem Spinnaker auch auf einem Vorwindkurs ebenbürtig machen.

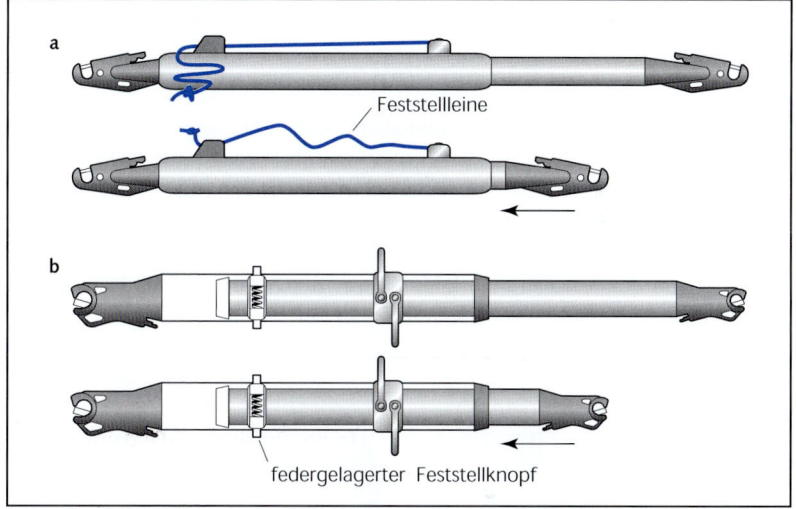

Abb. 190 *Teleskopbäume guter Qualität können mit einer innen liegenden Talje stufenlos auseinander gezogen werden (a). Nach Lösen der in einer kleinen Klemme gehaltenen Feststellleine ziehen sie sich blitzschnell wieder zusammen. – Teleskopbäume sind auch mit Beschlägen für Toppnant und Niederholer ausgestattet (b) und haben meistens eine Basislange, die kürzer als die eines (vermessenen) Spinnakerbaumes ist. Dafür lassen sie sich auf ca. 130 % üblicher Spibaumlänge ausziehen und bleiben dabei noch hoch belastbar.*

9. Spinnaker sind symmetrische Vorsegel

Die Entwicklungsgeschichte des Spinnakers (Abb. 191) zeigt, dass er 1865 als asymmetrisches Segel für Vorwindkurse eingeführt wurde, gut 100 Jahre lang viele unterschiedliche, ballonähnliche Formen durchlief, aber in jüngster Vergangenheit doch wieder eine asymmetrische Kontur den Vorzug erhielt. Nach wie vor bleibt er jedoch des Regatta- wie Fahrtenseglers liebstes Spielzeug, nicht zuletzt durch das faszinierende Bild, dass er durch seine mächtige Form und seine leuchtenden Farben weithin auf See bietet.

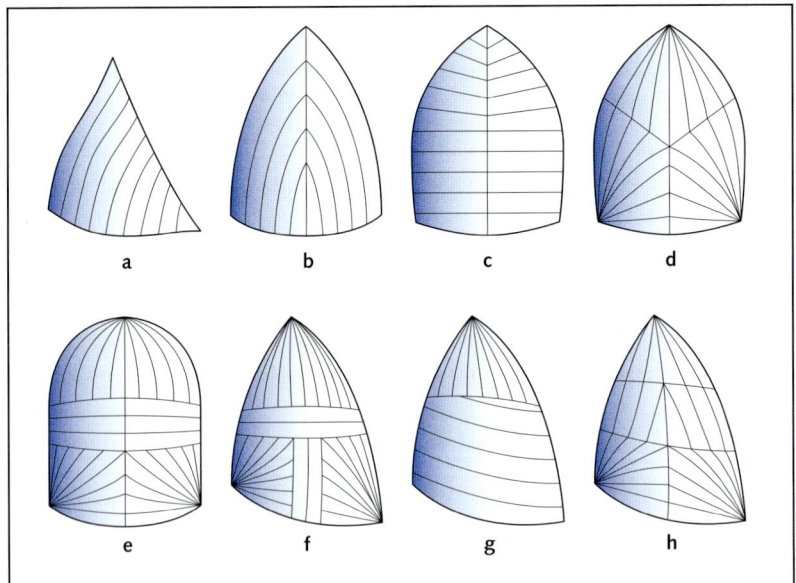

Abb. 191 *140 Jahre Spinnaker-Geschichte: Der ursprüngliche Spinnaker der* SPHINX *(sphinx acre, 1865) war ein asymmetrisches Segel (a). – Den ersten symmetrischen Spinnaker mit einer Mittelnaht und Bahnen in Form eines auf dem Kopf*

stehenden »V« fertigten Ratsey and Lapthorn 1936 (b). – Nach den für Groß- und Vorsegel seiner Zeit benutzten Horizontalbahnen fertigte Ted Hood 1950 den größeren Windfänger »Cross Cut« mit der größten projizierten Fläche und geringer anliegender Strömung (c). Der Kopf glich jetzt einem umgekehrten »U«. – Als sich die Mittelnaht bei der stärkeren Windbelastung auf raum-seitlicheren Kursen als zu dehnbar erwies, entwickelte Bruce Banks 1969 den »Star Cut« mit einem Radialschnitt, den man auch auf raum-vorlichen Kursen fahren konnte (d). – Hieraus machte Hard Sails den »Radial Head«, ehe North Sails 1975 den »Tri-Radial« konstruierte (e), mit einer Kombination von radialen Ecken über einer zentralen Horizontalpartie. So wird die Belastung mit maximaler Festigkeit und geringster Dehnung in Kettrichtung des Tuches radial zu den drei Lieken geleitet, und das Segel kann bei allen Windrichtungen und Windstärken seine Form erhalten. – Spinnakerähnlich wurde zuerst daraus der asymmetrische »klassische« Blister als »Fahrtenspinnaker« (f), ehe North Sails ihn zu dem mehr einem Vorsegel ähnlichen »Gennaker« entwickelte (g), einem Synonym aus Genua und Spinnaker. Mit einem »asymmetrischen Vorsegel« (h), das für raum-vorliche wie Vorwindkurse gleichermaßen geeignet ist, endet gegenwärtig die Segelentwicklung in der Spinnaker-Geschichte »vom asymmetrischen zum asymmetrischen«.

Der Spinnaker, auch kurz Spi genannt, ist ein eigenständiges Segel, bei dem wir zwei segeltechnische Vorteile ausnutzen: seine große Fläche und seine gewölbte Form. Während unsere dreieckigen Groß- und Vorsegel mit einem Seitenverhältnis von ca. 4:1 ihre optimalen Leistungen bei einem Anstellwinkel zum Bordwind von 15 – 20° erzielen, erzeugt der Spi mit einem Seitenverhältnis von ca. 1,5:1 seine größte Segelkraft bei einem Anstellwinkel von ca. 35–40°. Er wird damit durch seine rechteckige bis quadratische Form wie seine große Profiltiefe zu einem unverzichtbaren Beisegel auf allen Kursen nach Lee. Das Polardiagramm mit der Leistungskurve für eine übliche Wölbung (von vielen möglichen, Abb. 192) mag einen Eindruck vermitteln, worin die aerodynamischen Vorteile gegenüber einem Groß- oder Vorsegel liegen; deren typisches Polardiagramm wurde bereits eingangs gezeigt.

Um den großflächigen Spinnaker nicht nur platt vor den Wind, wo er weitgehend nur als Windfang (mit einem Widerstandsbeiwert von ca. 1,1) arbeitet, sondern auch auf raum-achterlichen Kursen (und damit effektiv als »Windmo-

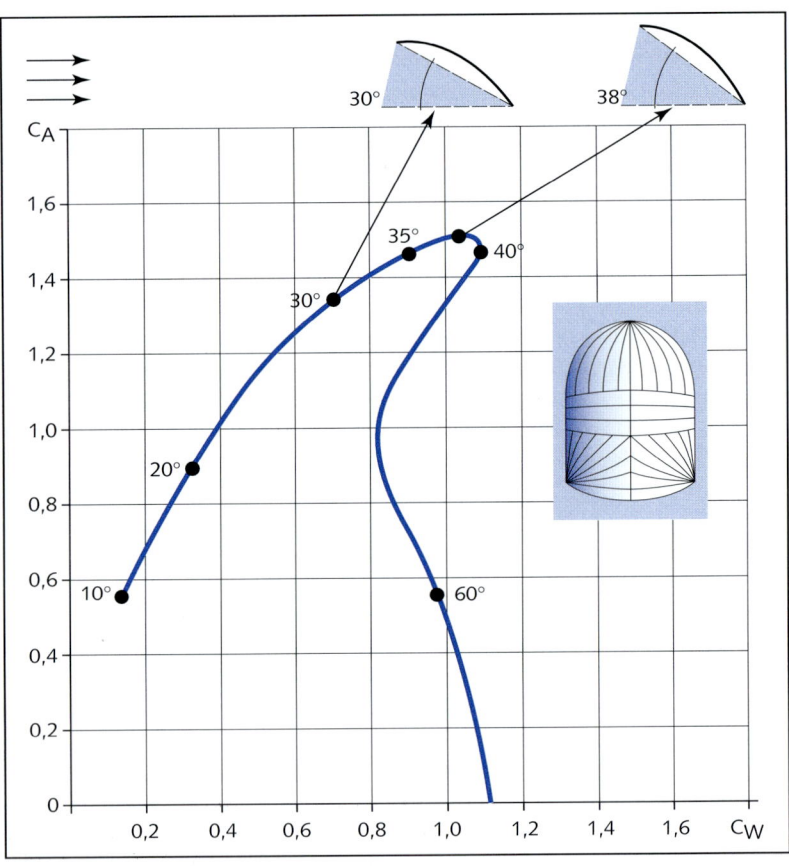

Abb. 192 *Ein Polardiagramm, das die in Windkanalversuchen ermittelte Leistungs-fähigkeit eines breitflächigen Segels mit größerer Wölbung darstellt. Wie in Abb. 28 für ein übliches Hochsegel gezeigt, wird der höchste Auftriebsbeiwert (C_A) bei einem Anstellwinkel von ca. 38° erreicht, allerdings bereits mit einem großen Widerstandsbeiwert (C_W) von ca. 1,1. Wird der Spinnaker jedoch auf Kursen nach Lee gefahren, kann dieser Widerstand, den er dem Wind bietet, sogar nützlich*

sein. Mit einem Anstellwinkel von 60°, auf tiefen raum-achterlichen Kursen, arbeitet der Spi nahezu nur als Windfang. Demgegenüber erzielt der Spi, wenn er mit etwa 30° zum Bordwind (dem scheinbaren Wind) gesetzt wird, annähernd die gleichen Auftriebs- und Widerstandsbeiwerte, wie sie eingangs für Hochsegel gezeigt wurden – aber er bringt dafür die doppelte Segelfläche ein. Ob daraus auch der doppelte Nutzen (sprich Vorschub) resultieren kann, hängt allerdings noch von anderen Faktoren ab. Bis in die jüngste Vergangenheit hat man den flachen Star-Cut-Spi jedenfalls erfolgreich auch auf raum-seitlichen Kursen gefahren – bis er hier von asymmetrischen Segeln, voran der so genannte »Gennaker«, abgelöst wurde.

tor«) mit 40° zum scheinbaren Wind anzustellen, bedarf es eines aufwändigen und (für Einsteiger) nicht unkomplizierten Geschirrs, mit dem auf dem Vorschiff nicht nur beim Setzen und Bergen, sondern auch zum Trimmen umgegangen werden muss. Seine Einzelteile, deren Namen und Bezeichnungen auch in den weiteren Tipps zum Umgang mit dem Spi verwendet werden, zeigt die Abb. 193. Der Spinnakerbaum ist dabei wie ein in der Abb. 190 gezeigter Teleskopbaum gearbeitet, jedoch mit einer auf das J-Maß der Vermessung begrenzten Länge. Ein sehr sinnvoll konstruierter Nockbeschlag (Abb. 197), in dem auch der Achterholer geführt wird, kann auch als Halterung am Mast benutzt werden. Das übliche Setzen ist in Abb. 194 dargestellt, das Setzen aus dem Bergeschlauch in Abb. 195.

Die üblichen Höchstmaße eines Spinnakers stammen noch aus der IOR-Vermessungsformel und müssen auch bei Regatten nach IMS eingehalten werden. Auch Fahrtensegler sollten sich an diese Größenbegrenzung halten, weil ein Spi mit einem LP-Maß von 180 % erfahrungsgemäß eine mehr als doppelt so große Segelfläche erhält wie die Genua I mit LP=150 % . Die Vermessungswerte, die in einer längeren Formel zur Berechnung der Spinnakerfläche herangezogen werden, zeigt Abb. 196.

Während in den vergangenen Jahrzehnten und bis etwa 1990 versucht wurde, den Spinnaker so zu schneiden und zu verarbeiten, dass er (wegen seines großen Flächenvorteils) auch auf raum-vorlichen Kursen (»halbwinds«) erfolgreich eingesetzt werden konnte, ist er dort heutzutage durch die Entwicklung von asymmetrischen Segeln (»Gennaker«) überflüssig geworden.

weiter S. 215

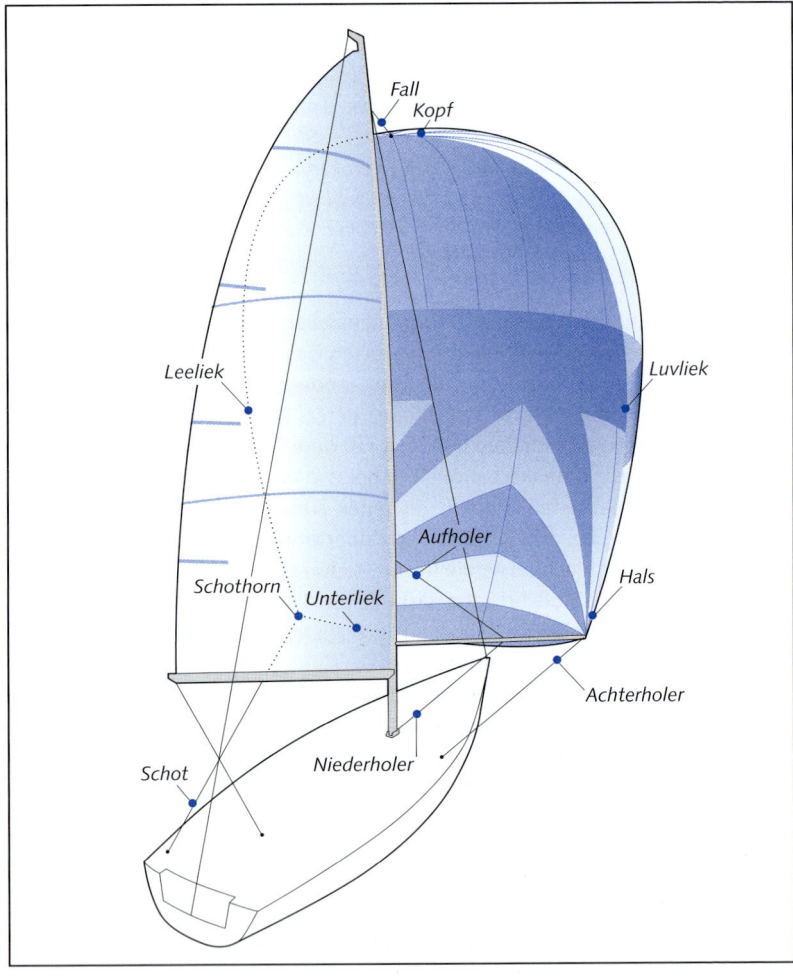

Abb. 193 *Bezeichnungen am Spinnaker, der mit einem gesonderten Spinnakerfall am Mast vorgeheißt und an einem Spinakerbaum gesetzt wird.*

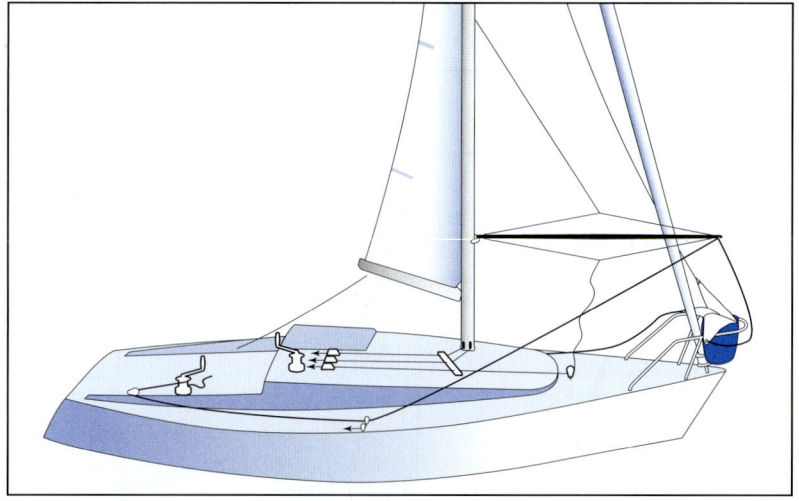

Abb. 194 Vor dem Setzen des Spinnakers, das vom Vordeck oder aus dem Bug-korb erfolgen kann, wird der Spinnakerbaum in entsprechender (Brust- oder Kopf-) Höhe geriggt und mit Toppnant und Niederholer waagerecht sicher festgemacht. Dann stellt man den Spinnakersack an Deck und macht ihn an der Seereling fest. Im Allgemeinen ist der Spi so eingepackt, dass seine drei unterschiedlich farbig ge-kennzeichneten Ecken eine Handbreite aus dem Verschluss herausgucken und man die außen um die Wanten herumgenommene Schot zuerst anstecken kann. Sie läuft dann (auf der Leeseite) zu einem Umlenkblock auf dem Achterdeck und zurück zu einer Schot- (oder einer zusätzlichen Spi-)Winsch an der Plicht. In glei-cher Weise schlägt man den Achterholer am anderen Spi Schothorn an und führt ihn außen um das Vorstag herum und dann durch den Kolbenfederverschluss an der Spi-Baumnock hindurch in gleicher Weise nach achtern. Zum Schluss befestigt man das Fall am Kopf des Segels, kontrolliert, ob alle drei Leinen von Wanten und Stagen freigehen werden, und zieht zuerst das Schothorn in Lee mit seiner Schot bis in Plichtnähe aus dem Sack. Hier belegt man sie mit Lose, ehe man auch die beiden anderen Spinnaker-Zipfel eine Armlänge aus dem Sack holt. Dadurch er-reicht man, dass sich der Spinnaker beim Setzen (vielfach aus der Plicht) zuverläs-

sig in Lee öffnet, der Bereich über dem Unterliek nicht Bekanntschaft mit dem Wasser macht und die Lieken sich nicht zu einem »Stundenglas« vertörnen können. Erst wenn der Spinnaker steht, darf man den Spi-Baum mit dem Achterholer weiter nach Luv holen.

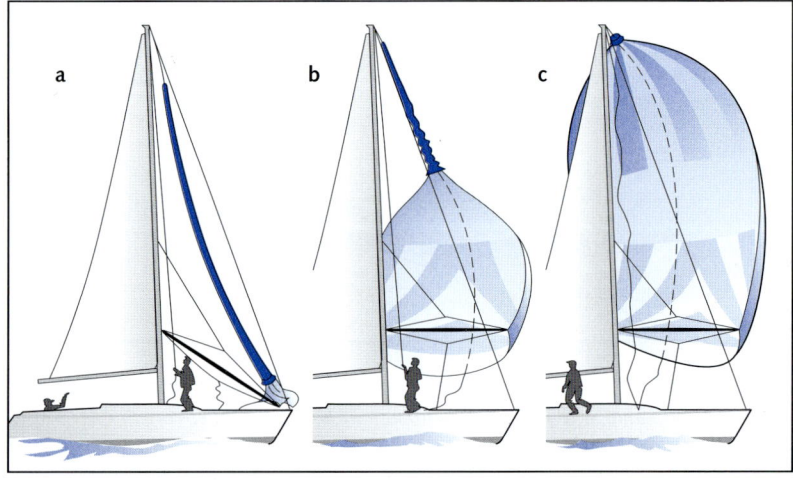

Abb. 195 Setzt man den Spinnaker aus seinem »Strumpf«, in den er beim letzten Einsatz auch als »Bergeschlauch« eingeholt worden war, dann riggt man das Geschirr mit dem Spi-Baum, wie beschrieben, und heißt auf dem Vorschiff den Schlauch ganz vor (a). Wenn das Fall belegt ist, zieht man den Trichter der Schlauchöffnung, wie schon im Kapitel »Asymmetrische Vorsegel« beschrieben, an seiner Endlosleine langsam nach oben (b) und lässt dabei den Wind mithelfen, ihn ganz aufzublähen und den Trichter hochschieben zu helfen. Hat der Trichter den Topp erreicht und steht der Spi (c), belegt man die nun zur Bergeleine gewordene Endlosleine an einem Mastbeschlag und trimmt Toppnant und Niederholer. Die ganze Arbeit kann von nur einer Person auf dem Vorschiff relativ einfach ausgeführt werden. – Das Bergen bereitet man in üblicher Weise vor: Man fiert den Achterholer, bis der Spi-Baum nahe dem Vorstag steht, fiert die Schot, um den Wind aus dem Segel zu nehmen, und holt mit der (endlosen) Bergeleine den

Trichter über den Kopf des zuerst noch flatternden und dann zusammenfallenden Vorsegels, bis es sicher eingepackt ist. Hier kann man den Schlauch gegebenenfalls auch einige Zeit hängen lassen, bis sich die beste Gelegenheit zum Abschlagen bietet, wie man andererseits auch schon mit dem vorgeheißten Schlauch aus dem Hafen laufen kann, wenn man weiß, dass der Weg zum Tagesziel mit einem langen Vorwindkurs beginnen wird.

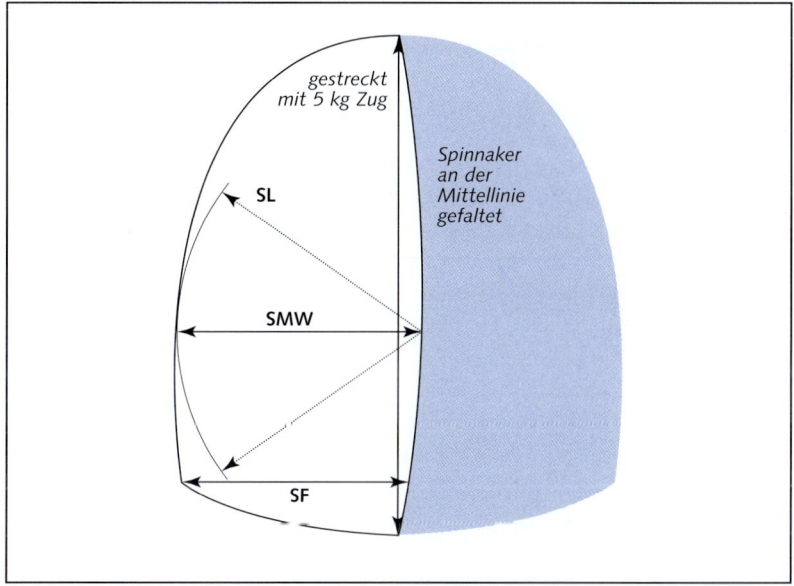

Abb. 196 *Für die Berechung der erlaubten Segelfläche eines Spinnakers werden folgende Maße genommen: die Länge des Seitenlieks (bzw. der Seitenlieken) SL, die größte im Spinnaker gemessene Breite SMW (»Spinnaker Maximum Width«) und die Länge des Fußlieks SF. Zur Vermessung wird der Spinnaker an der Mittellinie gefaltet; die Seitenlieken und die Schothörner werden aufeinander gelegt, mit 5 kg Zug gestreckt und die (halbe) größte Breite wird durch Abstandsprüfung ermittelt. Die entsprechende Formel lautet: SPI = 0,94 x (SL x SMW – 0,25 SL x (SMW-SF)).*

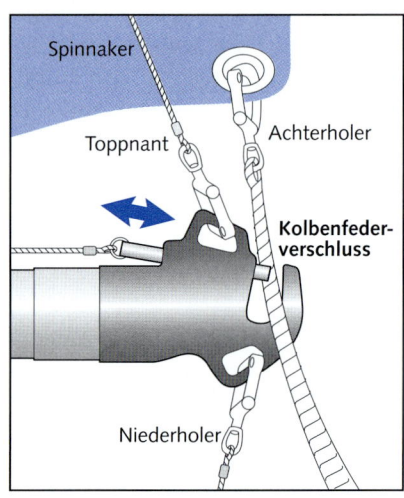

Abb. 197 Der Nockbeschlag eines Spinnakerbaumes ist an beiden Enden gleich, damit er (beim Schiften nach der Durchsteckmethode) wahlweise an seinem Mastbeschlag angeschlagen oder zur Führung des Achterholers benutzt werden kann. Er besitzt dazu einen Kolbenfederverschluss, den man über eine Reißleine öffnen und schließen kann, wenn z. B. der Achterholer eingelegt oder freigegeben werden soll.

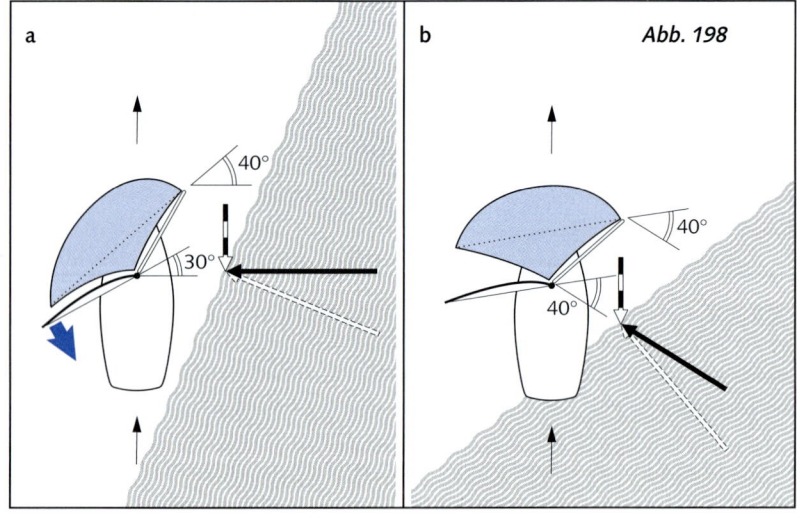

Abb. 198

Abb. 198 *Auf raum-seitlichen Kursen (a) setzt man einen tri-radialen Spi, bei dem die Segelkräfte von und zu den Segelecken am besten verteilt sind. Flach geschnitten und aus leichtem Tuch gearbeitet, sind sie meistens robust genug, um auch bei hier noch frischem Bordwind optimal getrimmt zu werden. Ist das Zusammenwirken beider Segel gestört, muss das Großsegel dichter geholt werden. Wenn der Spi-Baum parallel zum Seegang steht, ist er (für hier etwa 13 kn atmosphärischen Wind) richtig etwas untertrimmt. – Auf raum-achterlichen Kursen (b) arbeitet nur noch der Spi optimal. Er steht jetzt weit ab von der Großsegelfläche, die man gegebenenfalls noch fieren kann. Der Spi-Baum konnte mit der Kursänderung nach Lee angeholt werden und bleibt (für stärkeren Wind) leicht untertrimmt.*

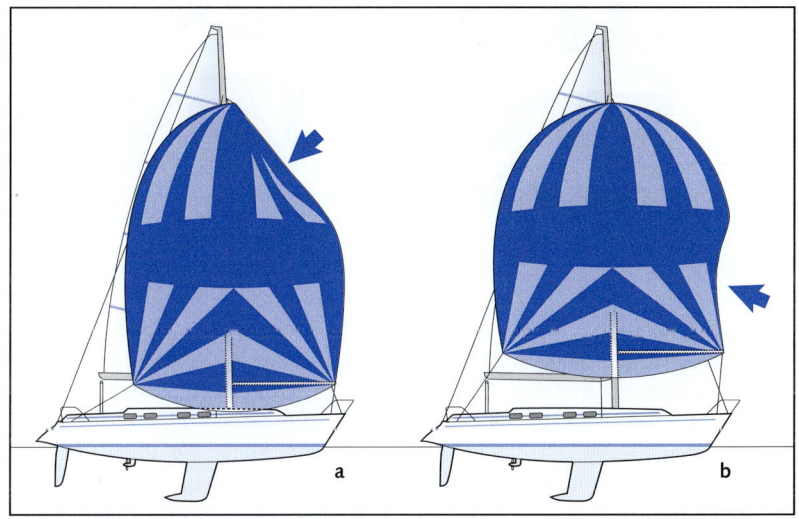

Abb. 199 *Für die Höhe des Spinnakerbaumes über Deck gilt die Faustregel, dass sich auf einem Vorwindkurs bei einer Vollzeugbrise das Schothorn und die Baumnock mit dem Achterholer auf gleicher Ebene befinden sollten. Falls bei abflauendem Wind das Schothorn tiefer sinkt, muss man auch den Spi-Baum auf die neue Höhe absenken. Die richtige Höhe des Spi-Baumes gibt das Segel selbst an: Fällt das Luvliek an der Schulter (im oberen Segelteil) ein (a), ist der Baum zu tief ge-*

setzt und muss an seiner Mastschiene hochgeschoben werden. Bildet sich hinge-
gen eine Einbuchtung im unteren Bereich des Vorlieks (b), muss man den Spi-
Baum tiefer holen. Richtig ist der Stand des Baumes, wenn sich das Luvliek im
Mittelteil leicht kräuselt, ohne einzufallen.

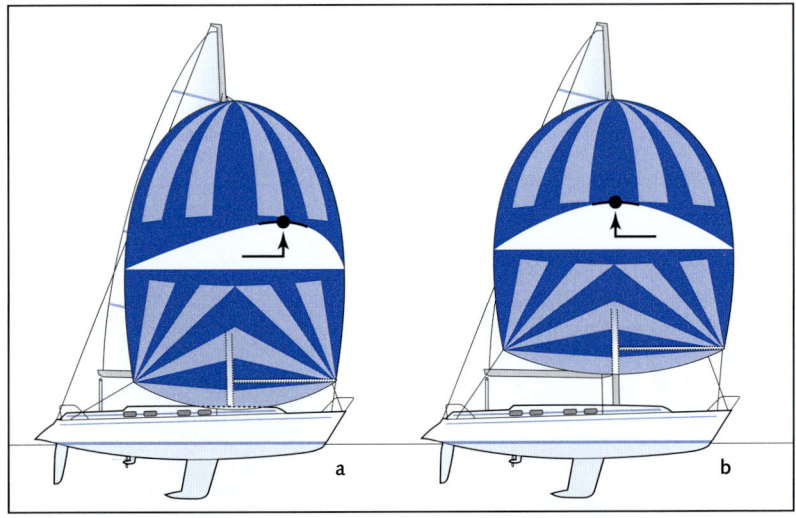

Abb. 200 *Über die Höhe des gesetzten Spi-Baumes und des auf gleicher Ebene geführten Schothorns lässt sich der Bauch eines Spinnakers (seine Profiltiefe) für die
wechselnden Erfordernisse von (raum-seitlichen und raum–achterlichen) Kursen
und Windgeschwindigkeiten trimmen (die genannte Standardposition zum Fahrtensegeln verändert man dementsprechend): Bei einem tiefer gesetzten Baum (a,
mit dem Schothorn auf gleicher Ebene) verlagert sich bei seitlichem Wind die Profiltiefe nach vorn, und das Achterliek öffnet sich. Diese Baum-Position gilt insbesondere bei Starkwind und vermindert die Gefahr des Querschlagens (eines »Son-
nenschusses«). – Hebt man den Baum an (b), verlagert sich die Profiltiefe nach
achtern, das Achterliek schließt sich, der Spi wird bauchiger. Diese Konstellation
kann sowohl für wenig wie für mehr Wind günstig sein. Bei Abflauen des Windes
sollte man den Baum immer tiefer setzen.*

Auf raum-seitlichen Kursen (wenn der Bordwind bei schon etwas achterlicher See querein weht (Abb. 198a), ist er aber immer noch eine gute Alternative zum Gennaker. Ebenfalls noch sehr nützlich ist der Spi auf raum-achterlichen Kursen (Abb. 198b), auf denen man ihn bei richtigem Trimm von Achterholer und Schot noch nahe seinem optimalen Anstellwinkel von 40° zum Bordwind halten kann. Hier muss er sich aber auch gegenüber dem Blister behaupten, der zwar (mit seiner Fläche) um 10–15 % kleiner, aber ohne das Spi-Geschirr auch sehr viel handiger ist.

Zum richtigen Spinnakern gehört, das Unterliek immer waagerecht bzw. das Schothorn und den Achterholer an der Spi-Baumnock immer auf gleicher Ebene zu halten (Abb. 199). Dabei zeigt das Segel selbst an, wenn man einen Fehler macht. Durch Verstellen der Höhe des Spinnakerbaumes über Deck lässt sich das Profil des Spi (für wechselnde Kurse oder unterschiedliche Windgeschwindigkeit) flacher oder bauchiger trimmen (Abb. 200).

Unter Spinnaker bei einer Vollzeugbrise platt vor dem Laken zu segeln gehört zu den schönsten Erlebnissen. Liegt das Ziel dabei jedoch nicht genau in der Windachse und muss man, damit der Spi richtig steht und gut zieht, auf seinem Windkurs (oder einem optimalen Umwegkurs) um 20° oder mehr vom direkten Weg abweichen, muss man halsen und den Spi dabei von einer Seite auf die andere schiften. Die verschiedenen Methoden dieses (manchmal) nicht einfachen Manövers und insbesondere den Umgang mit dem Spi-Baum dabei zeigen die Abb. 201 (mit Durchstecken), Abb. 202 (mit Absenken) und Abb. 203 (mit zwei Bäumen). Das Bergen des Spinnakers geschieht so weit wie möglich vor dem Wind, ist aber möglichst eine Zwei-Personen-Arbeit (Abb. 204), wenn es ohne Bergeschlauch erfolgt. Benutzt man einen »Strumpf«, kann auch eine Person allein den Spinnaker (wie bereits zu Abb. 195 beschrieben) sicher einpacken.

Allgemein gilt natürlich die bekannte Regel, einen Spinnaker auf raum-seitlichen Kursen und insbesondere bei zunehmendem Wind flach zu trimmen, während man auf raum-achterlichen Kursen seine gewölbte Form voll ausnutzen kann. Beginnt sich der Spinnaker auf Kursen platt vor dem Laken nach anfänglichen leichten Krängungen immer weiter aufzuschaukeln, bis aus dem Geigen ein rhythmisches Rollen wird, sollte man den gewünschten Kurs zum Ziel verges-

weiter S. 220

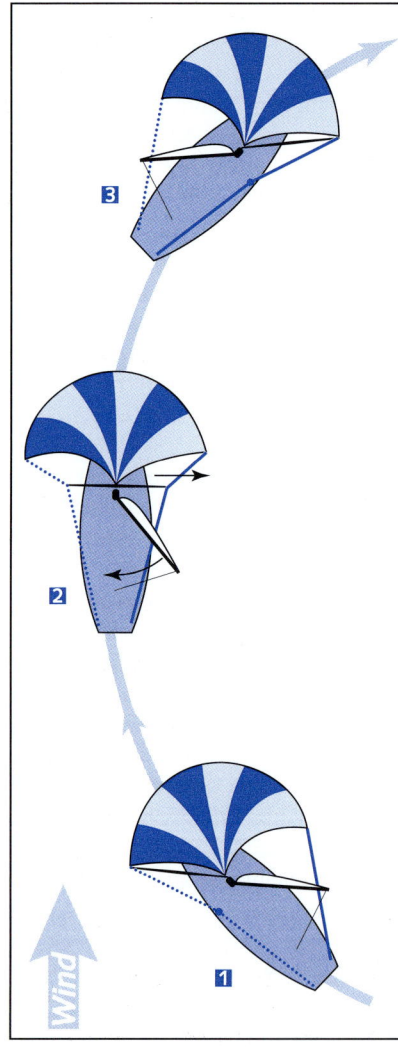

Abb. 201 Halsen und Spinnaker-Schiften mit Durchsteck-Methode (Bootsgröße begrenzt). Pos. 1: Von einem Kurs mit einem wahren Windwinkel von ca. 160°, auf dem der Spinnaker ruhig gestanden hat, langsam bis platt vor dem Laken abfallen und durch Dichtholen des Achterholers (bei gleichzeitigem Fieren der Schot) den Spi-Baum mit dem Luvliek des Spi etwa rechtwinklig zum Boot trimmen. Toppnant und Niederholer, die am Mast angreifen, bleiben angeschlagen, aber bereit zum schnellen Fieren oder Durchsetzen. – Pos. 2: Abfallen bis platt vor dem Laken, Achterholer und Schot etwas auffieren und Stand des Spi stabilisieren. Die Crew am Mast fiert jetzt den Niederholer etwas und löst dann (mit Blick nach achtern!) den Spi-Baum aus seinem Mastbeschlag. Sie pickt diesen sofort in die (bisherige) Spi-Schot ein und holt den Niederholer wieder dicht. Ist der Spi-Baum beidseitig sicher eingepickt, sollte die Cockpit-Crew das Großsegel schiften und der Rudergänger das Boot sicher auf den neuen Bug legen. – Pos. 3: Die Vordeckscrew hat inzwischen die nunmehr neue Leeschot durch Ziehen der Reißleine aus dem Spi-Baumbeschlag gelöst und befestigt diesen jetzt in seiner Masthalterung. Das Durchstecken des Baumes wird erleichtert, wenn die jetzige Luvschot auf dem neuen Kurs etwas gefiert wird und man den Baum einhängen kann, sobald er mehr nach voraus zeigt.

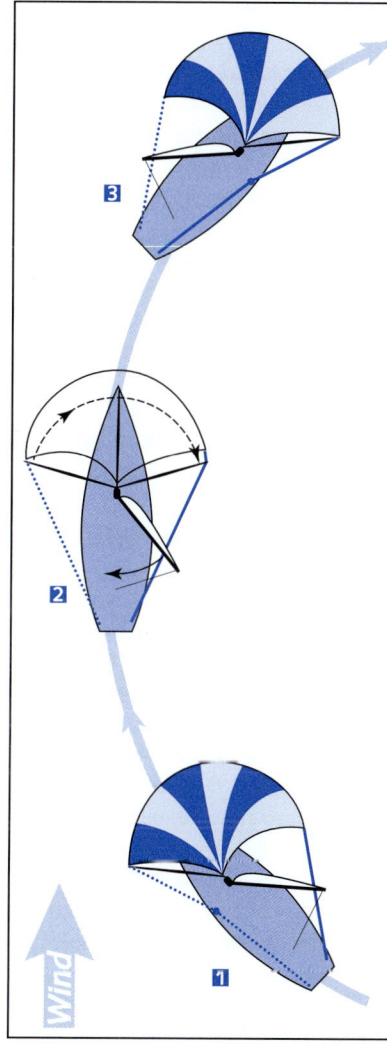

Abb. 202 Halsen und Spinnaker-Schiften mit abgesenktem Spi-Baum. Pos 1: Das Boot fällt von seinem bisherigen Kurs mit ca. 160° zur Windachse auf einen Kurs platt vor dem Laken ab. Die Crew stabilisiert den Spi für einen Vorwindkurs. Mögliches Rollen ist zu vermeiden. – Pos. 2: Mit kurz gehaltenen Achterholer und Schot fiert man den Toppnanten, löst den Spi-Baum vom Achterholer, gibt dem Niederholer Lose und schwenkt den abgesenkten Spi-Baum unter dem Vorstag hindurch zur anderen Seite. Am Nockbeschlag pickt man den nun neuen Achterholer an der bisherigen Schot ein und holt dann die Trimmleinen von Toppnant und Niederholer wieder dicht. Erst jetzt sollte man das Großsegel schiften. – Pos. 3: Nach dem Manöver vorsichtig auf den alten Kurs wieder anluven und den Spinnaker hierfür trimmen. – Das gleiche Manöver lässt sich auch mit doppelten Schoten und Achterholern fahren, doch stellt es meines Erachtens keinen Vorteil für eine (zahlenmäßig) kleine Crew dar. Die Methode, bei der auf beiden Bootsseiten je eine Schot und je ein Achterholer geriggt sind und beide ihre Namen und Aufgaben auf jedem Bug behalten, setzt eine gut geschulte und zahlenmäßig größere Crew voraus, mit der man das Schiften vielleicht etwas beschleunigen kann. Dann ist das Zweibaum-Schiften mit dem gleichen Mehraufwand sicherer und bequemer.

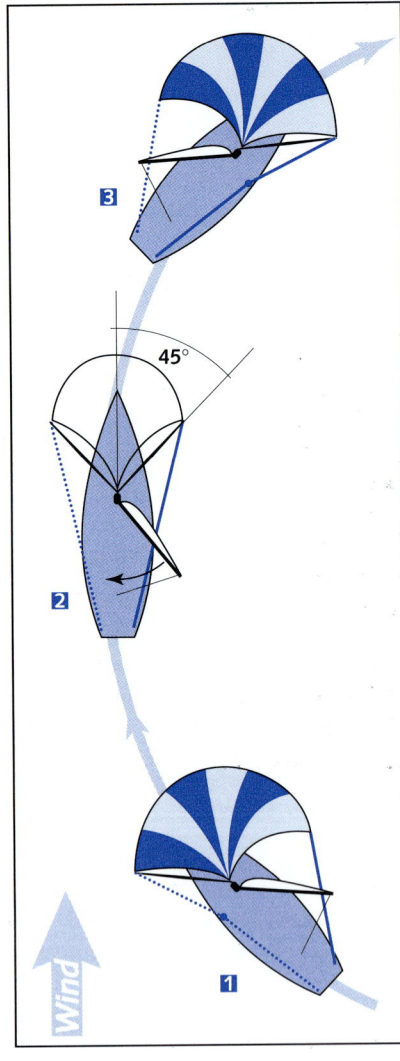

Abb. 203 Halsen und Schiften des Spinnakers mit zwei Bäumen. Pos. 1: Vor dem Manöver und noch auf einem raum-achterlichen Kurs riggt man den zweiten Spinnakerbaum mit Toppnant und Niederholer und macht ihn mit der Nock nach seitlich-vorn auf dem Vordeck fest. – Pos. 2: Nach dem Abfallen auf einen Vorwindkurs hebt man ihn an und klinkt ihn etwa 45° zum Bug in die (bisherige) Spi-Schot ein. Über den (bisherigen) Achterholer wird auch der schon gesetzte Spi-Baum auf der anderen Seite mit 45° zum Bug getrimmt. Wenn das Boot stabil vor beiden Bäumen auf Kurs liegt, schiftet man das Großsegel. Es ist gut, dass man sich dabei ganz auf dieses sichere Manöver konzentrieren kann. – Pos. 3: Wenn das Boot wieder vorsichtig auf seinen neuen raum-achterlichen Kurs anluvt und der (neue) Spi-Baum dabei mit dem (neuen) Achterholer mehr querschiffs getrimmt wird, löst man die (jetzt zur Schot gewordene) Spi-Verbindung aus dem Nockbeschlag des vorher gesetzten Baumes, holt ihn ein und zurrt ihn an einem Bugbeschlag seefest – bis zum nächsten Schiften. – Auch dieses Zwei-Baum-Schiften lässt sich mit einem doppelten Satz von Schot und Achterholer ausführen, doch habe ich hierin nie einen segeltechnischen Vorteil gesehen.

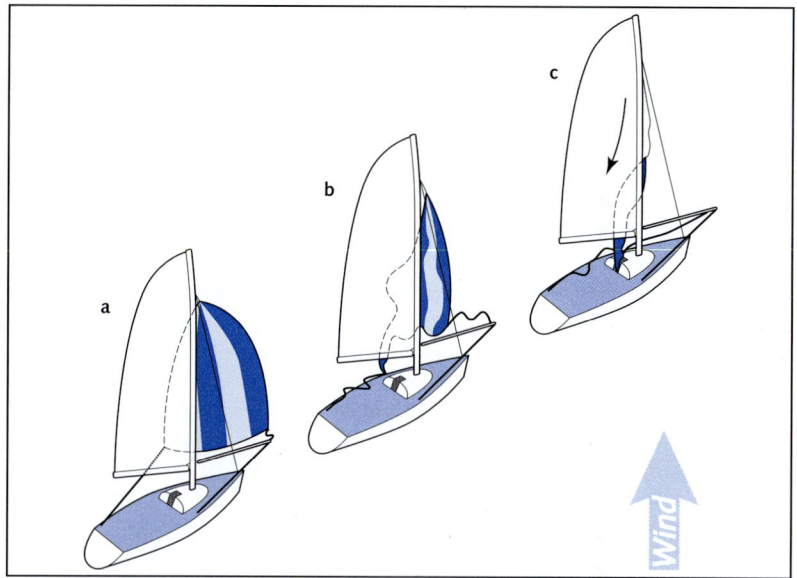

Abb. 204 *Zum Bergen des Spinnakers legt man das Boot nahezu vor den Wind, fiert den Spi-Baum bis auf sichere Handreichweite und schwenkt ihn nach vorn bis zum Vorstag (a). Gleichzeitig holt man die Spi-Schot dicht und befreit durch Betätigen des Auslösers in der Baumnock und Öffnen des Patentschäkels den Spinnaker von seinem Achterholer. Sobald das Luvliek frei ist und der Spinnaker in Lee des Großsegels wie eine Flagge auszuwehen beginnt oder schlapp einfällt, holt man ihn über die Spi-Schot weiter heran und belegt die Schot (b). Ein Crew-mitglied fiert jetzt schnell, aber kontrolliert das großflächige Segel weg, während es an Deck ein zweites Crewmitglied in Empfang nimmt, kräftig umfasst und ins (am besten Kajüt-)Luk fallen lässt (c). Nach schnellem Abschlagen von Fall und Schot wird der Spi hier später so in seinen Sack eingepackt, dass er wieder klar zum Setzen ist. – Mit einem Bergeschlauch vermeidet man mögliche Komplikatio-nen beim Bergen, vor allem bei viel Wind und wenn man das Boot nicht mehr platt vor das Laken hat bringen können, weil der Spi praktisch bei gleichzeitigem Fieren von Schot und Achterholer »hängend« eingepackt wird (s. Abb. 195).*

Abb. 205 *Spinnakern bei starkem achterlichem Wind.* **Pos. 1 a** *und* **1 c:** *Den Spi an die Kandarre legen. Hierzu den mit 90–95° zum Bordwind angestellten (untertrimmten) Spi-Baum tiefer (fest)setzen und dabei das Luvliek des Spi stabilisieren. Dann den Holepunkt der Spi-Schot durch Dichtholen des Barberholers nach vorn bringen. Gleichzeitiges Anholen der Schot erzeugt mehr Segelkraft und verhindert das seitliche Schwingen des Mastes, das Rollen oder »Geigen« im Seegang. Einen richtig getrimmten Spi erkennt man (mit einem Blick zum Masttopp) daran, dass der Spi-Kopf etwa 10–60 cm vor dem Block am Masttopp hängt und das Spi-Fall dort richtig in Längsschiffsrichtung ausgestreckt ist (**Teilzeichnung b**). – Die Crew sollte möglichst weit achtern (in der Plicht) sitzen, um das Boot in waagerechter Trimmlage – mit dem Bug sicher über Wasser – zu halten.*
Pos. 2 a: *Beginnt das Boot trotz sorgfältigen Steuerns nach Luv zu krängen (und zunehmend zu rollen), holt man die Schot etwas dichter und/oder der Rudergänger versucht, die einsetzenden Rollbewegungen durch vorsichtiges Anluven abzufangen (**Pos. 3 a**).*
Pos. 2 c: *Spätestens beim Einsetzen des Rollens nach Lee ist es erforderlich, eine Bullentalje zum Großbaum zu scheren und damit das Rigg vor einer möglichen Patenthalse zu sichern. – Dem beginnenden Rollen nach Lee begegnet man durch Fieren der Spinnakerschot, um die Richtung der Segelkraft mehr nach Luv zu bringen. Die zweite Möglichkeit, das Abfallen (mit geriggter Bullentalje), bedeutet, dass das Boot dann tiefer als vor dem Wind (mit einem Bordwindwinkel von 190 – 200°) bzw. vor dem Wind mit Wind von Lee (**Teilzeichnung d**) segeln müsste – auf einem nicht ungefährlichen Segelkurs als hohe Schule für den Rudergänger.*
Pos. 3 c: *Man darf nur so weit abfallen, bis das (durch den Bullenstander gefangene) Großsegel etwas einfällt, und muss dann sofort wieder bis nahe an den normalen Vorwindkurs zurückluven. Von dort beginnt das Tiefersegeln dann von neuem. Je schneller der Rudergänger auf diese Bewegungstendenzen des Bootes reagiert, desto weniger muss er an seinem Rad drehen – und je länger und ruhiger er das Großsegel in dieser Leestellung halten kann, desto sichbarer werden die Rollbewegungen abnehmen, und es wird eine Rolldämpfung bis auf nur noch wenige Krängungsgrade einsetzen.*

sen und praktisch »dem Spinnaker hinterhersegeln«, um die Krängung abzuschwächen (Abb. 205). Man sagt dazu auch: »das Boot nach (oder unter) dem Mast steuern«, was bedeutet: beim Wandern des Masttopps nach Lee (selbst bis zum Einstippen der Großbaumnock in die See) weiter (nach Lee) abfallen.

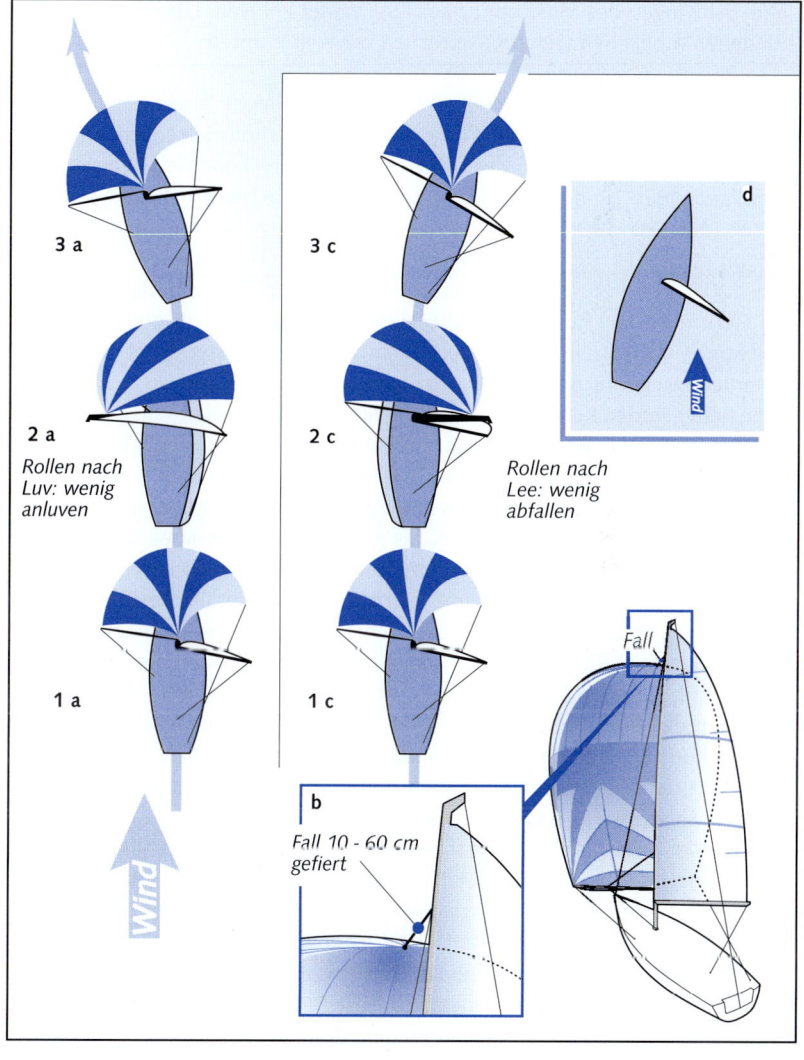

3 a

3 c

d

2 a

Rollen nach
Luv: wenig
anluven

2 c

Rollen nach
Lee: wenig
abfallen

1 a

1 c

Fall

b

Fall 10 - 60 cm
gefiert

Wind

Beim Schwingen des Masttopps nach Luv: weiter anluven. Über die damit verbundenen möglichen Gefahren sprechen wir weiter unten.

Der Spinnakerbaum sollte immer rechtwinklig zum Mast, also waagerecht stehen. Will man die Nock mit dem angesteckten Achterholer absenken, muss man auch den Baumbeschlag an der Mastschiene entsprechend tiefer verschieben. Im Allgemeinen ist der Spinnakerbaum bei raum-achterlichen und Vorwindkursen (mit 120–180° zur Windachse) richtig gesetzt, wenn er in einem Winkel von etwa 90° zum Bordwind steht. Soll er noch bei raum-seitlichem Wind (90–120°) gut ziehen, muss man den Baum etwas übertrimmen, das heißt ihn mehr nach Luv holen und dabei den Bordwind in einem etwas kleineren (spitzeren) Winkel einfallen lassen. Richtig ist der Spi getrimmt, wenn sein Unterliek gelegentlich, aber nur ganz leicht das Vorstag berührt.

Auf einem geraden Kurs mit konstantem Wind bleibt der Achterholer (zum richtig getrimmten Spi-Baum) belegt, aber dafür die Leeschot möglichst in der Hand. Das Augenmerk gilt dem Luvliek: Beginnt es einzufallen, muss man die Schot schnell dichtholen. Steht das Liek zu lange straff im Wind, muss man der Schot vorsichtig etwas Lose geben, bis es wieder einzuklappen droht. Früher nannte man diesen ständigen Wechsel mit der Leine »Pferdchen spielen«.

Je mehr der Bordwind zunimmt und je achterlicher er einfällt, desto mehr muss man abfallen und gleichzeitg die (Lee-)Schot etwas mitfieren. Besonders wenn das Boot unter kräftigen Böen zu krängen beginnt, fiert man die Schot weiter und trimmt dazu den Spi-Baum etwas weiter nach Luv. Hat man den Eindruck, dass man das Boot bei wechselnden Krängungen nicht mehr beherrscht und es beim Kurshalten dem Ruder auch nur noch ungenügend folgt, wirft man (die bisher aus der Hand gefahrene) Spinnakerschot einfach los und lässt den Spi wie eine Flagge in der Vorstagebene nach Lee auswehen. (Ein Achtknoten im Tampen der ja sehr langen Schot verhindert, dass sie dabei vollends ausrauschen kann.) Der Spi erzeugt jetzt keine Segelkraft mehr und kann entweder bei Abnahme der Böengefahr wieder vorsichtig geschotet oder bei Zunahme des Windes, wie hier beschrieben, sicher geborgen werden.

Den Achterholer darf man in einer Gefahrensituation niemals (zuerst oder zusammen mit der Schot) freigeben. Er wird ja (bei allen Arbeiten aus der Plicht) immer mit der (nahe der Wasserlinie gefahrenen) Spinnakernock verbunden bleiben, spätestens nach voll ausgerauschter Leine den Kontakt zum Wasserspiegel finden und bei anhaltender Fahrt den Masttopp bis ins Wasser niederholen. Ein Mastbruch kann die unerwartete Folge sein. Bleibt eine Havarie glücklicherweise aus, ist das Bergen eines (meist beim Ausrauschen zerrissenen Spinnakers) schwierig.

Die Gefahr des Rollens unter Spinnaker

Die riskante periodische Rollbewegung unter Spinnaker erzeugt sich selbst, weil sie ihre Energie durch die wechselnde Rotationsbewegung erhält, die einerseits durch die Schwingung des Riggs von Steuerbord nach Backbord und wieder von Backbord nach Steuerbord entsteht, andererseits aber auch durch die ständig geänderte Richtung der Gesamtsegelkraft bei weitgehend unveränderter Richtung und Geschwindigkeit des Bordwindes verursacht wird.

Gedämpft werden die Rollbewegungen hauptsächlich durch die auf den Bootsrumpf wirkenden hydrodynamischen Kräfte. Sie vergrößern sich aber, wenn das Boot mehr Segelfläche führt, als für die entsprechende Windgeschwindigkeit angemessen ist, und somit die aerodynamischen Kräfte (mit dem Quadrat der Windgeschwindigkeit) ungünstig anwachsen konnten. Schmale, tiefe Flossenkiele dämpfen mit ihrer (gegenüber herkömmlichen Unterwasserformen extrem) verkleinerten benetzten Oberfläche die Rollbewegung unter Spinnaker nur noch ungenugend.

Windkanalversuche haben gezeigt, dass die Rollschwingungen klein bleiben oder sogar aufhören können, wenn man ihnen bereits bei kleinen Rollwinkeln um 5° entgegenwirkt. Und sie haben auch nachgewiesen, dass sich bereits bis auf Krängungen von beidseits etwa 15° hochgeschaukeltes Rollen auf nahezu aufrechtes Segeln mit einfachen Maßnahmen reduzieren lässt: Neben einem hohen, schmalen Rolldämpfungssegel zwischen Großsegel und Spinnaker im Vorsegelbereich, das zusätzlich gesetzt werden muss, ist es beim Beginn des rhythmischen Krängens auch durch richtiges Ruderlegen möglich, dem Rollen wirkungsvoll zu begegnen: bei weitem Überliegen nach Luv durch einfaches Abfallen, bei stärkerer Krängungstendenz nach Lee durch vorsichtiges Steuern eines über den normalen Vorwindkurs hinaus tiefer nach Lee gerichteten Segelkurses mit einem Winkel des Bordwinds von 190–200° (s. Abb. 205). Ein erfahrener Rudergänger wird dabei unter dem Risiko eines unerwarteten Halsens das Rollen zunehmend dämpfen und gleichzeitig ohne das die Fahrt hemmende wechselseitige Krängen mehr Geschwindigkeit laufen können.

Beim Versteuern, in böigem Wind oder durch Seegangseinflüsse besteht jedoch die Gefahr des Querschlagens (engl. *broach, to broach*), im deutschen Seglerjargon unter der Bezeichnung »Sonnenschuss« missdeutbar gebräuchlich (»Wir hatten einen Sonnenschuss in dunkler Nacht!«). Ein »Sonnenschuss« kann eintreten, wenn der Rudergänger die (beim Rollen) aus dem Gleichgewicht gekommenen Segelkräfte von Großsegel und Spinnaker nicht mehr beherrschen kann, weil das Boot unkontrolliert anluvt, bei starker Krängung ein Teil der Ruderfläche austaucht, das Boot aus dem Ruder läuft und die Zentrifugalkräfte Rumpf und Rigg flach auf das Wasser drücken. Der »Sonnenschuss« nach Lee kann dabei schwere Schäden anrichten (Abb. 206).

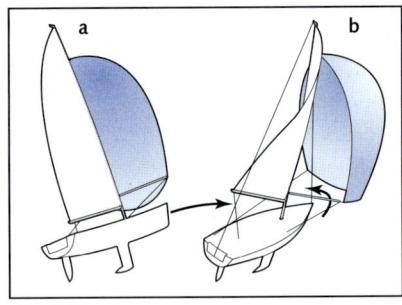

Abb. 206 Der so genannte »Sonnenschuss« nach Luv (a): Wenn das Großsegel auf einem Kurs platt vor dem Wind und unter Starkwindbedingungen beim ungewollten Anluven nicht mehr als Windfang arbeitet, sondern zunehmend als aerodynamisches Profil zu wirken beginnt, können die Segelkräfte das Boot schnell und plötzlich weiter nach Luv drehen und es dabei weit auf die (Backbord-)Seite legen. Dabei kann das Ruderblatt weit austauchen, und mit Ruderwirkung ist die unerwartet starke Luvgierigkeit nicht mehr zu beseitigen. Die Zentrifugalkräfte der abrupten Drehung drücken schließlich das Boot bis in Wellenhöhe. Großbaum und Segel schleifen durch das Wasser. Das Boot ist quergeschlagen. – Was hätte man bei starkem Rollen zur Vermeidung beizeiten tun können? Durch schnelles Fieren der Schot (und Freigeben des Baumniederholers) den Winddruck aus dem Großsegel nehmen und dazu durch Schießenlassen der Spi-Schot auch die Kraft des Spi bändigen.

Der so genannte »Sonnenschuss« nach Lee (b): Segelte man ohne Bullentalje, kommt das Unheil schon beim ersten Windstoß in die Rückseite (Leeseite) des (voll aufgefierten) Großsegels, das dann mit großer Wucht und dem gefährlichen Baum an seinem Unterliek wie ein gigantisches Hackmesser einen ganzen Halbkreis weit mit dem anluvenden Boot dicht über Deck und Plicht zur anderen Bootsseite schwingt. Die Crew kann dann nur Köpfe und Glieder tief in Decksnähe halten und sich auch weit von den gefährlichen Fangarmen der voll aufgefierten Schot in Sicherheit bringen. Es besteht Lebensgefahr auf dem jetzt zur neuen Leeseite quergeschlagenen Boot, das durch offene Luken voll Wasser laufen kann. – Mit Bullentalje warnt das Großsegel vor einem Sonnenschuss nach Lee, indem es oft ein leichtes Flappen und damit Rückenwind am Achterliek anzeigt. Reagiert der Rudergänger nicht, wird der Wind von vorn in das (durch Niederholer und Schot) gefesselte Großsegel stoßen. Er wird mit seiner Kraft die oberen Segelbahnen nach Lee (wie in einer Schraube) auswehen, das Boot stark krängen, abrupt nach Luv andrehen und ebenfalls querschlagen lassen – mit dem gefesselten Baum gen Himmel und den Resten des Spinnakerbaumes im Wasser. Mit einem gnädigen Geschick reißen die Segel dabei und verhindern weitere Schäden. – Es hätte genügt, auf die Warnzeichen am Achterliek des Großsegels zu achten, das Rollen nach Lee durch radikale Verkleinerung der Großsegelfläche aufzuhalten oder einen für Starkwind besser geeigneten (Sturm-)Spinnaker zu setzen – selbst um den Preis, dadurch später ans Ziel zu kommen.

10. Das Gleichgewicht der Kräfte – Ruder und Richtung

Die Wechselwirkungen zwischen Segel und Bootsrumpf

Wir hatten eingangs gesehen, wie die Luftkraft C_T an einem Segel entsteht, und dazu an einem Profil den Auftriebsbeiwert C_A und den Widerstandsbeiwert C_W kennen gelernt, die sich rechnerisch aus ihr ergeben. Wir hatten auch in Abb. 26 in einer perspektivischen Darstellung die an einem Rigg wirkenden Luftkräfte F_T, F_A und F_W sowie die am Unterwasserschiff wirkenden Wasserkräfte R_T, R und R_K kennen gelernt. Auf die Praxis eines segelnden Bootes bezogen, das bei einem atmosphärischen Wind (wahren Wind) von 13 kn auf einem Amwindkurs mit einem Bordwind (scheinbaren Wind) von 17 kn unterwegs ist, ist aus dem Auftriebsbeiwert C_A der tatsächliche aerodynamische Nutzwert des Segels F_A (engl. lift, F_L) und aus dem Widerstandsbeiwert C_W der verbleibende (Form- und Reibungs-)Widerstand des Segels F_W (engl. drag, D) geworden. Nach aufwändigen Experimenten in der Praxis hat man an einem Großsegel das tatsächliche Verhältnis F_A : F_W mit ca. 6,0 – 6,5 : 1 ermittelt, das heißt:

Abb. 207 *Die Wechselwirkungen zwischen Segel und Kielflosse in einer Gesamtdarstellung:* ***Bildteil a:*** *Die Leistung eines Segels (als aerodynamischer Tragflügel), gemessen mit dem Auftrieb F_A und dem (Gesamt-)Widerstand F_W in einem Verhältnis von ca. 6,0 – 6,5, also mit einem hohen Nutzen und einem geringen (ca. 15 %) Verlust. – Die Gesamtkraft F_T in den* ***Bildteil b*** *übertragen, zeigt ihre Anteile F_V für die effektive Fahrt des Bootes und die unvermeidbare Quer- oder Krängungskraft F_Q im Verhältnis von ca. 3,0 – 3,5. – Ein Boot kann jedoch nur gegen den Wind ankreuzen, wenn das Unterwasserschiff einen entsprechenden Halt im Wasser findet und einen ausreichenden (Lateral-)Widerstand bieten kann. Der* ***Bildteil c*** *zeigt die den Luftkräften gleich groß und entgegengesetzt gerichteten Wasserkräfte: den Rumpfwiderstand R im Gegensatz zur Fahrt (F_V) und die hydrodynamische Seitenkraft F_S als Gegenwirkung zur aerodynamischen Seitenkraft und Krängung (F_Q), im gleichen Verhältnis von ca. 3.0 – 3,5. –* ***Bildteil d*** *enthält die Voraussetzungen und die Wirkungen: Das Boot segelt bei einem at-*

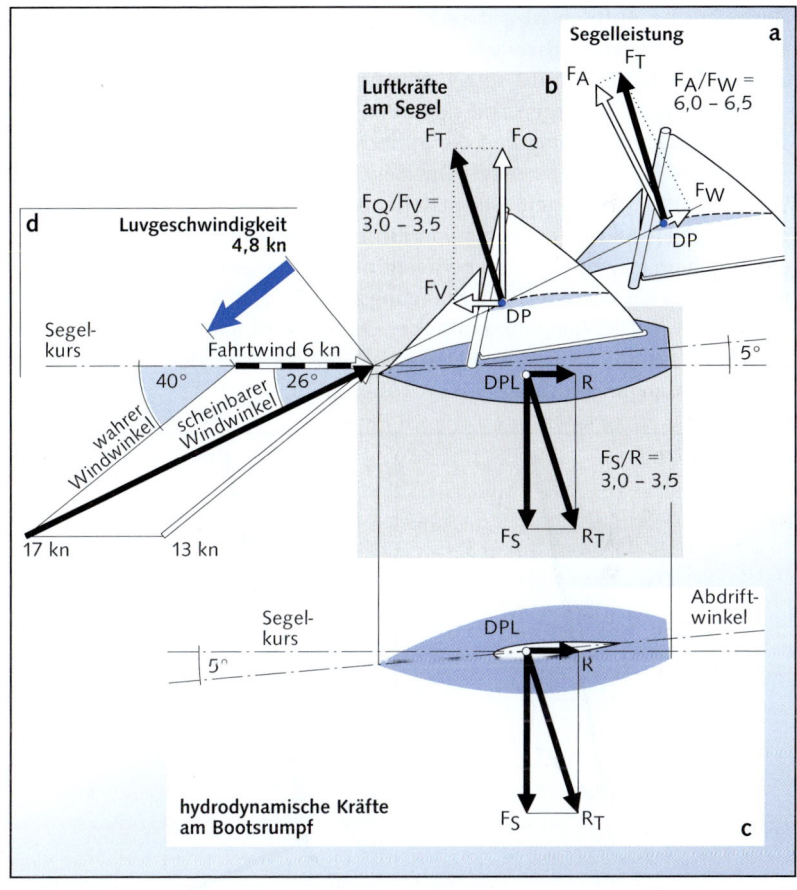

mosphärischen Wind von 13 kn mit einem Bordwind von 17 kn bei einem Fahrt-
wind von 6 kn auf einem Kurs mit 5° Abdrift. Der wahre Windwinkel (zwischen
Kurs und atmosphärischem Wind) beträgt 40°, der scheinbare Windwinkel (zum
Bordwind, der dem mit ca. 15° angestellten Segel seine Energie liefert) ist 26°.
Die unter diesen Bedingungen ermittelte Luvgeschwindigkeit beträgt 4,8 kn.

Der nützliche Auftrieb ist gut sechsmal so groß wie der Widerstand, oder anders: Der Widerstandsverlust ist mit ca. 15 % relativ gering (Abb. 207a). In Abb. 208 hatten wir die so gewonnene Gesamtkraft F_T des Segels auf ein segelndes Boot übertragen und sie in den Nutzen für den Vortrieb oder Vorschub F_V in Fahrtrichtung und die im rechtem Winkel dazu wirkenden Krängungskräfte F_Q oder F_K zerlegt. Das Segel sollte natürlich in erster Linie die Vortriebskraft F_V erzeugen. Sie entsteht aber nur bei einer gleichzeitigen Krängungskraft F_Q und ist abhängig von ihr. Unter denselben Windbedingungen ergab sich im gleichen Praxisexperiment mit einer segelnden Yacht auf einem Amwindkurs ein Verhältnis von Krängungskraft F_Q zum Vortrieb F_V von 3,0 – 3,5, das heißt: Die Krängungskraft oder Querkraft ist gut dreimal so groß wie die Vorwärtskraft, oder anders: Der größte Teil der erzeugten Segelkraft wird durch die Krängungskraft aufgezehrt (Abb. 207b).

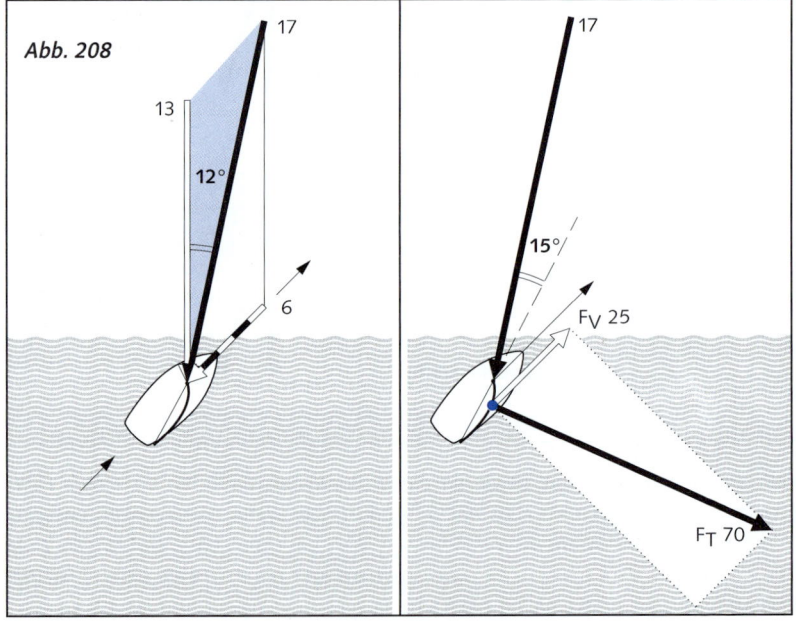

Abb. 208

Der Bildteil c zeigt die hydrodynamischen Kräfte bei einem Bootsrumpf, der sich (hier) mit einer Fahrt von 6 kn und einem Abdriftwinkel von 5° durch das Wasser bewegt. Auch das Unterwasserschiff kann als ein Tragflügel betrachtet werden, der die (im Schleppkanal messbaren) hydrodynamischen Kräfte F_S = Seitenkraft und R = Widerstand erzeugt, die zu der (durch den Lateraldruckpunkt des Rumpfes DPL verlaufenden) hydrodynamischen Gesamtkraft R_T zusammengefasst werden können. Die Leistungsfähigkeit eines Bootsrumpfes beruht darauf, bei einer bestimmten Fahrt die notwendige Seitenkraft F_S mit einem möglichst geringen Rumpfwiderstand R zu erzeugen. Auch hier ist das Verhältnis F_S: R = 3,0–3,5, das heißt: Dem seitlichen Wegrutschen des Bootes wird großer (lateraler) Widerstand entgegengesetzt.

Der Segelteil b der Abbildung, zusammengefügt mit dem Unterwasserteil c, zeigt nicht nur, dass beim Zusammenwirken der Luft- und Wasserkräfte die aerodynamischen Kräfte F_T und die hydrodynamischen Kräfte R_T gleich groß und entgegengesetzt gerichtet sind, sondern dass auch die Systeme der Komponenten ebenfalls gleich und einander entgegengesetzt sind: Die Vortriebskraft des Segels F_V muss den Rumpfwiderstand R überwinden, während die unbeliebte, aber nicht vermeidbare Krängungskraft des Segels F_Q durch die am Unterwasserschiff wirkende hydrodynamische Seitenkraft F_S ausgeglichen wird.

Es besteht jedoch eine Wechselwirkung zwischen den aerodynamischen und hydrodynamischen Kräften, die von unserem Boot bei seiner Bewegung durch das Wasser erzeugt werden: Wenn das Boot mit Windenergie Fahrt aufgenommen hat, bestimmen zuerst die Segelkräfte den Kurs und somit auch den Abdriftwinkel. Nimmt die Bootsgeschwindigkeit aber zu, treten auch die vom Rumpf erzeugten hydrodynamischen Kräfte in Aktion, und es kommt zu einer permanenten Rückwirkung der Segelkräfte auf die Rumpfkräfte und umgekehrt: Bei einer größeren Rumpfgeschwindigkeit (durch ein glattes Unterwasserschiff beispielsweise) und ein besseres Rumpfverhalten (weniger Krängung durch mehr Ballast) wird das Segelverhalten beeinflusst, weil dadurch auch mehr Bordwind (»scheinbarer Wind«) für die Segel erzeugt oder mit einem kleineren Abdriftwinkel und somit schneller gesegelt werden kann. Sind andererseits die Segel schlecht getrimmt oder ein unerfahrener Rudergänger führt die Pinne, dann wirkt sich dieses negative Segelverhalten auch auf das entsprechende Rumpfverhalten mit weniger Fahrt und zunehmender Krängung aus.

Diese Wechselwirkung zwischen den aerodynamischen Kräften am Segel und den hydrodynamischen Kräften am Rumpf wird einerseits zum Beispiel durch die nicht immer gleiche Stärke des atmosphärischen Windes und den von ihm erzeugten Seegang bestimmt und ist damit dem Einfluss einer Besatzung entzogen. Andererseits kann man beide Kräfte unter konstanten Segelbedingungen aber auch zum Beispiel durch guten Segeltrimm oder optimales Steuern mit wenig Ruderlage beeinflussen, bis wieder ein neues Gleichgewicht zwischen ihnen hergestellt ist.

Im Teil d der Abbildung 207 ist das uns bekannte Parallelogramm der Windgeschwindigkeiten mit einem Bordwind von 17 kn bei einer atmosphärischen Windgeschwindigkeit von 13 kn (Bft 4) und einem Fahrtwind (einer Fahrt des Bootes) von 6 kn eingetragen – die realen Bedingungen dieser Untersuchung in der Praxis. Eingezeichnet sind auch der wahre Windwinkel von 40° zwischen dem gesegelten Kurs und dem wahren (atmosphärischen) Wind sowie der scheinbare Windwinkel zwischen Kurs und Bordwind (am Verklicker oder Bordwindmesser ablesbar) von 26°. Und zum Schluss noch die Luvgeschwindigkeit, die mit alledem gewonnen wurde und auf die es beim Aufkreuzen erstrangig ankommt: hier 4,8 kn.

Kursstabilität und Richtungsgleichgewicht erhalten

Damit ein Boot unter allen Windbedingungen den von seiner Crew gewünschten Kurs unter Segeln ohne fahrthemmende Ruderlage laufen kann, müssen sein Segelplan und sein Unterwasserschiff zueinander passen. Bei modernen Serienbooten hat der Konstrukteur Segelriss und Lateralplan im Allgemeinen bereits so gestaltet, dass das Richtungsgleichgewicht zwischen Wind- und Wasserkräften und somit auch eine Kursstabilität unter möglichst vielen Bedingungen gegeben sein soll.

Die Kursstabilität ist konstruktiv von der Lage des Segelschwerpunktes (Abb. 209), dem Flächenschwerpunkt der Segelfläche (allgemein zeichnerisch aus Großsegel und Vorsegeldreieck ermittelt) und des Lateralschwerpunktes (Abb. 210), dem Flächenschwerpunkt der (von der Seite gesehenen) Unterwasserfläche abhängig. Mit einfachen Mitteln kann man die Lage beider Schwerpunkte aus einem Segelriss ermitteln. Liegt der Gesamtsegelschwerpunkt

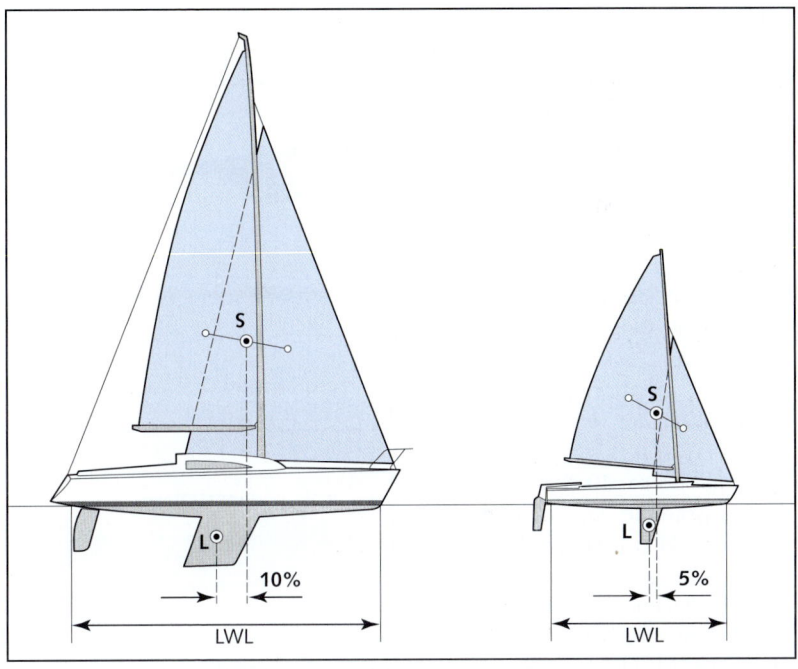

Abb. 209 *Seekreuzer sind so konstruiert, dass bei aufrechter Schwimmlage des segelklaren Bootes der Segelschwerpunkt (aus Groß- und Vorsegelfläche), auf die Wasserlinie projiziert, etwa 10 % der Länge des Bootes in der Konstruktionswasserlinie v o r dem Lateralschwerpunkt liegt. Mit diesem Erfahrungswert soll gewährleistet sein, dass das segelnde Boot unter allen Bedingungen immer etwas luvgierig ist und in jedem Notfall anluvt, in den Wind dreht und zum Stillstand kommt. Für die Praxis haben beide geometrischen Schwerpunkte keine Bedeutung. Hier wirken die Wölbungsmittelpunkte des Lateralplanes, die Lateraldruckpunkte, die mit der unterschiedlichen Anströmung des Unterwasserschiffes, zum Beispiel bei Krängung oder in Fahrt, auf begrenztem Raum wandern können, und ebenso die Segeldruckpunkte, in denen die jeweiligen, von der Segelwölbung, der Segelfläche und der Windgeschwindigkeit bestimmten Segelkräfte wirken.*

Abb. 210 Den Lateralschwerpunkt als geometrischen Schwerpunkt des Lateralplanes kann man auch experimentell bestimmen: Man schneidet die Lateralfläche aus starker Pappe aus und balanciert sie auf einer Zirkel- oder Bleistiftspitze so geschickt aus, dass sie in waagerechter Lage ihr Gleichgewicht behält und zu keiner Seite kippt. Wenn das nicht klappt, hängt man dieses Pappstück nacheinander an mehreren Punkten auf und ermittelt den Lateralschwerpunkt als den Schnittpunkt der verschiedenen Lote.

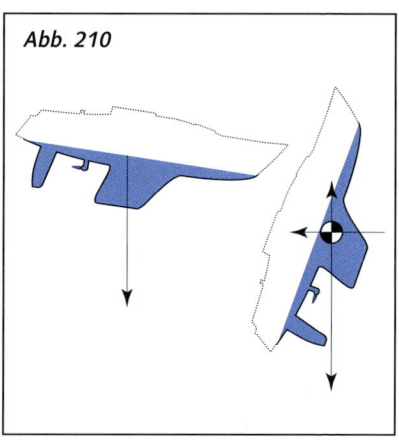

Abb. 210

(S) dabei bis ca. 10 % der Konstruktionswasserlinie vor dem Lateralschwerpunkt (L), gelten die Segeleigenschaften als ausgewogen.
Die aerodynamische Wirksamkeit von Großsegeln und Vorsegeln wird je-

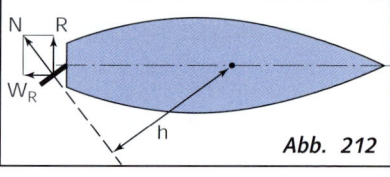

Abb. 212

doch nicht als gleich angesehen, insbesondere bedingt durch die über die Projektion des Vorsegeldreiecks hinausgehende Flächengröße mancher Vorsegel, zum Beispiel einer überlappenden Genua I mit einem LP-Maß von 150 %. Es sind in der Praxis ja auch nicht die Flächenschwerpunkte, sondern die Druckpunkte an den Segelprofilen und am (mit Rumpf und Kielflosse) sehr komplex

Abb. 211 Die große Wirkung einer relativ kleinen Ruderfläche entsteht durch den weiten Abstand des Ruders vom Lateraldruckpunkt und den dadurch hergestellten großen Hebelarm (Abb. 212). Die feinfühligste Verbindung des Rudergängers zu seinem Boot ist eine Ruderpinne (a), über die das Boot »Meldungen« zum überaus wichtigen Richtungsgleichgewicht an den Rudergänger leiten und »bekannt geben« kann, ob die Segel auf den verschiedenen Kursen richtig stehen und die Druckpunkte von Rumpf und Segel gut aufeinander abgestimmt sind. Der Nachteil

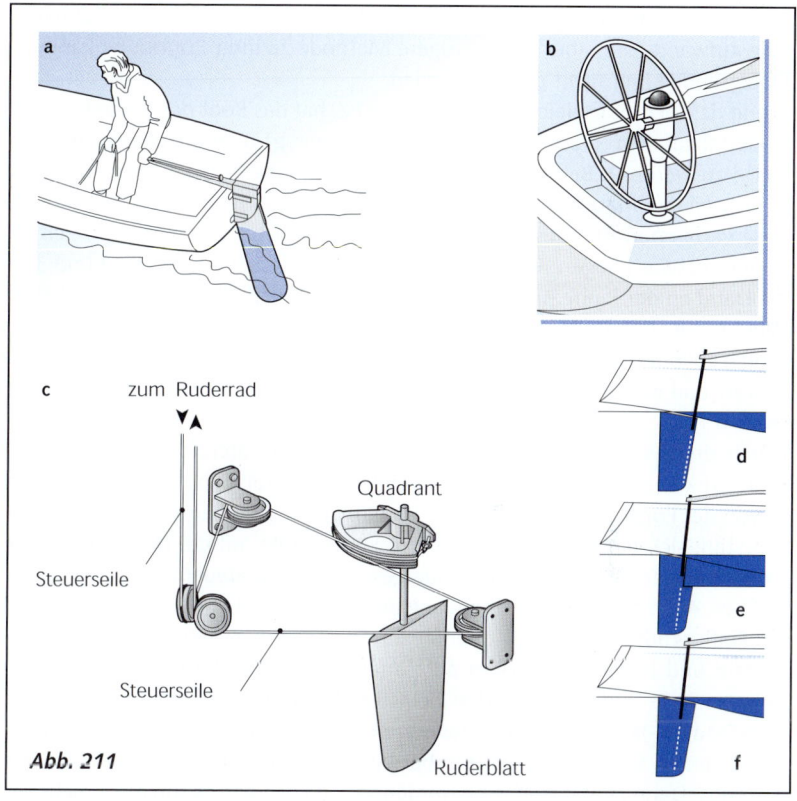

a

b

c   zum Ruderrad

Quadrant

Steuerseile

Steuerseile

d

e

f

Abb. 211

Ruderblatt

heutiger Boote, die stattdessen nicht nur mit mechanischen Ruderanlagen ausgestattet sind (c), sondern diese auch über Steuerräder mit mächtigen Radien bedienen (b), besteht darin, dass die Rudergänger mit kleinster Fingerarbeit große
Kräfte auf das Ruder übertragen können und viele von ihnen die feinfühligen Meldungen des Ruders nicht nur nicht erfühlen können, sondern sie auch brutal über-
fahren. Die stärkste Muskelkraft muss der Rudergänger an der Pinne eines unbalan-
cierten Ruders (d) aufbringen – daher ersatzweise die großen Steuerräder. Leichter
lassen sich halb balancierte Ruder (e) und voll balancierte Ruder (f) bedienen.

gestalteten Unterwasserschiff, von denen das Richtungsgleichgewicht abhängt. Eine aufwändigere, aber zuverlässigere Methode zu ihrer Ermittlung kann aus Platzgründen hier nicht gezeigt werden.

Wenn das Richtungsgleichgewicht gestört ist, hat das Boot das Bestreben, entweder abzufallen (dann ist es bekanntlich leegierig) oder anzuluven (und luvgierig zu werden). Bei wenig Wind nimmt man eine geringe Leegierigkeit in Kauf, weil damit auch gleichzeitig eine leichte Luvgierigkeit ab einer Vollzeugbrise verbunden ist. Diese Tendenz zum Anluven ist erwünscht, weil sich ein Boot mit etwas (Gegen-)Ruderdruck an der Pinne besser steuern lässt und, falls die Hand an der Pinne (in einem Notfall) ausfällt, von allein anluvt und in den Wind dreht. Das Ruder selbst informiert einen erfahrenen Rudergänger auch (durch zu- oder abnehmenden Ruderdruck), wann das Richtungsgleichgewicht gestört und die Luftkräfte größer als die Wasserkräfte sind – oder umgekehrt (Abb. 211).

Durch den weiten Abstand der Ruderfläche vom Lateraldruckpunkt ist die Ruderwirkung auch bei kleinen Ruderwinkeln sehr groß (Abb. 212), doch hängt es von der Form und der Fläche des Ruderblattes sowie seiner Profilierung ab, wie stark sich der Ruderdruck über die Pinne direkt auf die Hand des Rudergängers überträgt oder über das Rudergeschirr auf das Steuerrad auswirkt (Abb. 211a-c). Auch die Art der Aufhängung des Ruderblattes unter dem Achterschiff hat Einfluss auf den an Pinne oder Steuerrad bemerkbaren Ruderdruck. Die einfachste und heute am meisten auf Serienyachten übliche Ruderform ist das unbalancierte Ruder (d), das den kleinsten Wasserwiderstand erzeugt und bei dem (Muskel-)Kraft die größte Ruderwirkung erzielen kann. Es wird beim Kurshalten unter Segeln aber bereits bei einem Anstellwinkel von ca. 30° wirkungslos. Dann reißt die Wasserströmung ab, das Anluven kann nicht mehr verhindert werden und das Boot gehorcht dem Ruder nicht mehr.

Wie groß der Ruderdruck auf einem optimalen Kurs am Wind sein muss, ermittelt man am Winkel der Pinne zur Mittschiffslage bzw. der Stellung (der Speichen) des Steuerrades zur Mittschiffsstellung (Abb. 213). Wenn man einen innerhalb der Markierungen liegenden Kurs steuern kann, ist das Richtungsgleichgewicht mit den gesetzten und getrimmten Segeln optimal hergestellt. Tendieren Rad und Pinne nach mittschiffs, ist das Boot leegierig, und der Segeltrimm/die Segelwahl müssen entsprechend verändert werden. Wandern Rad

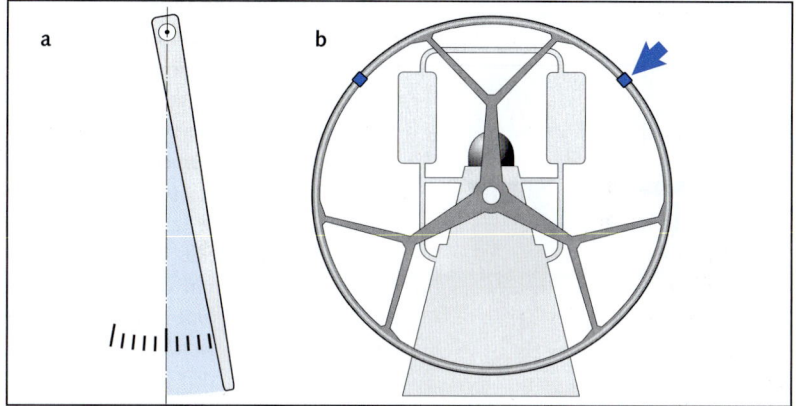

Abb. 213 *Die Ruderlage ist der beste Indikator für den richtigen Segeltrimm bzw. für die Wirkung von Veränderungen. Hat das Boot eine Pinne (a), erkennt man die Ruderlage direkt an dem Winkel, den sie mit der Mittschiffslinie bildet, und man kann sie hier auch (nach den Bordgegebenheiten) einfach markieren: Bei einer Pinnenlänge (bis zum Handgriff) von einem Meter beträgt der Abstand von der Mittschiffslinie dort z. B. 5,2 cm, wenn das Ruder um 3° gelegt ist, 10,4 cm, wenn der Ruderwinkel 6° beträgt und 15,6 cm bei einer Ruderlage von 9°. Noch wichtiger ist eine solche Markierung bei einer Radsteuerung (b) entweder am Rad selbst oder an den Speichen. Sie kann man oft nur an Land exakt vornehmen, wenn eine Person unten das Ruderblatt bewegt und die andere dabei oben das Steuerrad beobachtet. Ist der maximale Ruderwinkel bekannt, kann man auch die Anzahl der Drehungen des Steuerrades von »hart Stb« nach »hart Bb« feststellen und daraus die Ruderwinkel von jeweils 3° oder 5° ermitteln. Übrigens: Ein richtig getrimmtes Boot sollte auf einem Amwindkurs bei einer Vollzeugbrise ohne Ruderlage segeln und sich (mit arretiertem Rad) allein auf Kurs halten.*

und Pinne über die Markierungen nach außen, muss etwas gegen die Luvgierigkeit unternommen werden. Sie tritt auch ein, wenn das Boot stark krängt und sich dabei die Form des Unterwasserschiffes deutlich verändert (Abb. 214). Ehe man das Ruder zum Kurshalten zu Hilfe nimmt, um das (meistens durch

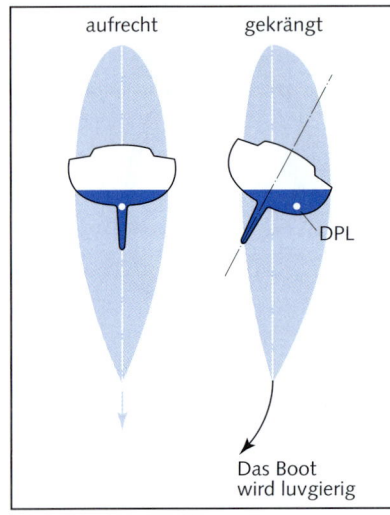

aufrecht   gekrängt

DPL

Das Boot
wird luvgierig

Abb. 214 *Wenn das Boot (weil es zu viel Segelfläche führt) in starkem Wind zu sehr krängt, erhält es eine asymmetrische Schwimmwasserebene. Der hydrodynamische Widerstand wird dann größer, der Lateraldruckpunkt verlagert sich nach Lee, der Abstand zum Segeldruckpunkt nimmt zu und das Boot wird luvgierig. Dieser Tendenz zum Anluven, die wiederum die Krängung verstärkt, kann nur mit großer Ruderlage entgegengewirkt werden. Doch sie verstärkt noch von sich aus die Bremswirkung der Krängung. Das bedeutet: beizeiten die Segel so weit zu kürzen, dass es nicht zu dieser Kettenreaktion kommen kann. Erfahrung: Das Boot läuft mit richtig gerefften Segeln schneller als bei übergroßer Krängung unter Vollzeug.*

extreme Luvgierigkeit) gestörte Richtungsgleichgewicht wieder herzustellen, kann man auch wirkungsvolle segeltechnische Maßnahmen hierzu einsetzen: durch Lageänderung des Segeldruckpunktes (mithilfe von Schot, Cunningham oder Ausholer), durch Änderung des Anstellwinkels der Segel (um nicht nur mehr Kraft zu erzeugen, sondern auch Windenergie zu verschenken), durch den Einsatz von (anderen) Beisegeln oder durch Trimmen mit der Crew (zur Verlagerung des Lateraldruckpunktes). Die Abbildungen 215 – 223 geben nützliche Tipps dazu.

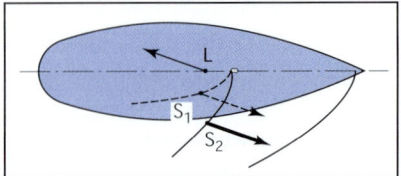

L

S_1

S_2

Abb. 217 *Beim Auffieren der Großschot verstärkt sich die Luvgierigkeit, weil der seitliche Abstand der Druckpunkte voneinander zunimmt, auch bzw. insbesondere, wenn dabei das Vorsegel vom Großsegel abgedeckt wird.*

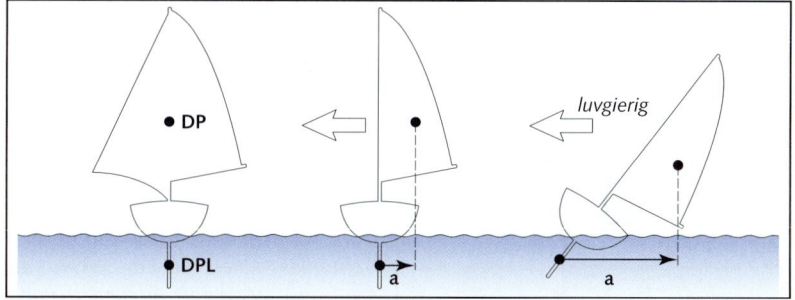

Abb. 215 *Die größte Kursstabilität ohne Ruderlage kann ein Boot platt vor dem Wind erhalten, wenn bei einem großen ausgebaumten Vorsegel und aufrechter Schwimmlage der Segeldruckpunkt DP fast lotrecht über dem Lateraldruckpunkt DPL liegt (links). Ohne Vorsegel entsteht unter diesen Bedingungen bei aufgefiertem Großsegel ein Hebelarm (a) zwischen den beiden Druckpunkten, der das Boot anluven lässt. Sehr luvgierig wird ein Boot bei einer Krängung, weil sich dann beide Druckpunkte noch weiter voneinander entfernen und sich der Hebelarm (a) beträchtlich vergrößert.*

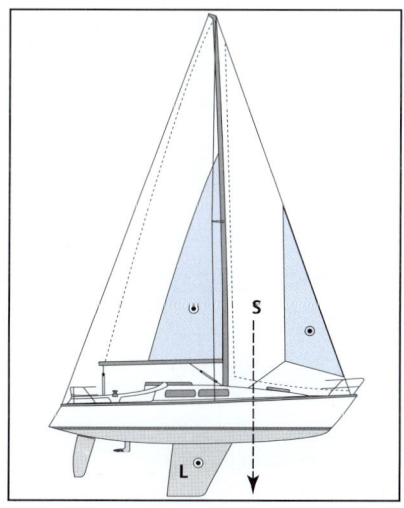

Abb. 216 *Bei Benutzung einer Rollfock wandert der Segeldruckpunkt während des Reffens zwangsläufig nach vorn und vergrößert den Abstand zum Lateraldruckpunkt, weil auch gleichzeitig der Druckpunkt des gerefften Großsegels mit nach vorn kommt. Dies könnte zu einer Leegierigkeit führen. Dann muss entweder (wie bei einer Doppelslup) ein zweites reffbares Vorsegel am inneren Vorstag benutzt werden oder man muss eine normale Sturmfock an einem Babystag setzen, um den Segeldruckpunkt an seinem Platz zu halten und das Richtungsgleichgewicht ohne fahrthemmende Ruderlage zu bewahren.*

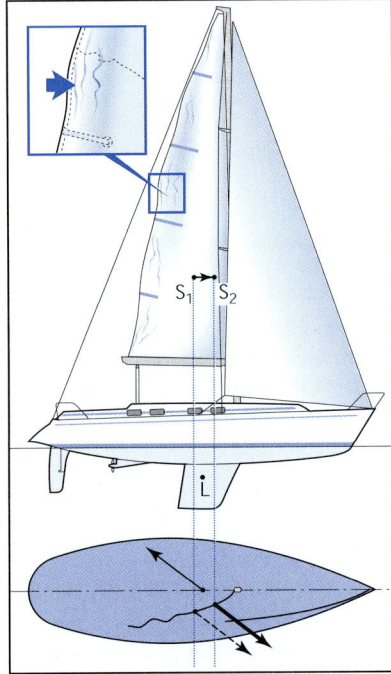

Abb. 218 *Zu viel Wind auf einem Amwindkurs. Boot liegt stark über. Es ist durch Wind und Krängung sehr luvgierig. Was tun? Natürlich Großsegel reffen und Segeldruckpunkt nach vorn wandern lassen. – Kurzzeitige Abhilfe, wenn Kürzen der Segelfläche nicht möglich (oder bei einer Wettfahrt auf einem Dreieckskurs nicht wünschenswert ist): Großsegel im Achterliek killen lassen, »Wind ausschütten«, Windkraft vermindern und so den Segeldruckpunkt nach vorn bringen.*

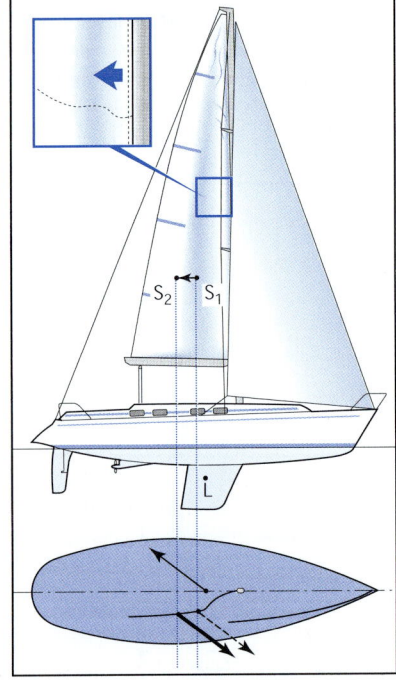

Abb. 219 *Lässt man (bei zu viel Wind) ein bauchiges Großsegel am Vorliek einfallen, um die Krängungskraft zu vermindern, oder lenkt man den Abwind einer zu dicht geschoteten Genua ins Großsegel, wandert der Segeldruckpunkt nach achtern, und die Luvgierigkeit nimmt zu. Die Alternative auch hier: das Großsegel verkleinern.*

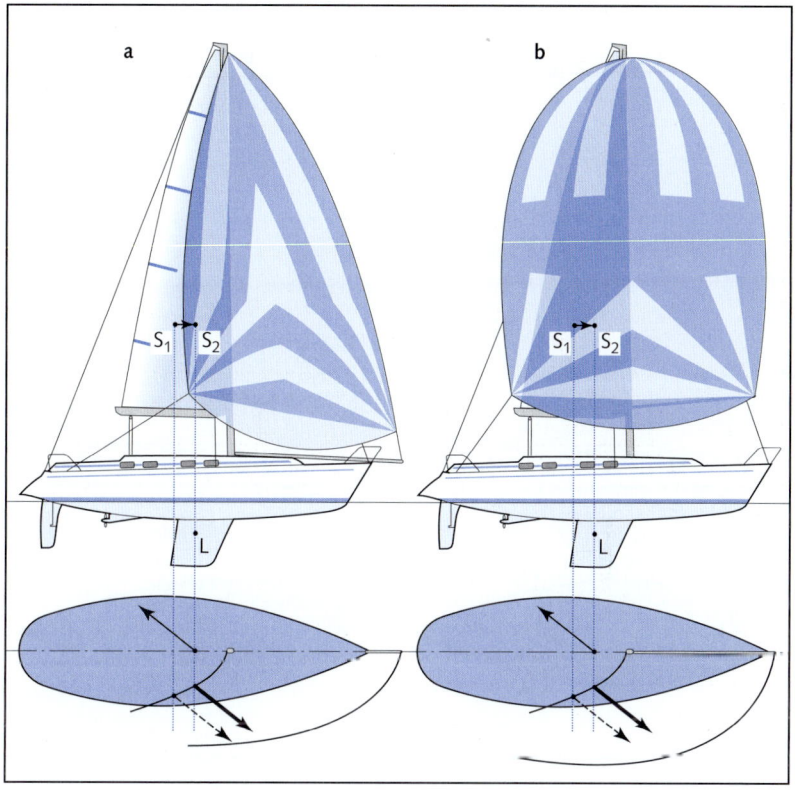

Abb. 220 *Wird das Boot in einer Vollzeugbrise unter seiner Amwind-Besegelung auf raum-vorlichen oder raum seitlichen Kursen leicht luvgierig, weil dann auch die Großschot etwas gefiert ist, sollte man ein größeres Vorsegel setzen, um den Segeldruckpunkt weiter nach vorn zu bringen. Ein asymmetrisches Vorsegel ist hierzu gut geeignet (a) und sorgt auch für die beste Erhaltung des Richtungsgleichgewichtes ohne fahrthemmende Ruderlage, wenn es an einem kurzen Bugspriet gesetzt wird und über das Vorstag hinaus nach vorn reicht. – Den gleichen Effekt erhält das Boot auch, wenn es halbwinds den Spinnaker fährt (b).*

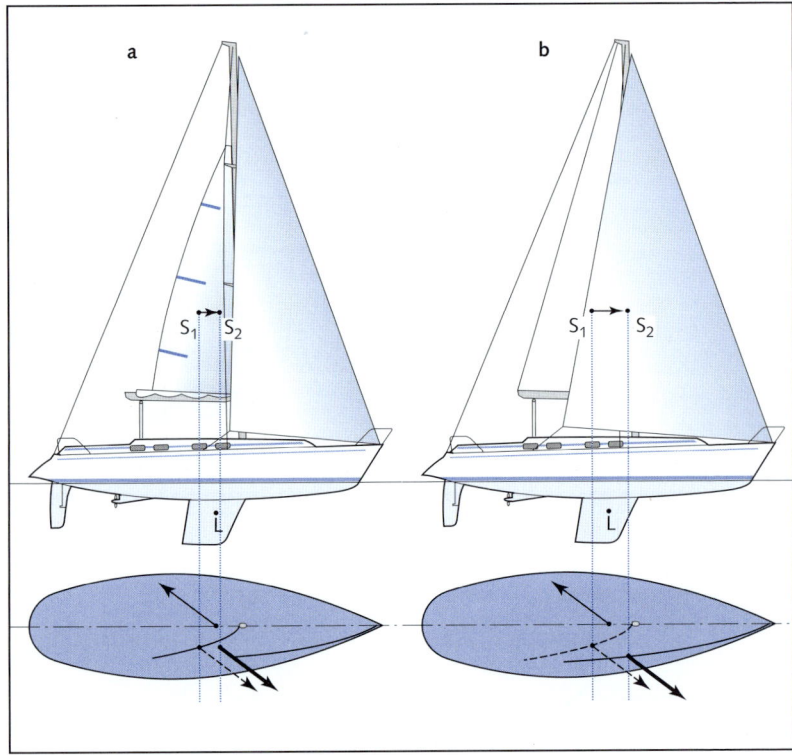

Abb. 221 Boot lässt sich auf einem raum-seitlichen Kurs mit aufgefierten Schoten nur mit Krängung und harter Ruderlage segeln. Das bedeutet: Der Segeldruckpunkt ist weit auf die eine Seite ausgewandert, der Lateraldruckpunkt zur anderen Außenseite. Es ist querschiffs ein Hebelarm zwischen beiden Druckpunkten entstanden, der für die Luvgierigkeit sorgt. Das Großsegel muss verkleinert werden (a). – Klug kann es auch sein, das Großsegel zu bergen und nur unter einem (großen) Vorsegel weiterzulaufen. Insbesondere bei auffrischendem (Stark-)Wind werden die Kraftrichtungen beider Druckpunkte günstig angenähert, und ein Ruderdruck wird weitgehend neutralisiert (b).

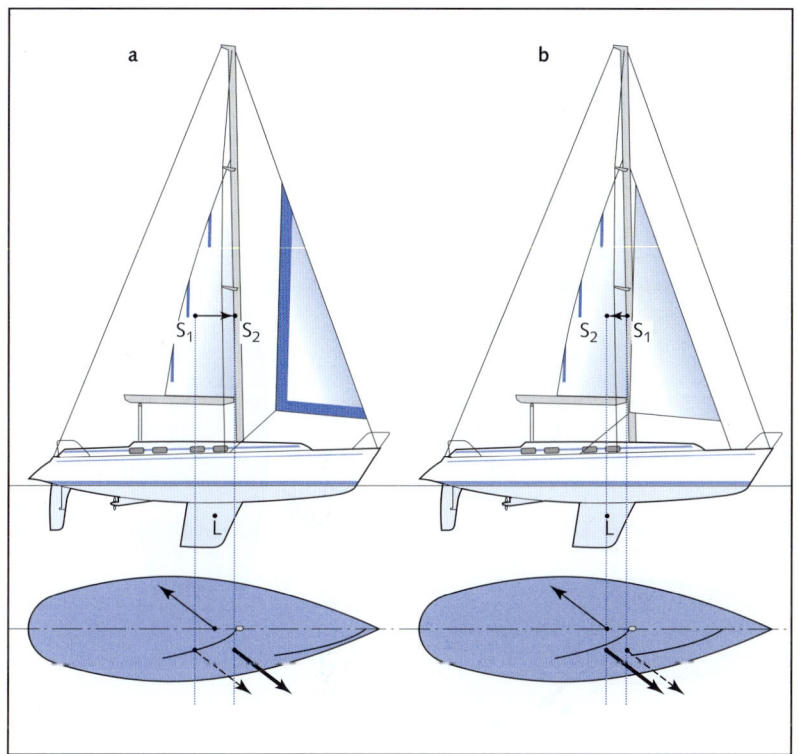

Abb. 222 *Bei Benutzung einer Rollfock wandert der Segeldruckpunkt während des Reffens zwangsläufig nach vorn und vergrößert den Abstand zum Lateraldruckpunkt, weil auch gleichzeitig der Druckpunkt des gerefften Großsegels mit nach vorn kommt (S_1 – S_2). Dies könnte zu einer Leegierigkeit führen (a). Dann muss entweder (wie bei einer Doppelslup) ein zweites reffbares Vorsegel am inneren Vorstag benutzt werden oder man muss ein entsprechendes Sturmvorsegel an einem Babystag setzen (b), um den Segeldruckpunkt an seinem Platz zu halten und das Richtungsgleichgewicht ohne fahrthemmende Ruderlage zu bewahren.*

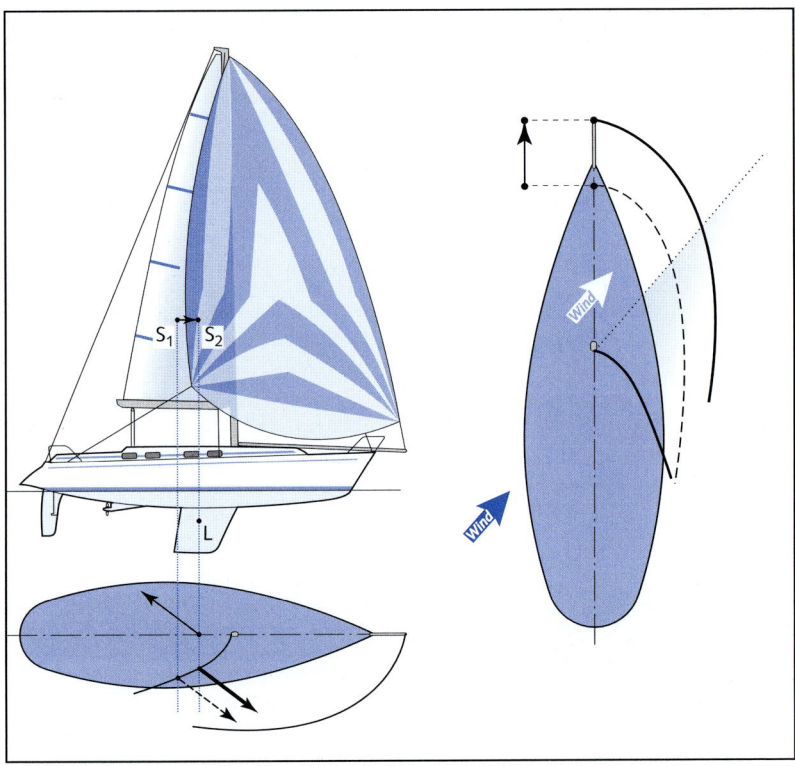

Abb. 223 *Auf raum-achterlichen Kursen lässt sich das Richtungsgleichgewicht, das durch das ausgebaumte Großsegel gestört ist, durch ein am Bugspriet weit in die aktive Luftströmung nach vorn geschobenes asymmetrisches Vorsegel (Gennaker), dessen Fläche nur zum Teil vom Großsegel abgedeckt ist, ohne Ruderlage erhalten.*

11. Die Rumpfgeschwindigkeit überwinden oder: Bremsen durch Reffen?

Normalerweise kann eine Yacht, die in ihrem Schwimmzustand Wasser verdrängt, nicht schneller laufen als das Wellensystem, das sie bei ihrer Fahrt erzeugt. Es beginnt bekanntlich mit dem Kamm der Bugwelle (»Bugsee«) und endet ebenso mit der Heckwelle. Man erkennt es am deutlichsten, wenn zum Beispiel kurze, aber hoch motorisierte Hafenschlepper in voller Fahrt durchs glatte Hafenwasser preschen. Da Yachten das Wellensystem unter Segeln nur bei viel Wind erzeugen, der meistens auch mit Seegang verbunden ist, und sie dazu noch weit überliegen, ist es nie so extrem deutlich ausgeprägt – es sei denn, sie laufen unter voller Kraft mit Motor. Abb. 224 zeigt unseren 11,50 m

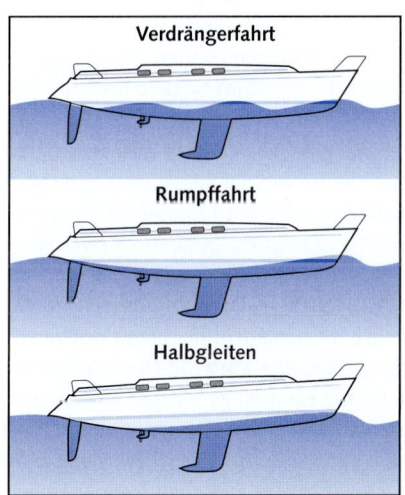

Abb. 224 Drei Fahrtzustände einer Yacht: Oben die normale Verdrängerfahrt, bei der zwischen Bug und Heck mehrere Wellen deutlich erkennbar sein können. Es ist die »Marschfahrt«, noch weit unter der optimalen Fahrt. – Mitte: die maximal erreichbare Rumpfgeschwindigkeit (nach dem Prinzip »Länge läuft«), in der das Boot fest zwischen Bug- und Heckwelle eingebettet ist und bei der die Bootslänge dem erzeugten Wellensystem entspricht. – Unten der Versuch des Angleitens, bei dem ein relativ leichtes Boot mit großer flacher Breite im Achterschiff durch viel Segelkraft versuchen kann, sein Wellensystem zu verlassen und sein Vorschitt auf die Bugwelle zu schieben. Kann es im weiteren Verlauf seinen Rumpf auch von seiner Heckwelle lösen, tritt der Zustand des Halbgleitens ein.

langen Standardrumpf bei einer normalen Verdränger(marsch)fahrt, bei der höchstmöglichen Rumpffahrt als Verdränger und bei ihrem (unter bestimmten Bedingungen möglichen) Überschreiten im Zustand des Angleitens (zum gewünschten) Halbgleiten.

Nach der Formel für die Rumpfgeschwindigkeit in Knoten (2,43 mal Wurzel aus der Länge der Wasserlinie in Meter) kann jeder die mögliche Höchstgeschwindigkeit seines Bootes errechnen. Man kann sie auch dem Diagramm entnehmen (Abb. 225), das sie für (Wasserlinien-)Längen von 4 bis 14 m enthält. Wenn es die Rumpfform mit einem breiten Heck und flach auslaufendem Unterwasserschiff erlaubt (die meisten modernen Seekreuzer sind heutzutage in dieser Art konstruiert), kann eine extrem leicht gebaute Yacht mit einer übergroßen Segelfläche bei starken achterlichen Winden sich auch über die Hecksee erheben, ihr praktisch davonlaufen und kurzzeitig auf einer langen See auf dem abschüssigen Wellenkamm über das Wasser rutschen. Eine extreme Leichtbauyacht (z. B. aus Kohlefaser), die mit ihrer kurzen und tiefen Kielflosse unter einem flachen Rumpf praktisch nichts anderes als ein gigantisches Surfbrett ist, kann dann sogar wie ein normales Surfbrett in langen, hohen Atlantikwellen auf diesen mitreiten. Sitzt dabei ein Brecher der Yacht im Nacken und meistert

Abb. 225 Aus diesem Diagramm kann man die erreichbare Höchstgeschwindigkeit einer Yacht in Verdrängerfahrt entnehmen. Sie ist von der Länge ihrer Schwimmwasserlinie abhängig (für die man bei modernen Seekreuzern zum Abschätzen auch die Rumpflänge ansetzen kann). Die obere Kurve zeigt die theoretisch erreichbare maximale oder Grenzgeschwindigkeit, die ein Verdrängerboot (vielleicht nur bei idealen Starkwindbedingungen und glattem Wasser auf den eingangs gezeigten raumen Kursen) mit viel Segelfläche erreichen könnte; sie entspricht der Länge des von ihr erzeugten Wellensystems. Die Kurve zeigt gleichzeitig auch die Höchstgeschwindigkeit an, unter der eine Yacht (z. B. nach einer Havarie) geschleppt werden darf, ohne unterzuschneiden oder auseinanderzubrechen. – An der unteren Kurve lässt sich die optimale Geschwindigkeit ablesen, das »Soll«, das man von seiner Yacht verlangen und das sie leisten kann, wenn wir alle segeltechnischen Tipps auf einem gut gebauten und gerigten Boot optimal einsetzen. – Dazwischen liegt der (Gefahren-)Bereich, in dem wir aufmerken und gegebenenfalls »bremsen«, d. h. die Segel kürzen müssen. Denn weil ein Verdränger sein Wellensystem nicht verlassen kann,

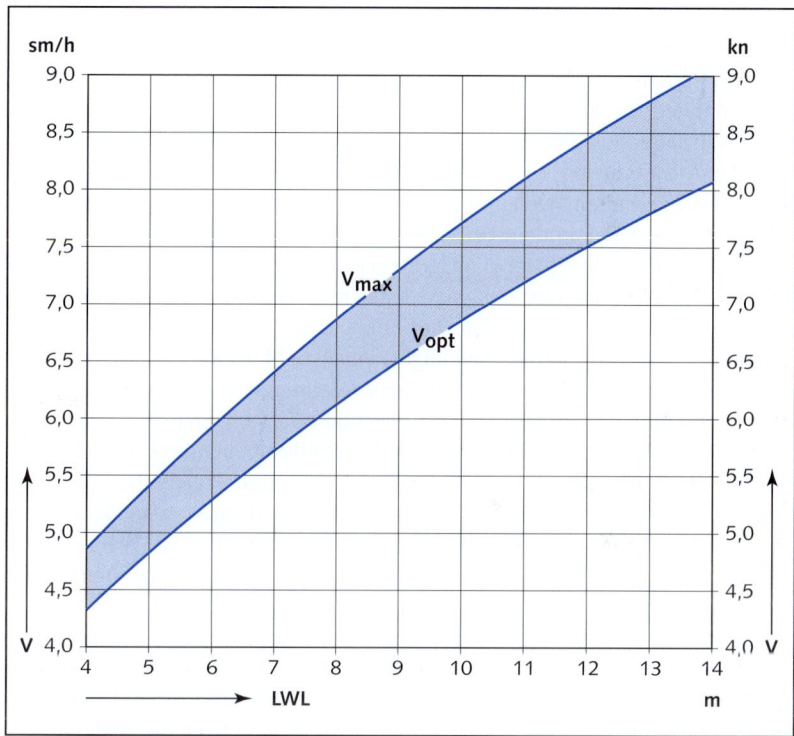

muss jeder größere Vorschub unserer Segel, der nicht mehr in einen weiteren Geschwindigkeitsgewinn umgesetzt werden kann, zum Bruch in der Takelage führen, dem schwächsten Glied unserer Bootsfiguration. Es gibt viele Beispiele des Missachtens dieses »Warngebietes« zwischen den Kurven, die mit Mastverlust endeten. – Bei einer 11-m-Yacht beispielsweise beginnt der Warnbereich auf einem optimalen Kurs bei ca. 7,2 kn und endet mit der möglichen Höchstfahrt von ca. 8,2 kn. – Für Yachten, die von ihren Besatzungen als »Halbgleiter« eingestuft und zum »Angleiten« weiter beschleunigt werden sollen, beginnt bei Erreichen des blauen Bereiches (V_{opt}) die Arbeit, dieses jetzt mit segeltechnischen Mitteln und guter Kurswahl zu Wind und See zu versuchen. Die anderen Hinweise müssen dann hier nicht gelten.

es der Rudergänger, das Boot ohne Krängungsgefahr auf Kurs zu halten, kann ein Seekreuzer auf einer solchen Welle auch kurze Zeit sitzen bleiben und sich surfend mitreißen zu lassen.

Dies kann jedoch ein kritischer und gefährlicher Zustand werden. Denn wenn das Boot dabei aus dem Ruder läuft, kann es umschlagen, über Kopf gehen und den Mast brechen. Mastbrüche können auch entstehen, weil das Rigg bei solchen wiederholten »Höllenritten« einfach überlastet wird. Denn wenn man auf Kursen nach Luv in dem Bestreben, schneller als andere zu segeln, zu viel Segelfläche führt, ist die dabei unvermeidliche (übergroße) Krängung das Ventil, um dem Wind die überschüssige Segelkraft zurückzugeben und die Windenergie einfach auszuschütte(l)n. Auf raum-achterlichen oder Vorwindkursen, auf denen man (An-)Gleitgeschwindigkeiten anstrebt, ist die Längsstabilität des Bootes jedoch so groß, dass es hier keine Warnung vor der Überlastung von Rumpf und Rigg gibt, sondern nur die vollendete Tatsache, nämlich Mastbruch. Die leichte und hohe Aluminiumröhre ist bekanntlich heutzutage das schwächste Glied in der Kombination eines Riggs mit reißfesten Segeltuchen und hoch belastbaren Wanten und Stagen. Mastbruch ist aber kein Kavaliersdelikt, auch wenn man es zunehmend so ansieht (»Versenk das Rigg, die Versicherung bezahlt!«), sondern eine schlechte Note in Segeltechnik für eine unerfahrene oder leichtsinnige Crew.

Auch wenn Werften in Computeranimationen verbreiten, dass z. B. ihr 16 m langes Schiff, das es auf eine Rumpffahrt von 9,7 kn bringen kann, in Halbgleitfahrt (auf dem Bildschirm) gut 2 kn mehr erreichte, ist dies noch kein Beweis, dass das voll ausgerüstete Boot mit Crew unter Seegangsbedingungen das Angleiten ebenso schafft – und erst recht nicht, dass die Crew an Bord sich in diesem Angleitzustand wohl fühlte.

Wer schnell segeln will, kann große Geschwindigkeiten entweder nach dem Prinzip »lange Länge läuft« erreichen und ein schlankes Boot großer Wasserlinienlänge erwerben oder sich für »flache Breite gleitet« entscheiden, ein extrem leichtes Boot mit flachem Breitheck. Wenn Segler stolz erzählen, sie hätten mit ihren Yachten Gleitgeschwindigkeiten erreicht, dann waren dies wohl meistens nur sekundenlange Spitzenwerte, die das Log natürlich auch glaubwürdig anzeigte. Für eine übliche Verdrängeryacht kommt es darauf an, bei optimaler Fahrt kurz vor Erreichen der Rumpffahrt in dem in Abb. 225 gezeigten, für Segeltechnik und Seeverhalten eines Bootes gleichermaßen kritischen Bereich durch Reffen zu bremsen.

Reffen ist ein segeltechnischer Vorgang

Es bedeutet bekanntlich, die Segelfläche zu verkleinern – entweder, weil der Wind an Stärke zugenommen hat, oder weil man aus irgendeinem Grunde weniger Fahrt laufen will. Der Ausdruck kommt von *Reef* und dieser von *Reep*, unter dem man früher nicht nur eine dünne Leine oder ein Bändsel verstand, mit dem das überschüssige Segeltuch eingebunden wurde, sondern auch den zusätzlichen Leinwandstreifen, der dort auf dem Segel aufgenäht war, wo die Reffbändsel angenäht oder Reffgatchen eingelassen waren. Aus ursprünglich *reefen* und daraus *reffen* ist das für diese Tätigkeit benutzte Verb geworden. Reffen ist eine segeltechnische Vernunft und nicht, wie harte Männer einst weismachen wollten:»Reffen ist feige.« Mit vernünftig gekürzter Segelfläche läuft ein Boot auch nicht langsamer, aber immer komfortabler und somit sicherer.

Die Reffeinrichtungen haben sich in jüngster Vergangenheit grundlegend verändert: Früher refften alle Segelboote mit Schrattakelung ihre Segel ausschließlich nach unten, zum Großbaum bzw. zum Unterliek hin. Die Einführung von Mastrollreffsegeln und Rollreffvorsegeln revolutionierte die bis dato gültige Reffpraxis und kürzte die Segel zum Vorliek hin (s. Abb. 111a). Der Umgang mit Rollreffsegeln und deren Reffpraxis wurde daher in den zugehörigen Kapiteln »Das Großsegel« und »Geometrische Vorsegel« behandelt. Weil die bisherigen Reffmethoden zum Großbaum hin aber nach wie vor gebräuchlich sind und auch für sie viele Neuerungen eingeführt wurden, die den Umgang mit den Segeln erleichtern, sollen sie auch hier kurz erwähnt werden. Auch das Verkleinern der Segelfläche durch Reffen ist ja ein Teil der Segeltechnik und wird von Überlegungen wie Begrenzung der Segelkräfte, Erhaltung der Kursstabilität, Vermeiden der Krängung, Erreichen der Rumpffahrt und vielen anderen mehr bestimmt.

Das Reffen in seiner ursprünglichen Form als Bindereff gibt es heutzutage nur noch vereinzelt (Abb. 226). Auf kleinen Seekreuzern wurde jedoch eine Weiterentwicklung aus der Fischerei übernommen, die das Einholen der überschüssigen Segelfläche auch vom Mast aus erlaubt, ohne dass ein Einbinden mit Reffbändseln überhaupt nötig ist.

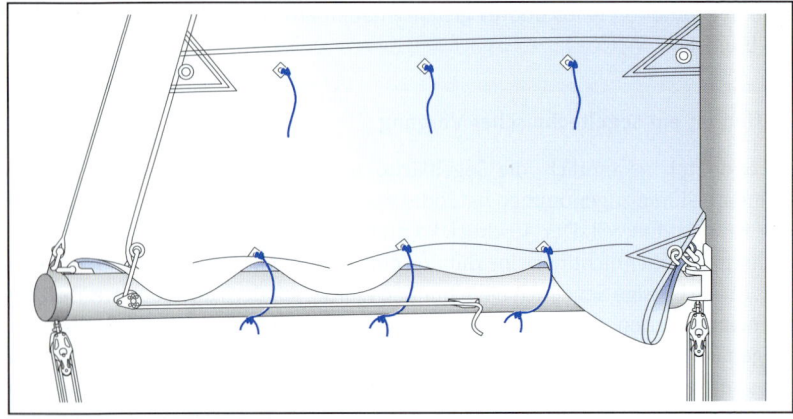

Abb. 226 *Der untere Teil des Großsegels ist mit dem Bindereff sicher einge-bunden.*

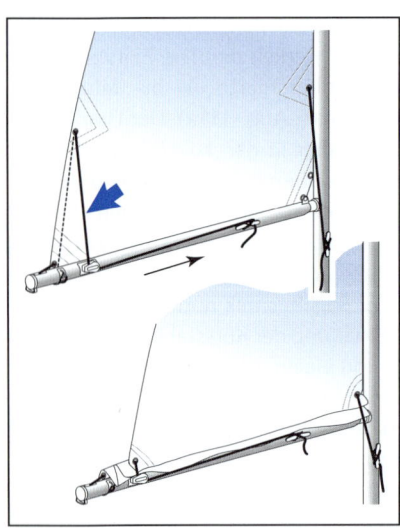

Bei dieser Art von Bindereff läuft die Reffleine von der Baumnock zur Achterliekskausch im ersten Reff, wieder abwärts zum Baum und an diesem entlang bis zu einer Klampe, wo sie belegt ist (Abb. 227). Weil das harte (Hanf- oder Sisal-)Tauwerk dem ge-genläufigen Weg durch die Refföse

Abb. 227 *Das Smeerreep ist ein Talje-reep, das bei einem Bindereff die Reffkausch am Achterliek des Segels mit dem Großbaum verbindet und bis in Mastnähe reicht. Zum leichteren Holen war der segelnahe Teil leicht eingefettet (»geschmiert«). Das Mast-liek wird auf gleiche Weise gekürzt.*

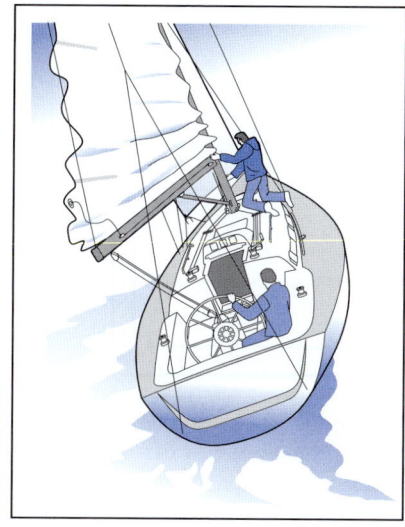

Abb. 228 *Reffen mit dem Smeerreep (Bindereff) ist (nach dem Auffieren der Großschot in der Plicht) Decksarbeit am Mast: zuerst Dirk durchsetzen und Windkraft aus dem Segel nehmen, dann Großfall fieren, Reffkausch am Vorliek in Reffhaken am Lümmelbeschlag einhaken und Fall belegen. Anschließend Achterliek mit dem Smeerreepstander zur Baumnock herunterholen und Leine belegen. Ohne Einbinden mit Reffbändseln entsteht ein sicheres »Schlappreff«. Das Einbinden muss nicht (sofort) erfolgen, kann aber, wenn nötig, später nachgeholt werden.*

nur unwillig folgte oder in ihr sogar mit Kinken klemmte, schmierte man es mit Fett ein und machte es so leichtgängiger. Daraus entstand die niederdeutsche Bezeichnung Smeerreep.

Obwohl das Achterliek des Segels hierbei mit der (»geschmierten«) Reffleine bis in Mastnähe geholt werden kann, muss eine Person doch noch über Deck kriechen, um zum Reffen am Mast zu arbeiten (Abb. 228). Von dort aus wird das Reff auch korrekt eingebunden. Diese Tätigkeit wird ihm durch das Einlei-

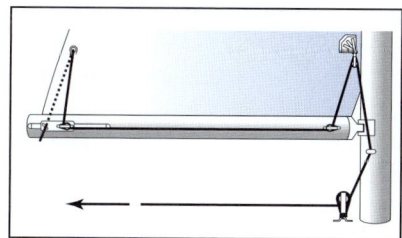

Abb. 229 *Bei einem Einleinenreffsystem wird die Reffleine des Smeerreeps weiter bis in Mastnähe und dann noch einmal zu einem Block in der Reffleiste nahe dem Mastliek geführt, von wo aus sie über einen Umlenkblock an Deck in die Plicht läuft. Dabei entsteht sehr viel Reibungswiderstand.*

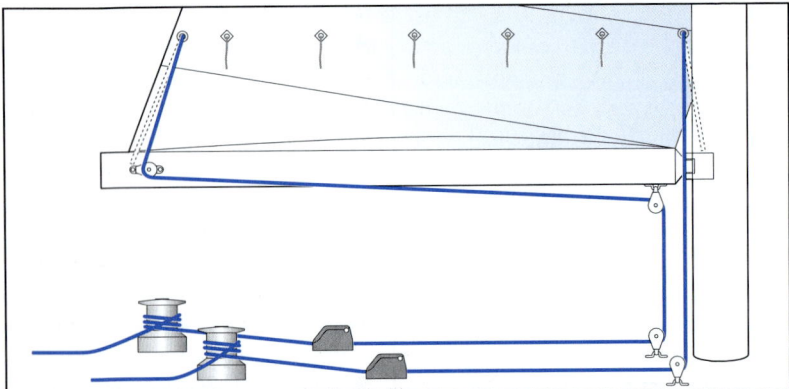

Abb. 230 *Bei einem Zweileinenreffsystem wird die Smeerreepleine zum Cockpit weitergeführt, während eine eigene Leine das Herunterziehen des Mastlieks besorgt. Die Reibungsverluste in den Umlenkrollen sind dadurch geringer.*

Abb. 231 *Bei einem modernen Großbaum laufen alle Leinen des Reffsystems inwändig über seinen Lümmelbeschlag in die Plicht; mit dem Unterliekstrecker und einem Flachreff (zum Segeltrimm) können es vier laufende Parten sein.*

nenreffsystem (Abb. 229) und das verbesserte Zweileinenreffystem (Abb. 230) abgenommen. Mit ihnen können alle Arbeiten des Segelkürzens aus der Plicht vorgenommen werden. Allerdings sind dazu zwei kräftige (Schot-)Winschen nötig, um die größeren Reibungswiderstände beim mehrmaligen Umlenken der Reffleinen in zusätzlichen Umlenkrollen zu überwinden (Abb. 231).

Der Kastenrollbaum ist die jüngste segeltechnisch-seemännische Entwicklung in der Handhabung einer Großsegel-Reffanlage. Die ersten Prototypen mit noch unförmigen Kästen wurden seit 1982 getestet. Serienreif wurde die erste Anlage 1986 auf einer 11-m-Yacht eingeführt. Heute bieten mehrere Firmen nach dem gleichen Prinzip gebaute und betriebene Kastenrollbäume unter verschiedenen Markennamen an.

Das System ist ganz simpel: Bis zu dieser Zeit hatten viele Seglergenerationen das Segel um den Baum gerollt, sowohl als einfaches Drehreff auf Jollen (Abb. 232), wo es heute noch geschieht, als auch als Patentreff mit mechanischem Antrieb hinter dem Mast (Abb. 233). Der eigentliche Vater des Kastenrollbaumes ist das noch einfachere, bei uns so genannte »Volksreff« (Abb. 234), das bis hin zur Entwicklung von Rollgroßsegeln weltweit benutzt wurde. Manche Serienhersteller bekunden denn auch freimütig, dass sie ihr Rollbaumsystem, das aus einem Kasten mit einer inneren Rollanordnung besteht (Abb. 235), eben nur »noch einmal neu erfunden« haben.

Das Nachdenken, das zum Kastenrollbaum führte, wurde durch den möglichen Einsatz eines Baumniederholers am Baum eines gerefften Großsegels beschleunigt. Auch er ist ein ja noch junges Kind bei der Entwicklung der Segeltechnik. Die Rollkästen werden aus Aluminium gefertigt oder aus Kohlefaser laminiert.

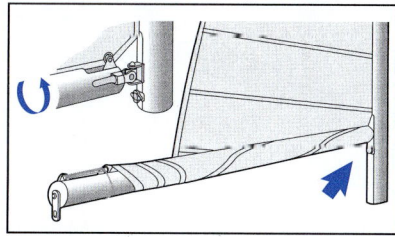

Abb. 232 Bei einem Drehreff wird die Segelfläche durch Aufwickeln des ungenutzten Tuches auf den Baum verkleinert. Auf Jollen zieht man einfach den Baum aus dem Lümmelbolzen, dreht ihn einige Male um das Segel und steckt ihn nach dem Reffen wieder ein.

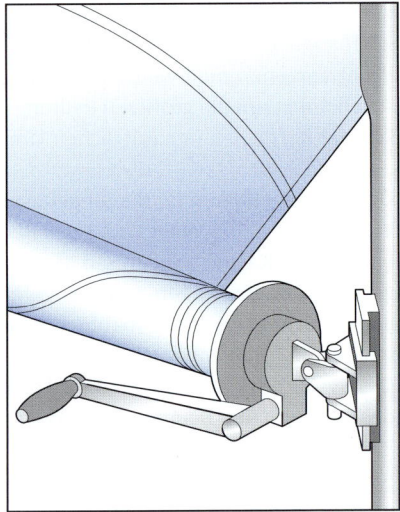

Abb. 233 Ein Patentreff ist ein Dreh-reff, bei dem eine Kurbel ein simples mechanisches Getriebe bedient und der gesamte Mechanismus hinter dem Lümmelbeschlag am Baum befestigt ist.

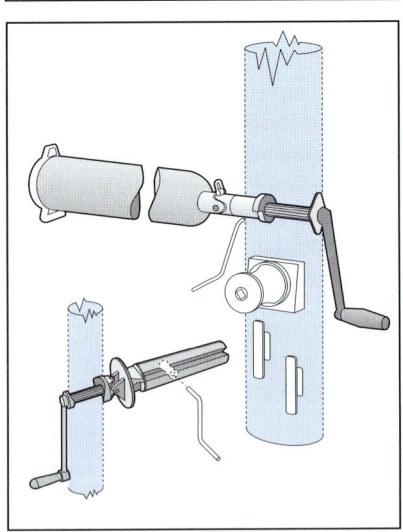

Abb. 234 Beim Volksreff führt die Ver-längerung der Drehachse des Groß-baumes durch den Mast hindurch bis an seine Vorderseite, wo man eine Reffkurbel aufsetzen und das Segel auf den Baum wickeln kann. Für große Yachten wurde das Volksreff mit ein-gebautem Zahnradgetriebe weiterent-wickelt, um auch größere Segel ein-drehen oder hoch liegende Bäume in Handreichweite bedienen zu können.

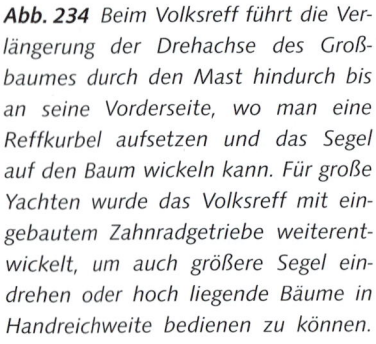

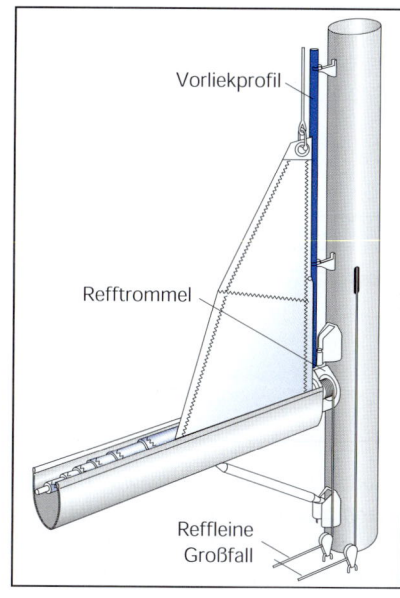

Abb. 235 Bei einem Kastenrollbaum
wird das von Latten gestützte Großsegel auf eine kugelgelagerte horizontale
Drehachse gerollt. Die Refftrommel
kann dabei an Vorder- oder an Achterkante Mast liegen. Für die Anlage
muss eine (zusätzliche) Vorliekschiene
mit (selbstausrichtender) Segeleinfüh-
rung benutzt werden, damit sich das
Segel im Baum glatt aufwickeln kann.
Die Schiene wird entweder mit Pop-
nieten an der Mastwandung befestigt
oder mit Spezialrutschern in eine vor-
handene Mastkeep eingezogen. Die
Reffleine wird aus der Plicht bedient.
Mit einer integrierten Baumabdeckung
lässt sich das aufgerollte Segel einpacken.

Sie erhalten dadurch nicht nur ein leichtes Gewicht, sondern auch eine wind-
schnittige Form. Bedingung für ihre Benutzung ist jedoch ein Großsegel mit
durchgehenden Latten (s. Abb. 106), damit das Segel, immer bis zum Achterliek gestreckt, faltenfrei aufgerollt werden kann. Dafür kann man ein Großsegel mit einer großen Achterlieksrundung fahren.
Zum Reffen muss das Segel genau im Wind stehen und der Baum, wenn er
nicht mit einem Kardangelenk am Lümmelbeschlag ausgestattet ist, eine waa-
gerechte Stellung haben. Er wird dazu (wie heute jedes andere Reffsystem) aus
der Plicht bedient: Die Reffleine läuft über eine Refftrommel, die entweder achterlich vom Mast und im Kasten selbst oder frei vorlich von ihm liegt. Die letztere Anordnung mit einem Kardangelenk aus Edelstahl, das die Antriebsachse
aus der Refftrommel mit der Reffachse im Baum verbindet, ist die zwar aufwändigste, aber sicherste (Abb. 236). Ein Rasterrad in der Trommel entlastet
die Reffleine und verhindert das ungewollte Ausrauschen des Segels.

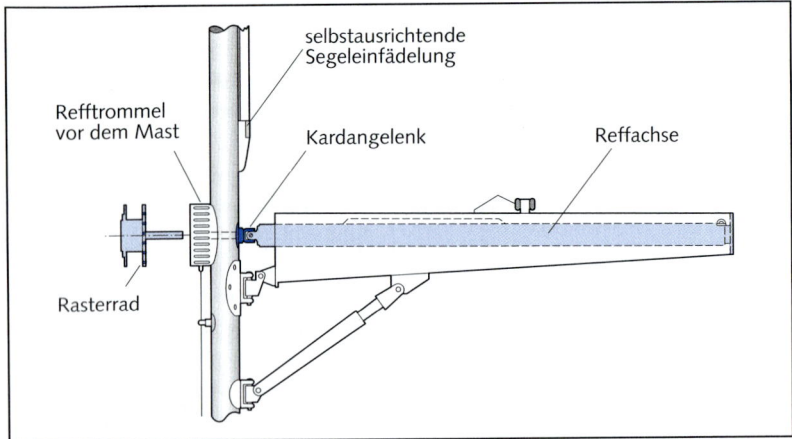

Abb. 236 *Teile und Technik bei einem modernen Hohlkammerbaum: Die Refftrommel ist vor dem Mast montiert und kann hier mit sicherem Stand einer Vordecksperson bedient werden. Ein Rasterrad in der Trommel verhindert das ungewollte Ausrauschen des Segels. Ein Kardangelenk verbindet die Reffachse im Baum mit der Refftrommel im Mast, sodass das Reffen auch bei leichtem horizontalem wie vertikalem Verkanten des Baums ungehindert erfolgen kann.*

Das Großsegel kann nur über die Fallspannung, den Baumniederholer und die Großschot getrimmt werden; Einsatzmöglichkeiten für Schothornausholer und Cunningham sind nicht gegeben. Als Vorteil gegenüber einem (vertikalen) Rollgroßsegel in den Mast führt man an, dass man überall von oben in den Kasten eingreifen kann, wenn sich das Segel dort verklemmt, und man im Notfall das Segel auf herkömmliche Art bergen, also einfach an seinem Mastliek nach unten ziehen kann. Der Segelschwerpunkt dürfte sich beim Reffen nicht viel anders verändern als beim Rollmastsystem.

Damit das Großsegel gleichmäßig und möglichst senkrecht von oben in den Rollenkasten einlaufen kann (und dabei nicht seitlich vorbeifällt, wenn man es beim Bergen zu schnell gefiert hat), empfiehlt man, zusätzlich Auffangleinen zu riggen, die so genannten *lazy jacks* (s. Abb. 108).

Stichwortverzeichnis